儒教

일러두기

- 책은 《》, 논문은 〈〉, 청동기는 '한글(한자)'의 방식으로 표기했다.
- 한 번 사용한 한자는 독자들이 보다 읽기 편하도록 동일한 장에서는 다시 반복하지 않았다. 하지만 글자 분석 등 특수한 경우에는 1음절어의 구분이 어려운 점을 고려해 '한글(한자)'로 표기했고, 또 글꼴을 설명할 때는 반복 여부와 관계없이 '한글(한자)'로 표기했다.
- 갑골문, 청동기 문자, 죽간을 인용한 경우 모두 출처를 밝혔다. 가령 '합'은 《갑골문합집(甲骨文合集)》의 약어이며, 나머지 문헌의 약어 또한 책 뒤쪽의 '고문자 관련 공구서 및 참고문헌'에서 전체 명칭을 확인할 수 있다. 아울러 인용문마다 붙여진 '정'은 갑골문의 앞면, '반'은 갑골문의 뒷면을 의미하는데, 보통은 앞면에 글이 있어 굳이 닿지 않는다. 다만 '정'이라 표기한 경우는 뒤(즉 '반')에도 글이 있는 경우를 구별하기 위한 표기이다.

갑골문·청동문·죽간으로 밝혀낸

유교 탄생의 비밀

김경일 지음

바다출판사

목차

유교는 어떤 상황 속에서 시작되었을까?

상대(商代) 갑골문과 서주, 춘추, 전국시대의 청동기 명문(銘文), 그리고 전국시대와 진대(秦代)의 죽간 등 선진 시대의 문화를 첨삭 없이 반영하고 있는 고문자 자형들이 무수히 많다. 이 책은 그러한 문자와 텍스트 분석을 근거로, 유교의 문화적 핵(cultural core)으로 인식되고 있는 조상숭배(ancestor worship) 의식의 발생과 변환 과정을 살펴보는 데 목적을 두었다.

분석과 서술 과정에서는 유교의 문화적 원형(archetype)을 형성하고 있는 조(祖), 효(孝), 종(宗), 제(祭), 부(父), 자(子), 남(男), 여(女), 인(仁), 성(聖), 군자(君子), 유(儒) 등 다양한 요소들의 내면을 들여다보고자 한다. 그러기 위해 무엇보다 우선되어야 하는 해당 문자들의 고석을 진행하며 글꼴을 정밀하게 분석했다. 또 글꼴과 관련된 텍스트들을 모두 조사해 이들이 담고 있는 문화적 의미들을 밝혀내고자 했다. 이 과정을 통해 유교문화의 원형을 구성하고 있는 문화적 요소들이 구체적으로 어떤 문화적 투사과정(projection)을 거쳐 선진 시대를 관통해 왔는지를 역사적 맥락에서 살펴보았다.

유교문화의 토양에서 역사를 일구어온 동양사회지만, 막상 유교문화는 어떻게 발생했고 발전해 왔는가를 진지하게 질문해본 일이 없다는 점은, 이 연구를 진행하고 책을 써가는 내내 의문점으로 마음에 맴돌았다. 생각해보면 가장 큰 이유로 '유교는 공자가 창시했다'는, 검증된 일 없는 역사 상식 때문이었을 것이다. 또 동양의 문헌들 대부분이 이른바 경학의 텍스트들인지라, 다시 말해 감시되고 걸러진 것들인지라 그것들을 읽은 사람들이 다른 생각으로 나아가기 힘들었을 것이라고도 여겨진다.

　그런데 검토해보면, 다른 생각을 한다는 것이 목숨을 담보로 해야 했던 시대가 표면적으로는 끝났으나 그 연장선에 있는 현대사회에서도 주술은 풀리지 않았다. 그 이유는 여러 가지가 있을 수 있겠으나, 근대의 논쟁 속에서 유교가 일방적 비난에 직면하면서 유교문화에 대한 연구가 더욱 시들해졌음이 가장 큰 이유이겠다. 어쩔 수 없이 극단적 긍정이나 부정의 스탠스를 취할 수밖에 없는 분위기였기에 객관적으로 유교 문제를 다루기 쉽지 않았을 것이다.

　이 책은 유교문화가 후대에 어떤 영향을 끼쳤는가에 대해 질문을 던지는, 즉 평가를 하려는 태도에서 비롯되지 않았다. 시점을 전혀 달리해서, 유교문화는 언제, 어떤 상황에서 시작되었는가를 캐물어보았다. 다행히 유교가 국가 이데올로기로 정착되는 한나라 이전 시기의 문화를 조명해볼 수 있는 전국시대의 죽간들이 최근 학계에 선사되었다. 그 죽간과 동일 시대인 전국시대의 청동기, 그리고 전국시대의 윗 시기인 춘추시대, 그리고 이전 시대인 서주시대의 청동기 명문들이 선명한 글꼴과 정연히 정리된 시대의 모습으로 또한 학계에 주어졌다. 이

시대에 고대문화를 연구하는 사람들은 이런 점에서 행복해진다. 아울러 100여 년이 넘는 기간 동안 검증되고 고증된 갑골문의 기록들은 한나라 이전 시대 문헌들의 정점을 찍고 있다. 이제 동양의 고대문화 연구는 새로운 시대로 접어들었다. 이 책은 이러한 관점에서 새롭게 진행해보는 커다란 시도이자, 동시에 작은 결론이다.

이 책은 모두 여섯 개의 장으로 구성되어 있다. 1장 '유교문화의 기원을 어떻게 살펴보아야 할까?'에서는 먼저 한국, 중국, 일본 등 동양의 학계와 미국 등 서구 학계의 연구 상황을 살펴보면서, 현 단계에서 세계의 학계는 유교문화의 시원에 관하여 어떻게 파악하고 있는지에 대해 알아보았다. 그리고 기원 문제를 다루기 위해 필요한 연구 소재들이 무엇이며 그것들을 어떻게 다룰 것인지에 대해 설명했다.

2장 '대자연과 조상신, 혼잡으로 존재하다'에서는 문명의 초기 발달 단계에서 관찰되는 원시종교의식과 관련된 내용들을 살펴보았다. 그리고 갑골문을 근거로 동양문화의 출발 초기에 형성된 '절대신 제(帝)'의 존재와 위상, 그리고 그 절대신과 함께 혼존하고 있던 조상신들을 정리하고 분석했다.

3장 '상족(商族)의 조상, 절대신이 되다'에서는 자연숭배의식으로부터 상족 조상이 어떻게 분리되어 갔는가를 들여다보았다. 이 과정에서 상족은 순혈주의에 입각해 조상신을 재분류하는가 하면 절대신인 상

제(上帝)의 신위를 소멸시켰다. 그와 동시에 상나라 왕실은 조상 제사를 우주론적 가치관에 근거하여, 제사의 방법과 횟수 등에 대한 새로운 규칙을 찾아내고 있음을 확인했다.

4장 '주족(周族)의 조상, 정치의 중심에 서다'에서는 상나라 왕실이 주나라 왕실에 의해 정복되면서 주 왕실이 어떻게 종법제를 완성시켜 갔는지에 대해 분석했다. 특히 이 과정에서 청동기 명문들을 근거로 '천(天)'을 정치적으로 어떻게 활용했으며, 효의 가치를 어떤 방식으로 통치에 적용했는지에 대해 알아보았다. 특히 4장에서는 일반적으로 도덕적, 윤리적 관점에서만 조명되던 예(禮)를 권력 관리의 측면에서 분석했다.

5장 '주대(周代) 청동기에 인(仁)이 보이지 않다'에서는 유교의 가치 중에서 으뜸으로 인식되고 있는 인(仁)이 주대의 청동기에서 얼마나 자주 등장하며, 또 어떻게 활용되고 있는지에 대해 꼼꼼히 분석했다. 또인(仁)과 성(聖), 인(仁)과 충(忠)의 관계들에 대해서도 문화적, 정치적 측면에서 들여다보았다.

6장 '유(儒)란 무엇인가?'에서는 유(儒)의 글꼴을 발생학적인 측면에서 상세히 고증했다. 글꼴의 초형과 변형 과정, 그리고 그 과정 속에서 만들어진 문화적 의미들에 대해 살펴보았다. 특히 유(儒)를 신(神)과 귀(鬼), 그리고 인간을 잇는 통혼자인 무(巫)와 연결하여 그 심층에 자리한 종교·문화적 의미에 대해 살폈다. 그리고 유(儒)가 사(士)와 가(家) 등의 영역에서 확보하고 있던 문화 권력으로서의 의미에 대해 고찰해보았다.

마지막으로 맺는 말에서는 앞서 진행해온 분석과 고증을 근거로 유교가 어떻게 발생했고 어떤 과정을 통해 동양문화 속 주류의 가치로 자리할 수 있었는지를 정리했다.

앞서 말했지만 이 책에서 사용한 자료들 모두 유교를 도덕이나 철학의 관점에서 살피던 학자들은 사용하지 않던 고대문자의 글꼴과 텍스트들이다. 또 실증의 입장에서 고대사회의 현장을 실록이 가급적 그대로 드러내도록 하기 위해 객관적인 태도를 유지했다. 또 사용한 자료들의 출처를 하나하나 밝혀두었다. 그 이유는 후대 학자들이 이들 고대의 사료들을 보다 과학적으로 활용할 수 있도록 하기 위해서다. 이제 이 책에 대한, 또 이 책이 사용한 자료들에 대한 보다 많은 연구가 진행될 수 있기를 바란다.

2013년 2월 김경일

1장

유교문화의 기원을 어떻게 살펴보아야 할까?

이 책은 유교문화의 기원 문제를《논어》등 경학 문헌을

주요 텍스트로 삼아 풀어내지 않았다. 대신에,

상대 갑골문과 서주, 춘추, 전국시대의 청동기 기록, 그리고 전국시대,

진대의 죽간 등 실록을 통합적 · 귀납적으로 다루며 살펴보았다.

신화학자 토마스 만Thomas Mann은 '과거라는 우물은 매우 깊다. 바닥이 없다고 표현해야 하지 않을까? 귀를 깊이 기울일수록, 그리고 과거의 낮은 세계로 더 파고 들어갈수록 우리는 인류와 인류의 역사 및 문화의 최초의 토대가 측정 불가능하다는 사실을 접하게 된다'[1]는 말을 했다. 이 말은 역사, 문화 또는 신화의 영역에서 기원 탐색에 흥미를 느끼는 사람들에게 좌절감을 불러일으키기 딱 좋은 조언이다. 토마스 만의 생각은 고대문화의 시원을 찾아보는 일이 어렵다는, 적당히 권위적이면서도 상식적인 면을 담고 있기에 일반적으로 무리 없이 받아들여지고 있다. 또 이 말은 불가지론적인 차원으로 사고의 선을 이어놓을 경우 그럴 듯해 보이지만, 갑골문이나 청동기 문자, 죽간의 기록 등 고대문화의 진실들을 숨김없이 전하고 있는 자료들이 활용될 수 있는 현재적 시점에서는, 적어도 동양 유교문화의 시작이 어떠했는가를 살펴보는 작업에 대해서는 구속력이 약해져야 할 듯하다.

이 책은 바로 이러한 태도에 힘입으며 빚어지는, 조금은 낯선 시도이다. 그리고 낯선 시도이기에 유교문화의 기원을 탐색한다는, 이제껏 없었던 작업의 미숙함 또한 포용될 수 있을 것이라 본다. 과거 원시유교의 기원 문제를 언급한 학자들은 적지 않았다. 중국문화나 철학을 말하는 여느 책이고 유교의 시원에 대해 언급하지 않은 경우는 없었다. 그리고 그들 대부분의 의견은 공자가 원시유교의 토대를 제공한 것으로 귀결되고 있다. 하지만 공자를 통해 유교, 엄밀히 말하면 원시유교의 기원 문제를 풀어보려던 기존의 학계 태도는 새로운 고문자 자료들을 근거로 한 고증들이 유교 문헌들의 위작 관련 증거를 지속적으로 제시하고 있는 오늘의 시점에서는 재고할 필요가 있다. 물론 아직도 새로운 흐름을 모르는 채, 유교의 기원을 공자로부터 시작해야 한다는 관념이 학계의 주류인 것은 사실이다. 하지만 새로이 등장하고 있는 연구 결과들을 고려할 때 곧 시간 속으로 사라지게 될 것이다.

이런 연유 때문인지 중국 학계에는 급기야 유교의 연원을 공자가 아닌 서주시대의 주공(周公)으로부터 찾아야 한다는 주장들이 등장하고 있다.² 그러나 이러한 태도는 유교의 뿌리를 공자 한 사람, 혹은 《논어》 한 권으로부터 찾으려고 했던 기존의 입장과 태도 면에서 크게 다르지 않은 또 하나의 오류로 보인다. 이는 하나의 문화적 연원을 한 개인에게 간단히 환원시켜 성인 또는 영웅을 만들어가는 중화의 세계관 특유의 영웅 신화 작법 그 자체이기 때문이다. 하지만 문화가 오랜 시간 다양한 사건 속에서 숙성되어 온 통합적 존재로서의 결정체임이 선명하게 드러난 이상, 중화의 세계관이 만들어낸 단순한 문화 도식에서 빠져나와야 한다.

유교문화의 뿌리를 캐기 위해서는 당연히 해당되는 시대의 기록을 가능한 한 모두 더듬어내고 추려내야 한다. 그 과정에서 공자의 어록이나 행동이 포착될 수 있을 것이고 거기에 따른 평가가 적절히 주어질 수 있을 것이다. 하지만 역사적 흐름 속에서 형성된 맥락을 제대로 추슬러내는 것이 무엇보다 중요할 터인데, 이 책은 바로 이 점에 착안했다.

이 책은 유교문화의 기원 문제를 《논어》 등 경학 문헌을 주요 텍스트로 삼아 풀어내지 않았다. 대신에, 상대 갑골문과 서주, 춘추, 전국시대의 청동기 기록, 그리고 전국시대, 진대의 죽간 등 실록을 통합적·귀납적으로 다루며 살펴보았다. 현재까지의 한국, 중국, 일본, 미국 등의 연구를 살펴볼 때 이제껏 시도되지 않았던 방법이다. 이제 이와 관련한 내용들을 상세히 살펴보기로 한다.

중국, 일본, 서구의 연구동향

먼저 중국의 연구 상황을 보도록 하자. 갑골학을 문화와 사상 연구에 접목시킨 선구자적 학자 후허우쉬엔(胡厚宣)은 고문자의 활용을 통한 고대문화 고찰이라는 영역을 개척하면서, 동양문화의 기원 탐색이 갑골문을 통해 이루어질 수 있다는 가능성을 제시했다. 그는 일찍이 왕궈웨이(王國維)가 주장했던 '상대에는 종법이 없었다'는 이른바 '상대무종법(商代無宗法)'의 견해를 1948년 기념비적인 논문 〈상대혼인가족종법생육제도고(商代婚姻家族宗法生育制度考)〉를 발표하면서 뒤집었다. 그는 갑골문 원문을 인용하면서 다처(多妻), 가족, 종법 등 고대의 가족관에 대해 상세히 고찰했다. 이 내용은 필자가 이 책을 저술하는 과정에 많은 영감과 도움을 주었다. 그러나 적절한 갑골문 공구서가 완비되지 못했던 시대적 상황 때문이기도 하지만, 후허우쉬엔의 분석은 갑골문 전체를 파악한 상태의 귀납적 결론이 아니어서 많은 아쉬움을 남겼다. 이와 관련해서는 이 책에서 적절히 보완을 할 것이다.

후허우쉬엔 이후 그가 남긴 상대 종교관, 종법, 제례문화 등과 관련한 연구 업적은 많은 학문적 시사점을 제공하면서 후속연구들을 가능하게 했다. 예를 들면 갑골문 텍스트를 기존의 시대 구분 개념이 아닌 조(組) 개념을 통해 분석한 린윈(林澐)의 〈종자조복사시론상대가족연구(從子組卜辭試論商代家族研究)〉가 대표적이다. 그 이후 창위즈(常玉之)는 역법(曆法)적인 측면에서 조상신에 대한 제사를 분석한 《상대주제제도(商代周祭制度)》를 발표했다. 창위즈의 연구는 조상신에 대한 제사와 진행되는 날짜를 나타내는 간지와의 관계를 고대 역법 차원에서 다룬 점이 돋보이는데, 필자는 이 내용을 상대 우주론적 차원으로 해석하면서 선행 연구를 진행한 바 있다. 〈상대 '출조(出組)' 오종제사(五種祭祀) 관련 갑골문 텍스트를 통한 유교 조상숭배 문화의 기원 연구〉라는 제목으로 된, 이 책의 저술을 위해 선행연구 차원에서 진행된 이 논문의 내용은 이 책의 논지 전개에서 등뼈와 같은 역할을 하고 있다.

사실 후허우쉬엔 이후 위와 같이 갑골문 연구가 문자학적 범주를 벗어날 수 있다는 연구 결과가 제시되었다. 그러면서 1990년 이후에는 갑골문을 통한 상대사회 연구가 축적된 연구를 토대로 괄목할 만한 성과를 보여주게 되었다. 앞서 언급한 창위즈가 중요한 다리 역할을 하고 있지만, 이 방면에서 대표적 업적이라고 일컬어지는 주펑한(朱鳳瀚)의 《상주가족형태연구(商周家族形態研究)》, 양성난(楊升南)의 《상대경제사(商代經濟史)》, 송전하오(宋鎭豪)의 《하상사회생활사(夏商社會生活史)》 등도 갑골문 원문을 인용, 상대 당시의 가족, 조상, 우주관, 신관, 생산, 소유 등에 대한 새로우면서도 총체적인 이해를 선보이고 있다. 특히 주펑한의 책은 갑골문과 상대, 주대 청동기 기록까지 활용했다는 점이 돋보인다. 하지만 유물사관의 틀에 맞춘 해석의 강박 때문에 자료를 객관적으로 분석하지 못한 문장들은 받아들이기 힘들다. 그렇지만 갑골문 등 고대 문자 자료들을 어떻게 활용하는 것이 적절한 것인가에 대해 반문할 수 있었기에, 필자에게는 작업 내내 반면교사적인 역할을 했다는 점을 밝혀둔다.

그런가 하면 전국시대 죽간을 근거로 새로운 연구 패턴을 선보인 유교학자 위즈훼이(俞志慧)는 《상해박물관장전국초죽서(上海博物館藏戰國楚竹書)》를 텍스트로, 전국시대 유가의 모습을 재현해내면서 기존 유교문화 연구에 새로운 시각이 필요함을 역설하였다. 〈전국초죽서《공자시론》교전(戰國楚竹書《孔子詩論》校箋)〉, 《《논어》편찬년대고(《論語》編纂年代考)〉 등이 그의 대표 논문이다. 이 연구들은 전국시대의 죽간을 근거로 경학 문헌들의 내용들을 판본학적 입장에서 세밀하게 조명하고 있다는 점에서 필자에게 새로운 영감을 제공했다. 때문에 필자는 책을 쓰는 과정에서 그의 저술들을 상세히, 그리고 반복해서 읽어보았다.

하지만 한 가지, 이 연구들이 이제껏 등장한 유교문화 기원 관련 연구 중에 가장 섬세하고 세세한 고증에 많은 힘을 기울인 것이 분명하긴 하지만, 전체적인 입장을 놓고 보면 유가의 논점들을 객관적으로 해체해가는 입장으로 볼 수는 없다. 그보다는 유가문화가 중화문화의 대변인 역할을 해야 한다는 이데올로기를 재정립하려는 의도가 드러난다는 점에서 참고가 조심스러웠다. 필자의 이러한 태도는 전국시대 죽간을 인용하고 분석하는 과정에서 자연스럽게 드러날 것이기에, 그리고 이 책이 논문이 아니기에 세세하고도 직접적인 논쟁은 피했다. 하지만 큰 맥락 속에서 이들 연구들의 오류는 수정했다.

일본 학자들의 경우는 오랜 기간 중국 고대문화를 연구했던 하야시 미나오(林巳奈夫)의 역작 《중국문명의 탄생(中國文明の誕生)》이나 《중국 고대의 신들》에서 저술 중간중간을 잇는 다리 역할을 할 착안점을 얻기도 했다. 하야시 미나오의 저술은 고대의 우주관과 신관을 살피기 위해 상대 이전의 고고학적 문물들과 상대 청동기 위에 새겨진 도철 등의 문양들을 분석하고 있어 참고 가치가 있다. 그러나 이 연구 역시 갑골문과 관련된 자료를 거의 인용하지 못하고 있는 점이 과제로 남는다.

이와 비슷한 맥락에 있기는 하지만 고대의 제사를 정치적 관점에서 풀어놓은 오카무라 히데노리의 2005년 역작 《중국고대왕권과 제사(中國古代王權と祭祀)》는 문화 풀이의 다양성을 제시하고 있다는 점에서 참고가 되었다. 이와 아울러 후쿠이 시게마사가 2005년 펴낸 《한대유가의 역사적 연구(漢代儒家の史的研究)》는 선진 시대의 문화적 배경을 충분히 반영하지는 못하고 있으나, 한대 경학가들의 태도를 역사적 관점에서 꼼꼼히 고증하고 있어 필자가 중국의 경학 문헌을 어느 선까지 참고해야 하는가를 고민할 때마다 도움을 주었다. 하지만 이제 언급하겠지만, 일본 학자들의 유교문화 관련 연구는 미국 등 서구 학자들보다도 갑골문 등

의 고대문자 활용이 훨씬 더 부족했다.

사실 최근 미국 학자들의 관련 연구를 일람해보니, 후대 문헌만이 아닌 갑골문, 청동기 문자 등 고대문자를 활용해 그 깊이를 더해가려는 시도를 느낄 수 있었다. 고대문화의 연구에 있어서 고문자의 활용이 새로운 지평을 열어갈 열쇠임을 모두가 감지하고 있었던 것 같다. 서구의 대표적 갑골학자인 버클리Berkely의 데이빗 키틀리David N. Keightley는 《Source of Chinese Tradition(New York: Columbia University Press, 1999)》을 통해 갑골문과 청동기 문자의 일부를 소개하면서 선진 문화 연구에 있어 고문자와 고대문자 텍스트들이 얼마나 유용한지를 역설하고 있다. 물론 아직까지는 한, 중, 일 학자들의 연구 수준과는 차이가 있다. 그러나 2000년도 이후 제시되고 있는 미국 내 관련 박사학위 논문들이 고대문자 텍스트들을 부분적으로 사용하고 있는 현상은, 향후 이 책이 관련 학계에 미칠 영향력이 작지 않을 것임을 짐작하게 한다.

고대중국의 효 개념의 형성 과정을 통해 유교문화의 기원을 탐색했던 마사루 이케자와Masaru Ikezawa가 그의 박사학위 논문 〈The Philosophy of Filiality in Ancient China(Unpublished doctoral dissertation, University of British Columbia, Vancouver, BC., 1994)〉를 통해 서주시대의 청동기 문자를 인용하였는데, 이와 같이 참고문헌의 범주를 넓히면서부터 서구에서의 이러한 연구 동향이 촉발되었다. 물론 상대의 상황을 갑골문이 아닌 《상서》 등의 기존 문헌에 의존하는 한계가 여전히 드러나고는 있으나 전향적인 연구 태도는 긍정적으로 보아야 한다. 이런 기대감과 아쉬움은 또 저우친Zhou Qin에 의해 작성된 하버드대학 박사학위 논문 〈Cosmic order and Moral Autonomy(Unpublished doctoral dissertation, Harvard University,

Boston, MA., 2000)〉에서도 느껴진다. 이 연구는 유교문화의 기원 문제를 윤리적 차원에서 다룬 연구 결과물이다. 이 논문은 업데이트된 고고학적 발굴 자료들과 그와 관련한 동서양 학자들의 분석들을 인용하고 있어 참고 가치가 작지 않다. 하지만 그 인용들의 대부분이 기존 문헌에 대한 해석적 보완에 그칠 뿐이어서 안타깝다. 특히 갑골문 텍스트의 인용 등이 제대로 이루어지지 않고 있어 문헌적 돌파를 효과적으로 이루어내지 못하고 있다.

이런 한계는 고대문헌을 통해 공자와 그의 사상체계의 형성 과정과 원시 배경을 재구성하려는 시도를 보인 그레고리 마흐론 레이맨Gregory Mahlon Reihman의 박사학위 논문 〈Constructing Confucius(Unpublished doctoral dissertation, University of Texas, Austin, TX., 2001)〉에서도 잘 드러난다. 이 논문은 현재 필자가 수집한 관련자료 중 가장 최근까지의 연구 결과를 잘 담고 있는 연구물로, 상대에 보이는 상제, 천(天) 등의 개념을 분석해놓고 있다. 특히 최근의 고고학 발굴품 등을 통한 상징성 분석을 시도하는 등 방법적인 면에서 참고 가치가 큰 연구물이지만, 갑골문이나 청동기 문자, 죽간 등 주요 텍스트에 대한 유기적 분석이 결여된 점은 아쉬움을 남긴다.

고문자 자료의 충분한 사용

이번에는 국내외 다른 학자들의 관련 연구를 살펴보기로 한다. 우선 유교문화의 시원 문제를 천착한 김승혜의 대작《유교의 뿌리를 찾아서》를 빼놓을 수 없다. 2001년 출판된 이 책은 1990년에 나온《원시유교》의 개정판이다. 이 책은 한국인의 입장에서 유교사상의 내면적 흐름과 그 시원을 추적했다는 점 때문에 필자가 가장 관심 있게 읽었고 줄곧 사색의 소재로 삼았었다. 더구나 갑골문 글꼴들의 문화적 상징들을 통해 문헌상의 한계를 극복하려고 노력했다.

하지만 인용 글꼴이 소수에 그치고 또 문자학적 분석을 통해 글꼴에 담긴 상징만을 읽어내려는 태도는 '완전한 사전적 오류(the fallacy of perfect dictionary)'와 가까울 수 있다는 측면에서 아쉬웠다. 또 일부 인용한 갑골문 텍스트에 번역문이 충분히 배려되지 못한 부분도 차후 극복의 대상이다.

이와는 조금 다른 측면이지만《원시유교》를 철학적 측면에서 검토한 송영배의《원시유교》: 과연 시공을 초월한 인간론을 제시했는가?〉와 최우영의〈긴장과 갈등의 유교-유교적 갈등의 역사적 존재론적 기원〉등은 이번 연구의 방향이나 맥락과 직접적으로 연결되지는 않으나 관련 연구라는 면에서 일독의 의미가 있다 하겠다. 그런가 하면 원로학자 김충열이 1994년 펴낸《중국철학사1-중국철학의 원류》는 용산(龍山) 문화시기에 조상숭배의식이 존재했을 것으로 추정하는 고고학자 장광즈(張光直)의 연구를 적극 수용하고 있다는 점이 필자의 관심을 끌었다. 그러나 용산 문화를 잇는 상대 사회의 내면을 가감 없이 드러내고 있는 방대한 양의 갑골문 텍스트를 제대로 활용하지 못하고 있어 한계가 뚜렷하다.

이상에서처럼 동서양 학자들의 연구 동향을 살펴보았지만 유교문화의 기원 문제를 주제로, 필요한 고문자 자료를 충분하게 사용한 경우는 없다. 이 말은, 유교가 아시아 문화의 핵심인 점을 고려할 때 국내외 학계에서 다루어야 할 새로운 논의의 출발을 한국의 학계가 이 책을 통해 제공할 수 있음을 뜻한다 하겠다.

이 책은 얼핏 원시유교(Primitive Confucianism) 관련 연구의 하나로 비쳐질 수 있다. 그러나 이 책은 공자의 어록을 중심으로 그의 사상을 철학이나 사상적 관점에서 해석해보려는 원시유교 연구의 일반적인 태도와 크게 구별된다.

원시유교 연구는 주로 《논어》 등 공자와 관련된 전승의 기록 또는 그 전후 형성된 자료들로부터 착수되는 것이 특징이다. 그러나 《논어》 등 이른바 선진 시대의 문화적 내용을 담고 있다고 이해되는 책들은, 사실 한대 경학가들에 의해 재편집된 내용들을 담고 있다는 의심을 벗어나기 힘들다. 또 주해 역시 한대 경학의 흐름 속에서 만들어진 것으로 이들 문헌들에 대한 연구는 자연스럽게 거의 대부분 한대 경학가들의 사유체계에 사로잡힐 가능성이 크다. 이러한 부분에 대해 이 책은 정면으로 반대 논증을 펼치거나 하지는 않았다. 그보다는 고문자 자료들과 텍스트에 기록된 내용들을 역사적 흐름에 따라 분석했고, 또 때로는 문자학적인 연구 방법을 통해 자형이 담고 있는 상징들을 해석해내기도 했다. 이렇게 함으로써 소모적인 시비 없이도 자연스럽게 이제껏 드러나지 않았던 유교문화의 형성 과정을 밝혀낼 수 있을 것이기 때문이다.

결국 이 책은 후대 문헌을 근거로 선진 시대의 유교문화를 추정하는 것이 아니라, 상대 갑골문과 서주, 춘추, 전국시대의 청동기 그리고 전국시대 죽간 등 실록에 나타난 선진 시대의 문화적 지형 전체를 조망하고, 그 과정 속에서 유교문화의 형성 요소들을 재구성해 낸다는 점에서 선명하게 구별된다.

사실, 선진의 문화를 살피는 연구들은 상대 갑골문, 서주 및 춘추, 전국시대의 청동기 문자와 전국시대, 진대 죽간들이 새로운 텍스트로 등장한 이후 새로운 도전을 받고 있다. 정확한 연도에 대해서는 다소의 이설이 있기는 해도 B.C.1300~B.C.1046년여 사이에 존재했던, 한 시대의 문화적 실체를 가감 없이 드러내고 있는 상대 갑골문이 새로운 텍스트로 등장한 이상, 이를 이용한 유교문화의 기원 연구는 새롭게 시도할 만한 필요가 생긴 것이다. 이런 측면에서 이 책이 고문자 관련 자료들을 확보하고 활용한 상황은 덧붙이는 참고문헌을 통해 파악할 수 있겠다. 하지만 여기서는 특기할 만한 몇 가지 상황을 다음과 같이 약술한다.

먼저 갑골문의 경우, 가장 중요한 자료인《갑골문합집(甲骨文合集)》, 《소둔남지갑골고석(小屯南地甲骨考釋)》,《은허화원장동지갑골(殷墟花園莊東地甲骨)》 등과 함께《은허갑골각사류찬(殷墟甲骨刻辭類纂)》 등의 공구서를 활용했다. 동시에 최근 갑골학계의 연구 성과를 충실히 반영하고 있는《갑골문교석총집(甲骨文校釋總集)》을 통해, 이 책에서 인용하고 있는 갑골문 내용들을 재검토했다는 점을 밝혀둔다. 특히《갑골문교석총집》은 한국 내 갑골문 관련 저술에서 적용이 일반화되지 않은 공구서로, 기존의 갑골문 글꼴의 해석상의 오류를 바로잡았다는 점을 높이 평가할 수 있다.

갑골문과 함께 이 책이 주요 연구 텍스트로 활용한 자료는 상대, 서

주 및 춘추, 전국시대의 청동기 기록이다. 이와 관련해서는《금문인득
(金文引得)》,《금문자료고(金文資料庫)》,《금문금역류검(金文今譯類檢)》등의 공
구서를 통해 중국에서 발굴된 상대와 서주, 춘추, 전국시대 청동기의
기록 거의 모두를 검색하고 활용했다. 특히 장짜이싱(張再興)이 2004년
펴낸《서주금문문자계통론(西周金文文字系統論)》은 서주 대의 청동기 기록
을 중심으로 자소(字素, 글자의 부수 또는 최소화할 수 있는 글꼴) 분석을 해놓
은 책이다. 이것은 특히 현존하는 청동기 문자 전반에 걸쳐 글꼴을 통
합적으로 분석할 수 있도록 하는 대단히 중요한 참고서로, 이 책의 저
술에서 유용하게 사용되었다.

또 서주 및 춘추, 전국시대의 청동기 문자를 보완해줄 수 있는 전국
시대, 진대 죽간들 역시 유교문화의 기원을 탐색하는 이 책에서 빼놓
을 수 없는 고문자 자료들이다. 이를 위해서는 일찍이 소개된《곽점초
묘죽간(郭店楚墓竹簡)》은 물론, 2001년 이후 2011년 5월까지 점차적으로
출간된《상해박물관장전국초죽서(上海博物館藏戰國楚竹書)》(一, 二, 三, 四, 五, 六,
七, 八)와, 역시 2010년 동시 출간된《악록서원장진죽간(岳麓書院藏秦竹簡)》,
《청화대학장전국죽간(淸華大學藏戰國竹簡)》등을 활용하였다. 또 중국 내의
죽간 관련 연구 사이트와 함께 하버드대학 연경학사의 '간백연구(簡帛研
究)(http://www.jianbo.org/)'등도 관련자료 활용 과정에서 사용되었다.

마지막으로 한 가지, 필자는 저술에 활용한 각각의 갑골문, 청동기
문자, 죽간 텍스트들마다에 적절한 고석과 해석을 첨부했다. 이는 유
교문화의 기원 또는 그와 관련한 연구에 관심을 갖는 다양한 영역의
연구자들에게 새로운 참고자료를 제공하려는 의도에서이다. 특히 유
교가 아시아 문화의 핵심인 점을 고려할 때 이러한 새로운 논의의 근

거를 한국의 학계에서 제공할 수 있다는 측면도 고려했다.

고석의 경우, 이 책이 다루는 범주 안에서 최소한도로 진행하여 주의가 분산되지 않도록 했다. 하지만 인용한 원문들에 대해서는 모두 해석을 첨부했다. 이렇게 한 이유는, 중국학자들은 갑골문 등 고대문자 원문에 대해 번역문(현대 중국어 번역문)을 첨부하지 않고 있어 해외 일반학자들의 활용이 쉽지 않기 때문이다.

동시에 이 책에서는 한자 사용의 경우, 전문용어나 특정한 지명 그리고 인명에 한해서 사용하였고 나머지는 모두 한글화하였다. 그리고 글꼴을 설명할 때는 해당 한자를 '한글(한자)'로 표기했다. 그리고 한자 어휘를 의미로서만 활용할 때에 2음절어 이상은 한글만을 사용했다. 그러나 1음절어의 경우 구분이 어려운 점을 고려해 '한글(한자)'로 썼다. 이러한 방법은, 이 책에서 채택한 적절한 고석을 근거로 한 번역문 첨가와 함께, 비전공자들은 물론 일반 독자들도 내용을 보다 쉽게 이해하도록 도와줄 것이다.

2장
대자연과 조상신, 혼잡으로 존재하다

유교문화의 기원을 찾아내는 데 있어, 상대 사회구성원들이
만들어낸 궁극적 절대신 상제를 살펴보아야 하는 이유는 무엇일까?
그 이유는 상제가 의미론적으로는 인간이 만들어낼 수 있는
'근본적인 존재로서의 분리된 신'이기 때문이다.

자연숭배, 그러나 또 하나의 선별

지금까지의 유교 연구는 주로 도덕적 관점에서만 진행되어 왔다. 이러한 태도는 나름대로의 연구 결과를 도출해냈기에 이제껏 새로운 각도에서의 분석이 필요하다는 인식의 출현을 더디게 했다.

모든 사상과 의식이 그러하듯이 유교 역시 문화적 산물이다. 물론 이 말에 대해 공자를 유교의 창시자로 받아들이는 입장에서는 다른 의견을 제시할 수 있다. 그러나 문화와 역사적 맥락에 대한 고려 없이 유교의 내면에 대해 도덕적 관점에서만의 탈색된 분석을 진행할 경우, 심층에 자리한 내면을 제대로 읽어낼 수 없게 된다. 유교문화의 기원을 문화사적 맥락에서 살펴보아야 하는 이유가 바로 여기에 있다. 때문에 유교문화의 출현을 가능하도록 했던, 즉 일관된 역사 흐름 속에서 계승 발전해온 고대문화에 대한 종교적 의미에서의 고찰은 빼놓을 수 없다.

특히 유교문화의 핵심요소인 조상신의 출현과 그 변천, 그리고 문화적 맥락 속에서의 영향 관계를 살피려는 것이 이 책의 저술 목표이다. 이를 원만하게 이루기 위해서는, 그리고 중국 고대의 문화 핵심을 분석하기 위해서는 그 핵심 자체를 분석의 범주로부터 격리시키고 객관화한 상태에서의 조망이 필요하다는¹, 조금은 독특한 문화분석적 접근법을 적용할 필요가 있다.

원시사회에서 초월적 힘을 경험한 인간들은 자신들을 둘러싼 자연 안에 '내재된 신(immanent god)'이 존재하고 있다고 믿게 된다. 이는 중국문화학자들이 흔히 언급하는 지리유물론(地理唯物論)과는 다소 차별되긴 해도, 인간의 의식이 자연환경에 대한 숭배 과정 속에서 고유한 문화적 특성을 만들어낸다는 측면에서는 인식을 같이 한다. 때문에 중국의 고대문화 속에서 인간이 자연을 어떻게 인식하고 숭배하고 있는지의 문제, 다시 말해 원시의 종교관을 들여다보는 것이 필요하다.

중국의 고대문화 속에서 인간과 자연 속의 신에 대해 언급한 기록은 여럿 있지만, 《국어(國語)》의 〈초어(楚語)〉 편에 나온 다음과 같은 표현은 다른 문헌에서 볼 수 없는 단정적인 태도 때문에 눈길을 끈다.

• 고대에는 사람과 신이 섞여 있지 않았다……. 그 후 구려가 도덕을
어지럽히자 사람과 신이 분별없이 뒤섞였다. (古者民神不雜… 九黎亂德,
民神雜踩.)

위의 내용에서는 중국 고대문화 속의 고대 종교관을 엿볼 수 있다. 일반적으로 사람과 신의 혼재는 동양과 서양을 막론하고 고대의 종교문화를 살핀 문화인류학 보고서에서 흔하게 접할 수 있다. 하지만 이

제 갑골문과 관련 기록들을 통해 살펴보겠지만, 고대에는 사람과 신령이 섞여 있지 않았다는 〈초어〉의 표현은 당시의 현실을 제대로 반영하지 못하고 있다. 중국의 고대문헌들이 고대사회의 현상들을 전하고 있기는 하지만 중국 후대 사회의 중화사상의 이데올로기를 투사하고 있음은 최근 출토되고 있는 지하 사료들이 증언하고 있다.

《국어》〈초어〉의 기술에서도 역사적 진실의 일부와 왜곡된 의식의 편린을 느낄 수 있다. 그런 면에서 갑골문 등 출토 사료들에 대한 활용과 검토는 고대문화의 연구에 있어서 적잖은 의미가 있다. 이러한 맥락을 염두에 두면서, 이제 상대 갑골문에 드러난 다신(多神)숭배(polytheism) 문화 속에 존재하고 있는 자연숭배의식에 대해 살펴보자.

상대 초기 원시종교문화는 다신숭배 시기이다. 따라서 이와 관련한 개략적인 상황을 짚어볼 필요가 있다. 먼저 살피고 넘어가야 할 부분은 상대 초기를 고비로 쇠퇴하기 시작하는 토테미즘의 분위기와 몇몇 자연물에 대한 숭배 상황이다. 갑골문의 기록을 근거로 볼 때 이들은 상대 초기에 이미 구체적인 신위(神威, divine power)를 잃어가고 있었다.[2] 이러한 현상은 상대 청동기 기록과 갑골문에 가끔씩 등장하는 토테미즘의 흔적들과 몇몇 자연물을 통해서 어렵지 않게 확인할 수 있다. 먼저 토템 대상이 상대 초기에 어떠한 특성을 지니고 있는지를 간단하게 살펴보자.

동식물 등 토템 대상의 경우 구체적인 제사나 숭배의식은 보이지 않고 대부분 지명이나 왕명으로 존재하거나 청동기의 문양, 이른바 도철(饕餮, 동물 등의 이미지가 신격화된 상태로 청동기에 사용된 문양)로 바뀌고 있다. (그림 1, 2, 3, 4 참조)

그림1 | 상대 청동기 도철 문양

그림2 | 상대 새 문양

그림3 | 상대 양서류와 사람의 합성 문양

그림4 | 상대 호랑이 문양

　이들 문양들은 이른바 방국(方國, 종족 또는 부족을 일컫는 명칭) 문양들이
다. 상대 초기 무정(武丁)왕 때에 방국의 수가 이미 200여 개에 달하고
있었는데, 이들 종족들의 명칭 일부가 예술성을 지닌 부호들로 표현
된 것이다. 상 왕실과 주변 부족들의 관계는 대단히 엄격해 경제적으
로 조공을 바치거나 군사적으로 군사동원령에 응해야 했음이 갑골문

기록들을 통해 확인된다. 그러한 과정 속에서, 정치적으로 밀접한 연계를 유지하고 있는 특정 부족들의 방명이 도철 형식으로 사용되고 있다. 방명들 중 많은 수는 동물들 명칭을 그대로 사용하고 있는데 이것이 문양을 통해 확인되고 있다. 이들 방명 외에 갑골문에서 신위를 지닌 채 제사 대상이 되고 있는 토템의 기록은 거의 찾아보기 힘들다. 이런 점에서 다음의 토템 기록은 불과 몇 개에 불과하지만 살펴볼 가치가 있다.

- 묻는다. 토템 대상 虵에게 춤추는 제사를 지내도록 명할까? (貞: 呼舞于虵) (합1140정)

- 임진일에 점을 친다. 다음날 갑오일에 토템 대상 虵에게 불로 지내는 료 제사를 지내며 희생으로 양과 돼지를 쓸까? (壬辰卜, 翌甲午燎于虵, 羊又豕?) (합14702)

- 경술일에 점을 치며 정인 각이 묻는다. 토템 대상 虵이 우리 상 왕실에게 해를 줄까? 5월에. (庚戌卜, 㲂貞 : 虵禍我? 五月) (합14707)

虵으로 해석한 글꼴

虵으로 바꾼 갑골문의 글꼴은 두 마리 뱀의 모습이다. 다른 갑골문에서 뱀이나 짐승에게 제사를 지내거나 하는 기록을 찾을 수는 없다. 따라서 여기서의 두 마리 뱀은 일반적인 동물로서의 뱀이 아니라 숭배의 대상으로서의 존재, 즉 토템 대상으로 이해할 수 있다. 이 토템 대상이 정확하게 무엇인지 알 수는 없으나 갑골학자 천방푸(陳邦福)는 전설 속에서 상나라 탕(湯) 왕을 도왔다는 중훼(仲虺)라고 보고 있다.[3]

이렇게 될 경우, 이 뱀은 당시 사회구성원들에 의해 신화적 차원에서의 인간과의 합성체인 토템 대상으로 인식되고 있었음이 분명해진다. 신화소(神話素, mythologem)로서의 인간과 신, 인간과 동물의 합성체 이야기는 고대 동서 문화 속에서 어렵지 않게 발견할 수 있기에 갑골문에 보이는 그림을 토템적 요소로 파악하는 일은 자연스럽다. 그리고 이 토템의 이야기는 당시 뱀을 토템으로 삼던 종족의 역사를 전하고 있음이 드러난다.

그러나 당시 사회의 문화현상을 커다란 맥락에서 살펴보면, 토템 동식물에 대한 기록의 감소와 문양에로의 전환은 상 왕실이 지니고 있던 초기 원시 토테미즘이 상대 초기를 고비로 종교적 역량 측면에서 영향력을 잃어가고 있음을 보여준다. 동시에 종교적 측면이 여전히 강하긴 하지만, 당시 생활이 예술문화와 합치되면서 새로운 차원으로 변환해 가고 있다는 정황도 파악할 수 있다.

문양들을 통해 확인되는 토테미즘의 흔적 외에 상대에는 분명 사회구성원들에 의해 숭배되고 있던 자연물이 있었다. 쇠퇴하는 토테미즘과 함께 역시 변화하고 있던, 숭배대상으로서의 이들 자연물들은 주로 상대 초기의 갑골문을 통해 확인된다. 갑골문을 통해 보면, 일(日), 월(月), 성(星), 홍(虹), 운(雲), 뢰(雷), 풍(風) 등의 자연물들은 제사 대상이 되기도 하고 두려움의 대상이 되기도 했음을 알 수 있다. 그런데 이들 자연물들은, 이제 후술하겠지만, 다른 자연숭배물이 지녔던 구체적 신위를 지니고 있지 못하고 기록된 횟수도 상대적으로 미미하다. 다시 말해 자연숭배물의 범주에 들어 있기는 하지만 상대적으로 약한 신위를 갖고 있기에 선별 대상에서 제외되었다는 의미이다. 이 말은 상대 당시 숭배되는 자연물들이 각각의 신위에 따라 엄격하게 계층이 나뉘어 있었다는 점을 설명한다.

갑골문 전체를 살펴보면, 상대 초기의 왕들인 무정, 조경(祖庚) 시기에는 위에 언급한 자연물들은 동일한 성격의 자연물인 하(河), 악(岳), 토(土) 등에 비해 구체적인 신위를 지니고 있지 못함을 알 수 있다. 물론 기록의 횟수 역시 전체적으로 볼 때 미미하다. 예를 들어 비교적 출현 빈도가 높은 무지개 홍(虹)의 경우《갑골문합집》등을 근거로 할 때 불과 7개의 기록만이 보인다. 그 중에서 운(雲)과 함께 보이는 다음의 점사(占辭) 하나를 예로 살펴보자.

무지개 관련 점복 기록

- 왕이 점괘를 보고 판단한다. 불길함이 있을 것이다. 8일 후 경술일에 구름이 동쪽 여신에게로부터 몰려왔다. 해가 질 무렵에도 무지개가 북쪽으로부터 와서 황하에서 물을 마셨다. (有祟. 八日庚戌, 有各雲自東冒母, 昃亦有出虹自北飮于河.) (합10405반)

내용에서 드러나듯이 상 왕실이 불길하다고 여겼던 점괘를 구체화시키고 있는 것은 동쪽 여신으로부터 온 구름과 북쪽으로부터 온 무지개이다. 특히 무지개가 황하의 물을 마시고 있는 모습이 불길함을 확증하고 있다. 여기서 무지개가 어떤 신위를 지녔는지를 확인하기는 힘들지만 당시 사회구성원들이 무지개를 단순한 자연물로 인식하고 있지 않음을 읽어낼 수 있다.

이번에는 월식의 기록을 보자. 《갑골문합집》에는 제1기(갑골문의 기록이 방대하기 때문에 흔히 다섯 시기로 나누어 설명하게 되는데, 이 시기를 제1기라고 부른다. 또 무정이 통치한 시기이기에 '무정 시기'라고도 한다) 때의 월식 기록이 모두 네 개 존재하는데, 이 중에는 월식을 불길한 현상으로 보는 다음과 같은 내용이 있다.

- 계미일에 점을 치면서[4] 정인 쟁이 묻는다. 열흘간 화가 없을까? 3일 후 을유일 저녁에 달이 먹히고 있다. 어두워졌다.[5] 팔월. (癸未卜, 爭貞 : 旬無禍? 三日乙酉夕, 月有食, 聞. 八月.) (합11485)

월식은 현대인들에게도 우주에 대한 막연한 경외감을 불러일으키는 현상이기에 고대사회 속에서의 두려움은 짐작할 수 있다. 하지만 자주 발생하는 것이 아니어서 특별한 신위를 부여하진 않는다. 이밖에 일식의 기록과 달이 뜨는 현상에 대한 월출 제사, 별에 대한 제사를 지내는 기록들이 한두 군데 보이지만, 이 역시 상대 초기 옅어져가는 토템의 흔적을 전하고 있을 뿐이다.

토테미즘의 약화와 함께 상대 사회에서 영향력을 발휘하게 되는 존재는 하(河), 악(岳), 토(土)로, 이 책에서 중점적으로 다루게 될 조상숭배의 영역을 이해하는 데 앞서 반드시 파악해야 할 대상이다. 이들은 앞서 소개한 토템의 대상들과 달리 구체적인 신위를 지니고 있음은 물론, 강한 정치적·종교적 영향력을 상대 사회구성원들에게 행사하고 있다. 특히 이들은 때로 상 왕실의 조상들과 운명을 같이 하기도 하는 등 중국 고대사회의 종교관을 이해하는 데 중요한 대상들이다. 하(河), 악(岳), 토(土)는 앞서 살핀 대상들과 비슷한 속성의 자연물이지만 구체적인 신위와 상 왕실에 대한 정치, 경제, 종교적 영향력과 등장횟수에 있어 일(日), 월(月), 성(星), 홍(虹), 운(雲), 뢰(雷), 풍(風) 등의 자연물들과 완전히 구별된다.

이제 갑골문을 근거로 이들의 구체적 신위가 어떠했는지를 먼저 살펴보고자 한다. 그리고 이를 근거로 당시 숭배되던 조상들의 위상과 존재 의미에 대해 보다 심층 분석을 진행하기로 한다. 먼저 하(河), 악(岳), 토(土) 중에서 등장하는 빈도수가 가장 많고 신위가 가장 강력한 존재 하(河, 이하 황하)에 대해 살펴본다.

하(河)

하(河)
황하를 상징하는 물 수(水)의 생략형 자소와 하(河)의 음가를 나타내기 위해
사람이 농기구를 멘 모습인 가(可)의 초문을 발음부호로 사용

황하는 상나라의 자연숭배대상 중에서 가장 강한 신위를 지닌 존재로 다양한 제사의 대상이 되고 있다. 또한 매우 구체적 신위를 다양하게 구비하고 있음을 갑골문에서 확인할 수 있다. 먼저 관련 갑골문들을 살펴본다.

- 병술일에 점을 치며 정인 대가 묻는다. 특정 사안을 고하며 포로를 바치는 제사를 황하에게 지낼 때 불로 지내는 제사 료를 지내려 하는데, 소 세 마리를 황하에 빠뜨릴까? (丙戌卜, 大貞 : 告執于河燎, 沈三牛?) (합22594)
- 정사일에 점을 친다. 장차 불로 지내는 제사 료를 황하에 지내려는데, 우리에서 기른 소와 여자 배우자를 강물에 빠뜨릴까? (丁巳卜, 其燎于河, 牢沈奏?) (합32161)

동물 토템에 대한 다른 제사와 달리 황하에 대해서는 제례가 엄중하고 제물 또한 소나 왕의 여자 배우자 등 일반적으로 소중하게 여기는

대상들을 사용하는 것이 특징이다. 특히 첩(妾)으로 바꾼 글자에서 보듯이 사람을 제물로 쓰고 있는데 이는 상대 갑골문의 제례 기록에서 흔하지 않은 경우이다. 그만큼 황하가 상나라 왕실에서 차지하는 원시종교적 위상이 높음을 반영한다 하겠다. 위상이 높다는 뜻은 황하가 지니고 있는 신위가 남다르다는 말로 이해할 수 있다. 그 이유는 무엇일까? 갑골문을 통해 관련 내용들을 파악할 수 있다.

- 경진일에 점을 치면서 정인 각이 묻는다. 황하에게 쵀 제사를 지내면 많은 비가 올까? (庚申卜, 殼貞 : 取河有從雨?) (합14575)
- 장차 풍년을 황하에게 구하면 이번에 비가 있을까? (其求年于河, 此有雨?) (합28250)
- 가을을 고하는 제사를 황하에게 진행할까? (告秋于河?) (합9627)
- 신유일에 점을 치며 정인 빈이 묻는다. 황하에게 풍년을 구할까? (辛酉卜, 賓貞 : 求年于河?) (합10085정)
- 장차 풍년을 황하에게 구하면서 반드시 소를 사용할까? (其求年于河, 唯牛用?) (합28250)
- 신해 일에 점을 친다. 장차 황하에게 풍년을 구하면 왕이 …을 받을까? 크게 길하다. (辛亥卜, 其求年于河, 王受…? 大吉.) (합28260)

이상에서 보는 것처럼 황하는 상 왕실의 농사가 풍년이 될지를 결정하는 존재이다. 때문에 농경문화를 토대로 문명을 발전시키고 있던 상대 사회에서는 중요한 숭배대상이 될 수밖에 없다. 그런데 이러한 현상은 앞서 언급했던 자연 속에 '내재된 신(immanent god)'의 존재론이나 지리유물론이라는 일반론으로 잘 설명된다. 농경문화 속에서 강물의 의미는 각별할 수 있다. 주변 환경, 특히 강물에 대한 숭배는 고대문화 속에서 일반적인 것이기 때문이다. 그 상황 속에서 황하가 특별히 강력한 숭배대상으로 존재하고 있는 것이다. 그러나 갑골문의 기록을 보면 황하의 지류이면서 당시 상나라 주변을 흐르던 상수(滴水)나 원수(洹水) 역시 숭배의 대상이었다(번역문에서는 강으로 쓴다).

- 상강에게 풍년을 구할까? (求年于滴?) (합40110)
- 을축일에 …묻는다. 원강이 정…일에 …하지 않을까? (乙丑…貞 : 洹水 弗丁…?) (합10158)

하지만 이 강물에 대한 기록은 이 정도에서 그치고 만다. 보다 구체적인 신위도, 거대한 제사나 제물도 없다. 이러한 주변 정황은 황하에 대한 숭배를 단순히 자연숭배적 차원에서만 해석하지 말아야 할 이유를 알려준다.

자연숭배 현상은 동서양 문화 모두에서 관찰되는, 경험을 통해 생활 속에서 만나는(encounter) 존재에 대한 경외감의 표출이다. 이러한 감정과 의식은 당시 상대 사회구성원들 모두에게도 있었다. 하지만 원시종교의 발달 과정을 고찰해보면 사회구성원은 보다 초월적인, 다시 말해 강물로 나타나지만 강물을 넘어서는 '근본적인 존재(Ultimate Reality)로서의 분리된 신(deusotiosus)'[6]을 추구하고 있다. 이런 점에서 상대 사회구성원들에게 있어 황하는 단순한 자연숭배물의 차원을 넘어선 '근본적인 존재로서의 분리된 신'의 이미지로 받아들여지고 있다.

더군다나 황하가 상대 초기에 다른 어떤 숭배대상들과 달리 고조(高祖), 즉 '위대한 조상'[7]의 이미지까지 겸비하고 있는 현실에서도 이러한 현상이 확인된다. 다음의 제1기 무정 때의 갑골문에 이와 관련한 기록이 있다.

> • 신미일에 묻는다. 풍년을 위대한 조상 황하에게 구하는 제사를 신
> 사일에 진행할까? (辛未貞 : 求禾高祖河于辛巳?) (합32028)

그런가 하면 황하는 왕이 직접 제사를 이끌며 숭배하는 대상이었다.

> • 묻는다. 왕이 직접 황하의 신을 맞이하면서 황하에게 풍년을 구할
> 까? (貞 : 王其賓禾求于河?) (합33288)

이는 앞서 살핀 것처럼 황하가 상 왕실의 농사에 직접적으로 관여하고 있기 때문이다. 하지만 황하가 지닌 신위는 단순히 풍작을 돕는 막연한 기대감에 그치지 않고 보다 적극적으로 농작물 수확에까지 미치고 있다.

> • 황하가 우리 상 왕실의 수확에 화를 끼치지 않을까? (河弗禍我年?)
> (합40116)

즉 황하의 신위가 단순히 풍작을 돕는 데 그치지 않고 농사를 망칠 수도 있는, 복과 화를 동시에 내릴 수 있는 신위를 지닌 존재로 받아들

여지고 있다. 황하의 위상은 이뿐만이 아니다. 황하가 해를 끼치는 상황은 농작물에만 국한되지 않고 상 왕실 전체, 또는 상나라 왕 개인에게까지 연결되고 있다. 때문에 황하가 어떤 의도를 품고 있는가를 알아보기 위한 점복문이 있는가 하면, 심지어 도움을 받으려면 어떤 제사를 진행해야 할까를 묻는 세심한 점복문도 볼 수 있다.

- 임인일에 점을 치면서 정인 각이 묻는다. 황하가 왕에게 화를 주지 않을까? (壬寅卜, 㲉貞 : 河弗禍王?) (합776)

- …오일에 점을 치면서 정인 빈이 묻는다. 황하가 우리 상 왕실에게 주술적으로 해를 끼칠까? (…午卜, 賓貞 : 河祟我?) (합14615)

- 계미일에 점을 친다. 황하에게 불로 지내는 제사 료를 진행하면 도움을 받을까? (癸未卜, 燎于河, 受祐?) (합34242)

또한 아주 드물기는 하지만 황하에게 사냥의 성공 여부를 묻는 경우도 있다. 사냥의 경우는 주로 과거 사냥에 뛰어났던 조상신의 도움을 요청하는 것이 일반적인 현상이어서 특이하다.

- 묻는다. 장차 돼지를 포획하지 못할까? (돼지들이) 서쪽으로부터 나타날까? 황하에게 구하지 말까? 그러면 (돼지들이) 안 올까? (貞 : 不其獲豕? 有來自西? 勿于河求? 無其來?) (합10246)

정리를 해보면, 황하가 다양한 제사의 대상이 되고 독특한 신위를 구비하고 있음은 황하 곁에서 농경문화를 가꾸어가던 상나라의 지리적·사회적 환경 때문이다. 그러나 앞서도 언급했듯이 황하에 대한 상대 사회구성원들의 숭배에는 단순한 자연숭배물의 차원을 넘어선 '근본적인 존재로서의 분리된 신'의 이미지가 미약하게나마 포함되어 있다. 이 책의 2장 부분에서 재확인하겠지만, 이러한 관찰은 상대 사회의 집단의식이 끊임없이 보다 초월적인 존재를 추구해가는 과정 속에서 상대적으로 미약하거나 의미가 없는 자연물들을 숭배대상에서 도태시키며 발전해가고 있었음을 알게 해준다. 냉정한 선별인 셈이다.

갑골문을 통해 확인할 수 있는, 원시종교문화 발전과정에서 일어나고 있는 이러한 현상에 대한 이해는, 상대 사회구성원들이 왜 자연숭배물을 버리고 조상숭배로 전환하게 되고, 또 조상숭배 과정을 끊임없이 수정해가면서 단순화시키려고 하는지를 파악하는 데 중요한 열쇠가 된다. 이 점이, 유교문화의 기원을 추적해가는 이 책이 원시종교적 차원에서 자연숭배물과 관련한 기록들을 검토하고 있는 이유이기도 하다.

악(岳)

악(岳)
산의 형태와 양의 모습이 합성된 자형. 악(岳)이라는 점 외에는 아직 해석이 분분함 강물에 대한 숭배와 마찬가지로 험악한 산에 대한 경외감이 숭배로 발전하고 다시 제사의 대상이 되는 과정 역시 고대의 동서 문화 모두에서 익숙하게 볼 수 있다. 중국 고대사회에서의 산악숭배와 관련한 의식은 《예기(禮記)》〈제통(祭法)〉에 다음과 같이 소개되어 있다.

• 산림, 하천, 계곡, 구릉은 구름을 낼 수 있고 바람과 비를 만들어낸다. 괴물도 드러내는데[8] 이 모두가 신으로 불린다. (山林川谷丘陵, 能出雲, 爲風雨, 見怪物, 皆曰神.)

《예기》에 수록된 산악숭배 사상은 그 이전 시대로부터 계승되어 왔을 터인데, 이와 관련한 내용들을 상대 갑골문에서 찾을 수 있다. 산과 관련한 숭배대상을 상나라 왕실은 갑골문에서 악(岳, 이하 '산악')으로 표현하고 있다. 이 산악이 구체적으로 어디인가에 대한 고찰이 그 동안 갑골학자들에 의해 진행되어 왔지만 아직까지 구체적인 지명은 밝혀내지 못하고 있다. 단지 시안(西安) 서쪽, 베이징(北京) 이남, 장강 이북 일대의 명산일 것으로 추정할 뿐이다.

산악숭배와 관련한 갑골문 기록에서 확인할 수 있는 특징은 상대 사회구성원들이 산악으로부터 주로 비를 구하고 있다는 점이다. 다음의 내용을 보자.

• 경오일에 점을 친다. 산악에게 비를 구할까? (庚午卜, 求雨于岳?) (합 12855)

산악에게 비를 구하는 이유는 앞서 황하와 마찬가지로 풍년을 기원하는 것과 관계가 있을 것이다. 다음의 내용도 보자.

- 신사일에 점을 치면서 정인 선이 묻는다. 산악에게 제사를 지내면 다가오는 세제 지내는 때에 풍년을 줄까? (辛巳卜, 亙貞 : 祀岳, 求來歲受年?) (합9658정)

- 묻는다. 산악에게 풍년을 구할까? (貞 : 求年于岳?) (합10080)

- 임신일에 점을 치면서 묻는다. 산악이 풍년에 해를 줄까? (壬申卜, 貞 : 岳禍年?) (합10126)

- 을유일에 점을 친다. 산악이 풍년에 화를 주지 않을까? (乙酉卜, 岳弗禍禾?) (합34229)

- 산악이 반드시 풍년을 주술적으로 망칠까? (唯岳祟禾?) (합33338)

하지만 산악을 숭배하며 비를 구하는 행위는 앞서 살핀 황하의 경우와 다소 구별된다. 다음에 인용하는 갑골문 기록들은 상대 사회구성원들이 황하와 산악의 신위를 구별하여 인식하고 있음을 잘 보여준다.

- 묻는다. 산악에게 구하는 비가 상 왕실을 주술적으로 해할까? (貞 : 祟雨我于岳?) (합14521)

- 산악에게 구하면 큰 비로 주술적 해를 내릴까? (于岳祟有大雨?) (합30419)

- 병오일에 점을 친다. 산악이 반드시 비로 화를 줄까? (丙午卜, 唯岳禍雨?) (합41655)

- 계유일에 점을 친다. … 산악에게 … 비를 그치게 할까? (癸酉卜, …燎雨…岳?) (합14482)

자연에게 비를 구하는 의식은 앞서 황하의 경우에도 볼 수 있었지만 산악에 비해 횟수나 강도는 약하다. 또 황하에게는 단순하게 비를 구하는 데 그치고 있는 반면, 산악에 대해서는 비가 오는 경우와 멈추게 하는 경우, 비로 주술적 해를 가할 경우 등 다양한 설정을 근거로 산악의 의도를 점치는 것이 특이하다. 그런가 하면 황하에게는 풍년 여부를 연계하면서 비를 구하고 있었지만, 산악의 경우는 다음처럼 상 왕실의 안위와 연결해 묻는 상황이 있어 특이하다.

- …일에 점을 치며 정인 각이 묻는다. 산악이 우리 상 왕실에게 비로 나쁘게 할까? (…卜, 設貞 : 岳肇我雨?) (합14487)

어쨌든 전반적으로 산악에게 비를 구하는 행위는 풍년 기원에만 국한되지 않고 상 왕실의 안위와도 연결되었다. 다음의 내용 역시 산악이 정치적 신위를 지니고 있음을 보여준다.

- 경…일에 정인 쟁이 묻는다. 산악이 우리 상 왕실을 해할까? (庚…爭貞 : 岳禍我?) (합14488)
- 경술일에 점을 치면서 정인 쟁이 묻는다. 산악이 우리 상 왕실을 (해)하지 않을까? (庚戌卜, 爭貞 : 岳弗我?) (합14488)

산악이 정치적 신위를 지니고 있는 현상은 중국 고대문화 속에 존재하는 '천이고위존(天以高爲尊)', 즉 '하늘은 높음으로 존엄성을 확보한다'는 의식의 모태로 이해할 수도 있다. 그리고 이러한 의식은 다시 '천자봉선(天子封禪)', 즉 천자가 태산에 올라 하늘로부터 통치력을 재확인 받는 과정으로서의 제례문화의 기원으로 볼 수도 있을 것이다. 특히 다음의 기록은 왕이 직접 산을 향해 춤을 추는 모습을 담고 있어 중국 고대문화 속 산악숭배의 연원이 짧지 않음을 보여준다.

> • 병진일에 점을 치면서 정인 쟁이 묻는다. 상 왕인 내가 산악에게
>
> 춤추는 제사를 지낼까? (丙辰卜, 爭貞 : 我舞岳?) (합14472)

'천자봉선'의 관념과 제례 의례가, 서주 이후에 상대의 숭배대상이었던 황하 등의 숭배물이 제외된 상태에서도 지속되고 있었다는 점이 흥미로우며 꽤 관심이 간다. 즉, 주나라 황실이 혈통에 의한 종법제도를 출범시키면서 정치적 영향력을 배양해가는 과정에서도 고대로부터 전해지고 있던 산악숭배 사상을 버리지 않은 것이다. 이 점은 중국 고대문화 속의 조상숭배 문화가 자연물에 대한 숭배의식과 긴밀하게 연결되어 있음을 보여준다는 면에서 새로운 이해가 필요하다. 바꾸어 말하면, 유교문화의 핵심이 조상숭배라는 혈통 중심의 가치관에 놓여 있기는 하지만, 그 무의식의 저변에는 자연숭배라는 '자연 속에 내재된 신'과의 깊은 연계가 존재한다는 뜻이다(이 문제와 관련해서는 후술하기로 한다).

그러나 전반적으로 볼 때 상대 문화 속에서의 산악의 신위는 황하의

그것에 비해 상대적으로 작다. 이것은 황하가 홍수 등으로 인한 역동성을 지니고 있던 것에 비해 보다 정적인 산악의 이미지 때문인 것으로 보인다. 산악에 대한 상 왕실의 제사나 행동이 황하에 비해 미약한 것은 이 때문일 것이다.

토(土)

토(土), 흙더미의 모습

황하와 산악과 함께 등장하고 있는 자연숭배물로 토(土, 이하 '흙의 신')가 있다. 흙의 신은 자연숭배물 중에서 신위가 가장 약하기는 하지만 상대 종교문화를 살피는 데 빼놓을 수 없는 중요한 대상이다. 또 잠시 뒤에 설명하겠지만 동양문화권에서 정치 또는 통치의 의미를 대변하고 있는 사직(社稷)의 '사(社)'의 초문이기도 해 동양문화의 초기 형태를 이해하는 데 필요한 존재이다. 우선 흙의 신은 대부분 비를 부르는 내용 안에서 인식되고 있다. 물론 비에 대한 점복은 풍년을 염두에 둔 경우라 하겠다. 관련 갑골문을 아래에서 살펴본다.

- 신미일에 점을 친다. 흙의 신에게 비를 구할까? (辛未卜, 求于土雨?)
  (합33959)

- 을묘일에 점을 친다. 왕이 흙의 신에게 비로 주술적인 해를 끼치도
  록 구할까? (乙卯卜, 王祟雨于土?) (합34493)

- 묻는다. 흙의 신에게 풍년을 구하면서 비를 구할까? (貞 : 求年于土求
  雨?) (복통卜通 336)

'합34493'의 '왕이 흙의 신에게 비로 주술적인 해를 끼치도록 구할
까?'의 표현은 앞서 산악이 상 왕실에게 행했던 정치적 신위로까지 해
석할 필요는 없을 듯하다. 그러한 예가 많지 않고 또한 비라는 매개체
가 등장하고 있어 풍년과 연결해 이해하는 것이 자연스럽다. 그러나
다음의 갑골문은 유일하지만 의미가 크다. 이 내용은 흙의 신이 산악
과 연결되어 신위를 구사하고 있기 때문이다. 우선 내용을 보자.

- 계미일에 점을 치며 묻는다. 흙의 신에게 불로 지내는 료 제사를
  지내며 산악에게 비를 구할까? (癸未卜, 貞 : 燎于土, 求雨岳?) (합14399)

갑골문에서 이처럼 서로 다른 자연숭배물이 함께 등장하는 경우는
많지 않은데 산악이 대지 위에 존재하고 있어 흙의 신과 일체화를 이
루고 있는 존재로 받아들여지고 있는 현상을 나타낸다 하겠다. 하지만
이 경우도 위에 인용한 경우 하나뿐이어서 당시 사람들이 흙의 신과
산악을 하나의 신위 영역에서 파악하고 있었는지를 단정하기는 어렵
다. 또 하나, 흙의 신 관련 기록에서 특이한 점은 흙의 신을 바람과 연

결한 신위의 소유자로 보는 상황이다. 이는 바람이 불 때 대지의 흙먼지가 이는 자연적 상황에서 파생한 이미지로 이해된다.

- 병진일에 점을 친다. 흙의 신에게 바람을 멈추도록 구할까? (丙辰卜, 于土寧風?) (합32301)

마지막으로 흙의 신은 또 왕이 직접 왕실의 사안을 고하는 대상이기도 하다.

- 묻는다. 왕이 흙의 신에게 고하는 제사를 지낼까? (貞 : 王告土?) (합34184)

이와 관련해 흙의 신이 구체적으로 어떤 신위를 갖고 있는지를 파악할 수 있는 기록은 없다. 그러나 앞서 황하와 관련해 왕이 황하에게 가을을 고하는 경우와 제물을 고르기 위해 황하의 의사를 묻고 있는 장면을 참고해 볼 때, 흙의 신에게 비나 바람 등의 일기와 관련한 내용이 연결되었을 것으로 추측할 수 있다.

흙의 신과 관련해 특기할 부분이 있다. 흙의 신은 앞서 황하나 산악의 경우와 달리 해를 끼치는 내용이 없다는 점이다. 황하의 홍수나 산악의 산사태 등과 달리 대지의 평온함이 상대적으로 부각된 경우로 이해할 수 있다. 또 하나, 앞서 언급했듯이 흙의 신의 이름인 토(土)는 사(社)의 초문이 되고 있다.《설문해자》의 설명을 보자.

- 사는 땅의 주인이다. (社, 地主也.)

이 말은 대지의 핵심 존재라는 뜻으로, 《예기》〈교특생(郊特牲)〉에서는 흙의 신에게 지내는 제사의 의미로 설명하고 있다.

- 사는 흙에게 제사하는 것이며 음기를 다스린다. (社, 祭土, 而主陰氣也.)

기록에서 보듯이 흙은 후대에 영계를 의미하는 시(示)와 흙의 신의 이름인 토(土)가 합쳐지기는 했지만 초기 흙의 신의 이미지를 여전히 지니고 있음이 후대 문헌들을 통해 확인된다. 흙의 신이 자연숭배물의 범주에서 출발하고는 있으나 앞서 산악 부분에서의 경우와 마찬가지로 종법제도 속에서도 흙의 신을 숭배하는 사(社) 제사로 존재하고 있는 것이다. 이는 종법제도 속의 혈연적 가치가 자연숭배라는 오래된 원시종교문화와 근원적으로 연결되어 있음을 보여준다. 2장과 3장에서 살펴보겠지만, 주족(周族)이라는 특정 혈통을 중심축으로 구축된 조상숭배의식과, 그 조상숭배의식을 토대로 자라난 봉건제도라는 정치적 실체가 중국문화 속에 내재된 자연숭배 사상과 결코 분리되어 이해될 수 없음을 증언하는 것이겠다.

이러한 관찰은 서구의 원시문화에서도 가능하다. 인간이 만들어가는 사회는 자연에서 완전히 분리될 수 없겠기에, 인간이라는 유기체와 자연환경 사이에는 지속적인 소통이 일어난다. 즉, 인간과 자연이 서로에 대해 지속적인 평형관계를 유지하면서 의존관계를 맺을 수밖에 없는 것이다.[9]

훗날 천자나 제후의 정치활동이, 그 참가자가 동일 조상을 공유하는 혈연중심으로 편성되어 있기에 단순한 종법제도만의 힘으로 보이지만, 통치 대상자인 일반 백성에 대한 정치적 영향력은 상대로부터 계승되어 온 자연숭배라는 원시종교 영역에서 확보되었다. 물론 이 점은 조상숭배를 주춧돌로 건립된 종법제도와, 거기서 정치적 외연을 확보한 봉건제도의 뿌리가 자연숭배라는 원시종교의 토양에 내려져 있음을 설명한다. 이러한 이해는 유교문화의 시원을 제대로 이해할 수 있는 올바른 전제가 된다.

궁극적 절대신의 추구, 제(帝)

상제 제(帝), 꽃봉오리의 상형문 설과 나무로 엮은 신의 모양이라는 설 등이 있음

이제껏 살핀 자연숭배물들은 원시사회에서 인간이 경험을 통해 생활 속에서 만나는 존재에 대한 경외감의 표출이라는 특징을 갖고 있다. 다른 문화권과 마찬가지로 원시종교의 단계를 충실히 반영하고 있는 상대 갑골문에서 이러한 정신세계와 감정, 그리고 의례가 확인되고 있음은 이미 살펴본 바와 같다.

앞에서 잠시 다루었지만, 상대 사회구성원들 역시 자연물에 대한 개별적 경외감의 표출 외에 보다 '근본적인 존재로서의 분리된 신'을 추구하고 있었다. 바꾸어 말하면, 자연숭배물에 대한 다양한 제사 행위는 바로 이 '근본적인 존재로서의 분리된 신'을 찾으려는 무의식적 모색으로 읽어도 된다. 이 모색의 과정에서 상대 사회구성원들은 마침내 궁극적 실체의 신의 이미지를 찾아내게 된다. 그리고 그 이미지를 하나의 글꼴로 구체화하게 되는데 이것이 갑골학자들이 흔히 제(帝, 이하 '상제')로 바꾸는 글자이다.

유교문화의 기원을 찾아내는 데 있어, 상대 사회구성원들이 만들어낸 궁극적 절대신 상제를 살펴보아야 하는 이유는 무엇일까? 그 이유는 상제가 의미론적으로는 인간이 만들어낼 수 있는 '근본적인 존재로서의 분리된 신'이기 때문이다. 그리고 궁극적 실체의 신으로 이해될 수 있음은 분명하지만, 놀랍게도 혈통을 기반으로 한 조상숭배의식에 의해 궁극적으로 도태되고 만다는 사실 때문이다.

이 사실은 혈통의 동일성이 중요한 의미와 가치를 제공하게 되는 유교문화의 핵심가치가 동서양의 인간사회 전반에 걸쳐 관찰되는 '근본적인 존재로서의 분리된 신'의 역할을 대신하게 되는 현실적 과정을 보여주고 있다. 이 점이 갑골문에서 나타난 상제를 살펴보아야 할 중요한 이유이다. 더구나 상제는 앞서의 자연숭배물이나, 이 책에서 지속적으로 다루게 될 조상숭배의식과 동일한 시기에 공존하고 있기에 비교는 더욱 의미가 있다.

상제는 상대 원시종교문화 속에 존재하는 유일한 추상적 존재이다. 자연숭배물이나 토템 대상 또는 조상과 달리 유일한 추상적 존재이기 때문에, 일반적으로 상제가 마치 상대 전반에 걸쳐 가장 강력한 절대신의 위치에 있었던 것으로 보는 견해가 많다. 이는 중국의 갑골학 대가인 후허우쉬엔이나 중국 고대종교문화연구가 하야시 미나오도 오해했던 부분이다. 때문에 자연스럽게 대부분의 서양학자들 역시 동일한 오류를 범하고 있다.[10] 그러나 상제의 신위는 제1기 무정 시기 동안, 다시 말해 그의 아들 조갑(祖甲)이 등장하기 전까지만 그 영향력을 발휘할 뿐이다.

이러한 상황의 파악은 유교문화의 기원 문제를 다루는 데 있어, 상제의 신위와 조상신의 신위가 어떻게 연결되고 있는지를 대비적으로 살펴보아야 하는 문제가 따르기에 매우 중요하다. 조상신과의 연계 문제는 3장에서 잠시 다루고 또 4장에서 지속적으로 다시 자세히 다룰 것이기에 여기서는 우선 무정 시대 상제의 명칭과 그 신위에 대한 개략만을 살펴보기로 한다.

우선 제1기 때에 상제의 명칭은 '제(帝)'라는 한 글자로 사용되고 있는 것이 특징이다. 따라서 일반적으로 상상하듯이 최초의 절대신의 명칭은 상제가 아니었다. 오히려 제(帝)로 호칭하는 것이 갑골문 텍스트에 충실한 태도라 하겠다.[11] 이제 그 신위에 대해 살펴보기로 한다.

- 상제가 우리 상 왕실에게 풍년을 내리지 않을까? (…帝不受我年?) (합 9731)

- 묻는다. 상제가 반드시 우리 상 왕실의 농작물을 망칠까? 2월에. (貞 : 唯帝禍我年? 二月) (합10124정)

- 무신일에 점복을 하면서 정인 쟁이 묻는다. 상제가 장차 우리 상 왕실에게 가뭄을 내릴까? 1월에. (戊申卜, 爭貞 : 帝其降我嘆? 一月) (합 10171정)

- 병인일에 점복을 하면서 정인 쟁이 묻는다. 이번 11월에 상제가 비

가 내리도록 명할까? (丙寅卜, 爭貞 : 今十一月, 帝令雨?) (합5658정)

- 묻는다. 상제가 이번 13월에 이르면 천둥 번개를 치게 할까? (貞 : 帝
其及今十三月令雷?) (합14127)

- …상제가 다음 번 1월에 천둥 번개를 치게 할까? (…帝其于生一月令雷?)
(합14127)

- 다음날 계묘일에 상제가 바람을 불게 할까? 저녁에 안개가 꼈다.
(翌癸卯, 帝其令風? 夕霧) (합672)

- 경술일에 … 정인 쟁이 묻는다. 비를 내리지 않는 등 상제가 (어느
지역에) 화를 조성할까? (庚戌…, 爭貞 : 不其雨, 帝異…?) (합11921)

위의 갑골문 내용에서 보듯이 상제의 신위는 우선 풍년과 관련한 것
이 두드러진다. 또 농사의 성공과 실패를 가져올 기상현상들, 즉 비, 천
둥, 번개, 바람 등을 다루는 신위를 지니고 있음도 확인할 수 있다. 이
들 일기와 관련한 신위는 앞서 황하, 산악, 흙의 신 관련 갑골문 텍스
트에서도 관찰되는 것으로 당시 농경사회에서의 천기에 관한 집착과
그 관심이 적지 않음을 볼 수 있다.

상제 제(帝), 이체 글꼴

상제 제(帝), 이체 글꼴

그런가 하면 앞의 그림에서 보듯이 상제와 어로 행위를 연결하고 있
기도 하다. 또 그림에서 보듯이 곡식 수확을 상제의 신위와 연결 지으
려는 의식도 나타나고 있다. 현재 이와 관련한 텍스트는 존재하지 않
아 이러한 추론을 확정 지을 수는 없으나 상제의 신위가 자연숭배물들
과는 다르게 받아들여지고 있음을 확인할 수 있다.

또한 상제는 상 왕실의 안위에 직접적으로 영향을 주는 존재로 나타
나곤 하는데, 알 수 없는 재앙을 내리거나 구체적으로 병을 주기도 한
다. 또 상 왕의 일이 순조롭게 진행되도록 하는 역할뿐 아니라, 때로는
왕을 직접 보호하기도 하는 등 이전 자연숭배물과 달리 매우 구체적으
로 상 왕실과 정치적 긴장관계를 유지하고 있다.

- 신축일에 점복을 하면서 정인 각이 묻는다. 상제가 상 왕의 일을
  순조롭게 할까? (辛丑卜, 殼貞 : 帝若王?) (합14198)

- 상제가 상 왕을 보호하지 않을까? (帝弗保于王?) (합14188)

- 묘일에 상제가 화를 내리지 않을까? 11월에. (卯, 帝不其降禍? 十一月)
  (합14176)

- 묻는다. 상제가 반드시 우리 상 왕실에 화를 입히도록 명하지는 않
  을까? (貞 : 不唯帝令作我禍?) (합6746)

- …상제가 상 왕에게 병을 줄까? (…帝肇王疾?) (합14222)

- 묻는다. 상제가 반드시 상 왕에게 병을 줄까? (貞 : 唯帝肇王疾?) (합 14222)

- 묻는다. 상제가 우리 상 왕실에게 재앙을 내릴까? (貞 : 帝其作我孽?) (합14184)

한편 상제는 다른 자연숭배물과 달리 전쟁의 승패와도 직접적으로 연결되어 있다. 전쟁의 승패는, 잠시 뒤 살펴보겠지만 상 왕실 조상신의 신위 중에서도 가장 중요시되고 있는 항목으로, 상제가 일반 자연숭배물과 다른 차원에서 상 왕실에 영향을 주고 있음을 알 수 있다.

- … 묘일에 상제에 지내는 전용 제사 정제를 지내도 상제가 화를 내리고 전쟁 등에서 낭패를 당하게 할까? (…卯, 丁, 帝其降禍其摧?) (합 14176)

- 묻는다. 상제가 전쟁 등에서 낭패를 당하게 하지 않을까? (貞 : 帝不唯降摧?) (합14171)

- 묻는다. …(어느 지역 또는 어떤 경우에) 상제가 전쟁 등에서 낭패를 당하게 할까? (貞 : …帝唯降摧?) (합14171)

- 기축일에 점복을 하면서 정인 쟁이 묻는다. 상제가 (어느 지역에 대한) 정벌을 도울까? (己丑卜, 爭貞 : 帝作伐…?) (합14185)

- 갑진일에 점복을 하면서 정인 쟁이 묻는다. 우리 상 왕실이 마방을 정벌하려는데 상제가 우리 상 왕실에게 도움을 줄까? 1월에. (甲辰卜, 爭貞 : 我伐馬方, 帝受我祐? 一月.) (합6664정)

또 하나 상제의 역할 중 특이한 것은 상 왕실이 통치하는 마을을 관리하는가 하면 왕실이 새롭게 거주지를 개척할 때에 돕거나 해하는 역할을 한다는 점이다. 이러한 부분은 앞서의 자연숭배물이 지니지 못한 신위이기도 하고 다른 조상신들 역시 거의 소유하지 못한 신위라는 점에서 주의할 만하다.

- 계축일에 점복을 하면서 정인 쟁이 묻는다. 우리 상 왕실이 여기에 새로이 부락을 조성하면서 신을 맞이하는 빈 제사를 지내는데 상제가 순조롭게 할까? 3월에. (癸丑卜, 爭貞：我宅玆邑, 大賓, 帝若? 三月.) (합14206정)
- 병진일에 점복을 하면서 정인 각이 묻는다. 상제가 반드시 이 부락을 멸망시킬까? (丙辰卜, 殼貞：帝唯其終玆邑?) (합14209)
- 묻는다. 상제가 당읍(태을太乙, 즉 상 탕왕과 관련된 부락)에 재해를 내릴까? (貞：帝剐唐邑?) (합14208)

전반적으로 보면, 상제는 자연숭배물보다는 분명 강력하고 구체적인 신위를 지니고 있는 것이 드러난다. 특히 단순히 일기 등 자연현상만이 아닌 사회구성원들이 조직한 부락 등에 대한 영향력, 즉 사회구조 내면에 대한 영향력은 다른 자연숭배물에서 볼 수 있던 것들이 아니라서 더욱 특이하다. 이는 원시종교적 측면에서 이해해볼 수 있다. 즉, 숭배물의 신위가 숭배물이 지닌 자연적 특성이 확대 해석되면서 구축되는 것과 달리, 상대 사회구성원들이 부락 등 사회구성원들의 사회활동 현상에 대한 영향력을 상제라고 하는 추상의 이미지로부터 직접 끌어내고 있는 것이다.

　상제가 지니고 있는 이렇듯 다양한 신위 때문에 많은 학자들이 상제를 상대 문화 전반을 아우르며 가장 큰 영향력을 행사하는 최고의 신(high god)으로 오인하고 있다. 그러나 상제는 제1기 무정 왕 때에 다른 자연숭배물과 공존했었고, 또 다른 조상신과도 함께 존재했었다. 결국 제1기 무정 왕 때의 상제는 신위에서 다소 구별될 뿐, 모든 다른 숭배대상들을 압도하거나 아우를 수 있는 존재는 아니었다. 결국 상제는 이러한 한계 때문에 상대 종교문화 영역에서 도태하게 되었다. 그리고 이러한 상황은 조상신이 궁극적 실체의 신이라는 자리를 대신할 수밖에 없는 문화적 근거가 된다.

뒤섞인 조상신

유교문화의 기원을 탐색해가는 이 책의 기술 과정에서, 신뢰할 수 있는 최초의 문헌인 갑골문에 나타난 조상신의 존재와 신위를 살피는 일은 유교문화의 핵심이 조상숭배에 있기에 필요하다. 하지만 수십 명에 달하는 조상신에 대한 제사와 각 조상신이 지닌 신위가 제각각이어서 분석은 조심스럽게 진행되어야 한다. 그러나 상대 시기, 조상신의 의미와 역할은 무정과 그의 아들 조경 시대와 그 이후 조갑 시대 등과 비교해볼 때 크게 구별된다. 특히 무정과 그의 아들 조경 시대에 등장하는 조상신들 중에는 조갑 시대 이후 사라지는 경우도 있어 시기를 둘로 나누어 살피는 것이 바람직하다.

후술하겠지만 조상신의 정비가 대대적으로 일어나는 조갑 전후로 나누어 살피면 상나라 때의 조상신들이 지니고 있는 위상과 특징을 파악하기가 쉬워진다. 때문에 여기서는 조상신들 중에서 조상신의 정비가 일어나기 전의 상황을, 세 조상신을 대표로 골라 무정과 그의 아들 조경 시대에 조상신들이 어떤 신위를 지니고 있는지, 또 자연숭배물이나 상제와는 어떻게 구별되는지 살펴보기로 한다. 살펴볼 세 조상신은 이른바 선공(先公) 계열의 기(夔)와 선왕(先王) 계열의 상갑(上甲)[12], 그리고 신하의 신분임에도 조상신으로 숭배되던 이윤(伊尹)이다.

먼저 제1기 무정 때에 존재했다가 조갑 시대에 도태된 조상신 기(夔)가 지닌 신위를 살펴본다.

- 묻는다. 다음날 신묘일에 인 지역에서 비를 구하면 조상 기가 비를 내려줄까? (貞 : 翌辛卯, 寅求雨, 夔畀雨?) (합63정)
- 갑자일에 점복을 하면서 정인 쟁이 묻는다. 조상 기에게 풍년을 구하면서 소 여섯 마리로 불로 지내는 제사를 지낼까? (甲子卜, 爭貞 : 求年于夔, 燎六牛?) (합10067)

조상신 기(夔)의 경우는 자연숭배물인 황하, 산악, 흙과 마찬가지로 농업과 관련한 신위를 지니고 있다. 특히 소 여섯 마리를 사용하는 제사의 대상이라는 점과, 소중하게 관리되는 소가 제물이라는 점은 조상신 기(夔)의 높은 위상을 보여준다. 이런 이유로 학자들은 기(夔)가 원래 농업의 수호신 역할을 했을 것으로 보기도 한다.[13]

훗날 상 왕실과 직접적인 혈연관계가 없는 것으로 판단되어 사라지기는 하지만, 한때 기(夔)가 조상신의 범주에서 강력한 존재로 남아 있던 상황은 상대 초기 조상신 숭배가 다소 느슨한 상태에서 진행되었다는 점을 보여준다. 특히 다른 자연숭배물, 그리고 상제와 혼재되어 있는 상황은, 중국의 원시종교문화의 발달 과정적 측면에서 볼 때 조상신 숭배가 매우 어지러운 상태에서 출발하고 있음을 보여준다. 이는 특별한 관찰을 필요로 한다. 즉, 상대 초기의 종교문화는 인위적인 구별이나 정리가 진행되지 않은 채 거의 직관과 본능의 차원에서, 일종의 토테미즘적 사고 차원에서 숭배물들을 인식하고 숭배하고 있었던 것으로 이해할 수 있다.

이번에는 상 왕실에서 가장 성대한 제례를 통해 숭배되던 조상신, 후일 조갑에 의해 조상 제사가 정비될 때에 최고의 조상신으로 변모하는 상갑이 초기에 어떤 신위를 지니고 있었는지에 대해 살펴본다.

- 상갑에게 비를 구하면서 우리에서 기른 양을 제물로 할까? (求雨于上甲宰?) (합672)

- 상갑이 반드시 비로 화를 줄까? (唯上甲禍雨?) (합12648)

- 정축일에 점복을 하면서 정인 빈이 묻는다. 상갑에게 풍년을 구하면서 우리에서 기른 작은 소 세 마리를 쪼개어 사용할까? (丁丑卜, 賓貞：求年于上甲, 燎三小牢, 卯三牛?) (합10109)

우선적으로 확인할 수 있는 것은 상갑이 비를 부르며 풍년에 관여한다는 사실이다. 이것은 상갑 신위의 한 영역이 기본적으로 황하, 산악, 흙의 자연숭배물, 그리고 상제와 겹치며 형성되고 있음을 말한다. 동시에 상갑으로 대표되는 조상신의 신위와 위상이 상대 구성원들의 인식 속에서 다른 숭배대상들과 종속관계가 아닌 동등한 위상으로 받아들여졌다는 사실도 보여준다. 상갑의 신위는 물론 여기서 그치지 않는다. 상 왕실의 조상신이었기에 상갑은 당연하게 상나라 왕의 안위에 영향을 주거나 진행하는 전쟁에 직접 끼어들고 있다.

- 상갑이 왕에게 해를 줄까? (上甲祟王?) (합811반)

- 상갑이 왕에게 해를 주지 않을까? (上甲弗祟王?) (합811반)

- 묻는다. 공방의 공격 행위를 상갑에게 고하는 제사를 지낼까? (貞:
  告邛方于上甲?) (합6134)

- 계사일에 점복을 하면서 정인 쟁이 묻는다. 토방의 공격 행위를 상
  갑에게 고하는 제사를 지낼까? 4월에. (癸巳卜, 爭貞: 告土方于上甲? 四月.)
  (합6385정)

상갑의 경우 기(夔)와 마찬가지로 동일한 조상신이지만 기(夔)가 농업
류의 신위만을 지니고 있는 데 반해 정치류의 신위도 지녔다는 점이
특이하다. 다른 조상신의 경우도 대부분 상갑과 유사하게 농업류의 신
위를 지니고 있는데, 기(夔)는 유달리 농업류의 신위만을 지니고 있다.
앞서도 언급했지만 이 점이 기(夔)가 농업의 신으로 이해되기도 하는
이유이다. 이는 아마도 특별히 농업과 관련하여 출중한 능력이 구전을
통해 상 왕실에 전해졌기 때문으로 이해할 수 있다.

상나라 초기 조상신들 중에서 아주 특별한 경우는, 상 왕실과 혈연
적 관련이 없는 신하가 조상신으로 숭배되던 이유이다. 이윤은《상서》
〈군석(君奭)〉에서도 확인할 수 있는 인물로 탕왕의 신하이다. 즉, 상 왕
실과 직접적인 혈연관계가 없이 조상신이 된 경우인데 과거의 혁혁한
공적과 왕실에 대한 높은 충성심에 기인한 것으로 보인다. 이제 이윤
의 신위를 살펴본다.

- 묻는다. 풍년을 주지 않을까? (貞 : 不其受年?) (합9856)
- 묻는다. 이윤에게 (풍년의) 도움을 구하는 제사를 지내지 말까? (貞 : 勿侑于伊尹?) (합9856)

위의 내용처럼 이윤 역시 농업류와 전쟁 관련 신위를 지니고 있다. 하지만 등장횟수가 미미하다. 대신 이윤은 상 왕실의 안위와 밀접한 관계를 유지하고 있음이 특이하다. 우선 내용을 보자.

- 기미일에 점복을 하면서 정인 쟁이 묻는다. 이윤이 왕에게 화를 주지 않을까? (己未卜, 爭貞 : 伊尹弗禍王?) (합6946)
- 묻는다. 이윤이 우리 상 왕실에 해를 줄까? (貞 : 伊尹祟我?) (합4386)
- 묻는다. 이윤에게 (무엇인가를) 구할까? (貞 : 求于伊尹?) (합6209)
- 묻는다. 이윤에게 (무엇인가를) 구하지 말까? (貞 : 勿求于伊尹?) (합6209)
- 묻는다. 공방이 출병을 했는데 이윤이 반드시 해를 줄까? (貞 : 邛方出, 唯伊尹禍?) (합6137)

다른 조상신들과 비교할 때, 이윤의 위와 같은 신위는 전쟁을 돕는 경우가 있긴 하지만 전반적으로 왕실 내부의 문제와 연결되어 있다. 그 중에서 특이한 점은 왕실과 왕실 신하들에 대한 관리를 묻는 갑골문 내용에서 느낄 수 있다.

- 계미일에 점복을 하면서 정인 고가 묻는다. 이윤이 우리 상 왕실의

신하[14]들을 보호할까? (癸未卜, 古貞 : 伊尹保我史?) (합3481)

• 묻는다. 이윤이 우리 상 왕실의 신하들을 보호하지 않을까? (貞 : 伊

尹弗保我史?) (합3481)

보호할 보(保)

소개하고 있는 신하 이윤은 '상 왕실의 신하를 보호하다(보아사保我史)'
라는 표현에서 보듯이 다른 자연숭배물이나 절대신 상제, 또 다른 조
상신이 보유하고 있지 않은 독특한 신위를 구비하고 있다. 즉 무정 시
대에 보이는 이윤의 구체적 신위는 다른 직계혈족 조상의 경우와 흡사
하다. 특히 적군의 출병에 대해 화를 줄 수 있는 신위는 상 왕실의 직
계조상 상갑과도 동일하다. 단지 다른 조상신들과 달리 상 왕실 신하
들을 돌볼 수 있는 신위를 지니고 있음이 특이한데, 이는 이윤이 과거
탕왕의 신하로 혁혁한 공훈을 세웠기 때문이었을 것이다.

이윤이 혈연관계가 없음에도 제1기 무정 때에 조상신으로 숭배되고
있던 상황은 상대 초기의 원시종교문화적 측면에서 고찰해볼 때, 당시
에는 혈족 관념이 덜 배타적인 상태에서 조상신이 존재했던 것으로 보
인다. 특히 앞서 기(夒)의 경우나 지금의 이윤 등이 자연숭배물, 상제,
상갑 등과 뒤섞여 존재하면서 때로 제사의 대상이 되기도 하는데, 이
러한 신위를 발휘하고 있는 갑골문 텍스트들은 중국 원시종교문화의

초기 발달 과정에 대한 여러 오해를 바로 잡아준다. 아울러 이윤의 존재와, 이제 후술하겠지만 이윤의 갑작스런 도태는 유교문화 속에서 조상신의 자격 조건이 정치적 필요와 왕실의 순수혈통 강화라는 이데올로기에 의해 영향 받고 있는 최초의 현장 확인이다. 그렇기에 발달사적 측면에서 문화적 의의를 지닌다.

3장

상족(商族)의 조상, 절대신이 되다

지금까지의 이해와 달리 상 왕실의 조상들은 상 왕실의 정치적 필요와

독특한 우주론적 배경 속에서 제례 혁명을 통해 형성된

이데올로기에 힘입어 신의 위상에 머물게 된 존재들이다.

조갑과 제례 혁명

조상 조(祖)의 초문

조상 조(祖), 청동기 문자 示가 처음 등장한 청동기 제박(齊鎛)의 글꼴

조상 조(祖), 약공보(鄀公簠)의 글꼴

조상 조(祖), 주공손반박(邾公孫班鎛)의 글꼴

조상 조(祖), 련서부(籾書缶)의 글꼴

2장에서 원시종교의 특성이 다신숭배(polytheism) 문화 속에서 존재하고 발전해 왔음을 확인했다. 이 과정에서 상 왕실의 조상들은 자연숭배물과 상제 등 다양한 초월적 존재들과 뒤섞인 상태로 숭배되고 있었으며 신위 또한 겹치는 부분이 많았음도 살펴보았다. 원시종교문화에서 신위가 겹친다는 사실은 두 가지 측면에서 의미 부여가 가능하다. 하나는 숭배대상에 대한 종합적인 검토와 정리가 제대로 진행된 일이 없었다는 측면에서, 원시종교문화의 실상을 있는 그대로 깊이 있게 읽어낼 수 있겠기에 그러하다.

그런가 하면 원시사회에서 미래에 대한 불확실성을 제거하기 위해 다양한 신위를 중복해서 확보하려 했을 수 있다는 점에서 상 왕실의 종교문화에 대한 의도를 엿볼 수 있다. 특히 앞서 황하의 신위를 분석하는 과정에서도 언급했지만, 상대 사회구성원들이 끊임없이 '근본적인 존재로서의 분리된 신'의 이미지를 구축해가고 있었음을 확인하는 것은, 당시 종교문화의 변화상을 어떤 방식으로 읽어내야 할지에 대해 시사하는 바가 크다. 그 이유는, 이번 장에서 자세히 살피겠지만 상 왕실의 조상신들이 다른 숭배대상들, 즉 초월적 존재들로부터 분리되고 있는 현상의 핵심적 이유를 설명할 수 있는 이론적 토대를 확보했기 때문이다. 이런 흐름 속에서 3장에서는 일반적이고 보편적인 숭배대상이었던 조상들이 어떻게 절대적 신위를 확보하며 정치적 위상을 확립하고 있는지에 대해 단계적으로 살펴보고자 한다. 이 분석 과정은 유교문화의 핵심이라고 할 수 있는, 조상에게 신격(divinity)을 부여하는 조상숭배의식이 단순히 긴 시간의 흐름 속에서, 그저 점진적으로 하나의 문화로 진화되어온 것이 아니라는 점을 알게 해줄 것이다.

　지금까지의 이해와 달리 상 왕실의 조상들은 상 왕실의 정치적 필요와 독특한 우주론적 배경 속에서 제례 혁명(revolution)을 통해 형성된 이데올로기에 힘입어 신의 위상에 머물게 된 존재들이다. 그리고 제례 혁명의 과정은 '근본적인 존재로서의 분리된 신'의 이미지를 구축해가는 원시의 종교의식과 궤도를 같이 하고 있기에 가능해진다. 3장에서의 서술은 바로 이러한 이해의 축을 중심으로 전개된다.

　2장에서 살펴본 것처럼 황하, 산악, 흙 등의 자연숭배물은 각자의 신위가 때로 중복되고 때로 구분되면서 제사되고 있던 종교적 존재들이었다. 그러나 어느 순간에 들어서면서 황하, 산악, 흙과 관련한 제사가 갑골문 기록에서 사라져버리는데, 바로 그 '어느 순간'은 구체적으로 이른바 제1기로 불리는 상 왕 무정이 죽고 난 다음이다. 무정은 갑골문의 기록을 통해 확인할 수 있는 최초의 왕으로[1] 59년간 재위하며 막강한 권력을 구사하고 있었다. 특히 이 시기에는 다양한 제사와 전쟁 등이 거의 매일같이 행해지고 있었으니 왕실의 영향력과 강성함을 엿볼 수 있다. 《좌전(左傳)》〈성공(成公)13년〉의 다음과 같은 기록이 이 시기의 상황을 잘 대변한다.

• 나라의 큰 일은 제사와 전쟁이다. (國之大事, 在祀與戎.)

하지만 무정이 죽자² 상황에 변화가 일기 시작한다. 갑골문 기록을 통해 귀납적으로 확인된 사실이지만, 무정에게는 두 아들이 있었다. 조경과 조갑이다. 무정이 죽자, 후일 주나라 때 종법제도의 시원으로 볼 수 있는 장자 계승의 습속에 따라 큰아들 조경이 왕위를 상속한다. 그리고 갑골문을 조금 자세히 살펴보면, 조경은 아버지 무정이 진행했던 원시종교 습속을 유지하고 있었다. 황하, 산악, 흙 등 자연숭배물에 대한 제사나 다른 제례들을 아무런 변화 없이 지속시키고 있던 것이다. 때문에 원시종교문화의 특성만으로는 조경 통치 시기가 그 이전 시기와 다른 점을 설명하기 힘들다.

그러나 그 아우 조갑에 이르게 되면 황하, 산악, 흙 등 자연숭배물과 관련한 기록을 전혀 찾을 수 없게 된다(상제의 기록도 전혀 찾을 수 없게 되는데 이에 대해서는 잠시 후에 기술하기로 한다). 이 내용은 필자가 몇 년에 걸쳐 갑골문 전체를 읽어가는 과정에서 발견한 것이다. 그 이전까지 학계는 황하, 산악, 흙 등 자연숭배물이 상대 전체의 시대를 관통해 존재하고 있는 것으로 알고 있었다. 하지만 황하, 산악, 흙 등 자연숭배물의 다양한 신위는 조경 시대를 끝으로 사라지고 만다(이 상황은 상제의 경우도 마찬가지인데, 2장에서 잠시 언급한 바 있다).

상대 당시의 원시종교문화를 잘 보여주고 있는 갑골문 기록들을 놓고 볼 때 무정 시대에 그토록 성행했던 숭배 활동이, 그리고 조경 시대에도 지속되던 제례들이 이토록 일시에, 그것도 완전하게 사라진 것이다. 이 상황은 호기심을 끌기에 충분하다. 조경 시대까지도 과거의 종교문화가 지속되었는데, 어째서 조갑 시대에는 이토록 커다란 변화가 일어난 것일까? 조갑은 왜 이렇듯 급작스런 변혁을 불러온 것일까? 조갑은 도대체 어떤 인물인가?

후대의 문헌들은 지금 필자가 제기한 이런 문제에 대해 답을 남겨두지 않고 있다. 많은 후대 문헌들이 갑골문 기록을 근거로 보완되고 있는 실정임을 감안하면 이 문제의 완전한 해답 역시 후대 문헌에서 찾기는 어려울 것이다. 하지만 늘 그렇듯이 약간의 단서는 문헌들을 통해 찾을 수 있다. 조갑에 대한 기록은 문헌에서 쉽게 찾을 수 없는데, 단 한두 개의 내용이 의미심장하다. 먼저 《상서(尚書)》〈무일(無逸)〉을 보자.

- 조갑은 왕이 되는 것을 불의로 여겨 오랫동안 소인으로 지냈다. (祖甲不義惟王, 舊爲小人.)

갑골문에는 없는 이 내용을 어떻게 읽어야 하는지 고민스러운데, 한나라 때의 주석가 쩡쉬엔(鄭玄)은 《상서정의(尚書正義)》에서 이렇게 말하고 있다.

- 조갑은, …그 형 조경의 현명함을 알고, 아버지 무정이 형을 폐하고 동생을 세우려 하자 이것을 불의하다고 여겨 하층민들 사이로 숨어들었다. 이것이 바로 '오랫동안 소인으로 지냈다'는 뜻이다. (祖甲, …, 有兄祖庚賢, 武丁欲廢兄立弟, 祖甲以爲不義, 逃於人間. 故云, '久³爲小人')

여기서 불의 운운하는 부분은 후대 유가들의 가치관이 영향을 준 듯하지만, 조갑이 한동안 자신을 억누르며 지냈던 사실만은 추측할 수 있다. 하지만 결국 조갑은 왕이 된다. 여기서 형인 조경의 재위 기간이 불과 7년에 그치고, 조갑이 왕이 되자 대대적인 변혁이 일어나게 되는 상황은 조갑의 즉위 과정이 순탄하지 않았음을 암시한다. 이 문제를 고민했던 갑골학자 동주오빈(董作賓)은 당시의 상황을 다음과 같이 이해하고 있다.

- (이들 기록들은) 유전되어 오던 고사에 근거했기에 서술에 조금씩 차이도 보이고 있다. 이 일의 배경은 무정 때에 조갑이 당시 진행되던 제례들에 불만을 품고 건의를 했으나 받아들여지지 않자 민간으로 숨어들었던 것이다. (當出於一個流傳之故事, 而敍述微異. 此事之背景, 在武丁時, 祖甲因不滿當時行用之禮制, 惑有所建白未被採納, 乃去之民間.)

동주오빈의 이러한 해석은 갑골문의 기록들을 면밀히 살펴볼 때 앞서 유가들의 풀이보다 개연성이 높다. 또 후대 문헌인 《국어》〈주어(周語)〉의 다음과 같은 단서 역시 조갑의 즉위가 혁명적인 과정을 통해 이루어졌음을 보여준다.

- 조갑이 그것(상 탕왕湯王의 문화와 제도)을 어지럽히니 7대 만에 망했다.(祖甲亂之, 七世而殞.)

이 내용은 조갑 때의 갑골문에서 무정과 조경 때 보여주었던 제사 형태들은 전혀 보이지 않게 되는 이유가 무엇인지를 알게끔 하는 유일한 후대 문헌이다. 《국어》〈주어(周語)〉에 적힌 위 기록은 갑골문이 발견되기 전까지는 아무런 근거도 없는 단편적인 전설처럼 치부되었다. 그러나 갑골문을 통해 확인할 수 있는 조갑이라는 인물의 명칭, 그리고 후대 갑골학자들의 면밀한 분류에 의해 드러난 제사의 혁신과정, 그리고 제신(帝辛)을 마지막으로 사라지는 상 왕실의 상황을 정확하게 증언하고 있는 점에서 새로운 해석이 필요한 문헌이 되었다. 특히 '칠세(七世)'라는 표현은 상 왕실의 마지막 통치자인 제신, 즉 주(紂)가 조갑 이후 7대째의 왕인 점이 오직 갑골문만을 통해 확인되고 있다는 측면에서 내용의 신빙성이 높다.

어쨌든 조갑이 등장한 이후 상대 종교문화에 대변혁이 일어나고 있는 상황이 갑골문을 통해 확인되었다. 조갑이 진행하는 변혁은 문자, 역법, 제례들의 영역에서 다양하게 일어난다. 그런데 그 내용을 보면 조갑이 기상이나 천체의 변화에 깊은 관심을 갖고 관찰을 한 결과 얻어낸 제례 혁명이었음을 알 수 있다. 때문에 그가 첫 번째로 황하, 산악, 흙의 자연숭배물에 대한 제례를 철폐한 이유도 비교적 자연스럽게 이해할 수 있다. 즉, 이들 숭배물에 대한 폐지는 조갑의 자연현상에 대한 지식을 바탕으로 진행되었다는 점이 분명해진다.

또 하나, 이들 자연숭배물을 폐지한다 해도 그와 동시에 진행하고 있는 조상을 조상신으로 바꾸는 위상강화 작업과, 또한 제례강화 과정이 구성원들의 종교적 허탈감을 대체했을 것이기에 조갑 시대의 변화가 가능했을 것이다. 앞서 살펴본 것처럼 '근본적인 존재로서의 분리된 신'의 영역에 조상신을 대입시키면서 오히려 상대 사회구성원들의 종교적 기대감을 충족시켰다고 볼 수 있는 것이다.

사회학적인 입장에서 볼 때, 조갑의 변혁은 당시 사회구성원들에게 상당히 충격적이었을 것이다. 자신들의 농업생산에 깊숙하게 간여했던 황하, 산악, 흙의 신의 숭배대상이 사라진다는 점에서 불안감이 극에 달했을 수도 있다. 하지만 조갑은 대체물로 조상에 대한 제례를 강화한다. 이는 고대사회의 구성원들이 자신들 특유의 제례와 의식을 통해 소속감을 강화해 가는 모습을 떠올려볼 때 효과적이었을 것이다. 집단은 구성원들이 생존해 있는 한 제례와 의례를 통해 다시 하나가 되려는, 다시 말해 무리로부터 이탈되어 미아가 되는 현상을 본능적으로 극구 피하기 때문이다.[4]

결국 조갑은 통치권 확보에 필요한 종교적 대체재 마련에 성공했다고 볼 수 있다. 그러나 조갑의 변혁이 담은 의미는 사실 이보다 더 깊다. 그것은 단순히 자연물에 대한 관찰 지식을 토대로 한, 원시사회에서 일어난 과학과 계몽의 차원과는 의미가 다르기 때문이다.

순혈주의와 조상신의 재분류

피 혈(血), 그릇에 담긴 핏방울

피 혈(血), 이체

그러면 왜 조갑은 이러한 변혁을 시도한 것일까? 왜 그는 자연숭배물은 폐지하면서 조상에 대한 제례는 유지했을까? 게다가 점차 이를 더 강화시킨 이유는 무얼까? 이 질문은, 원시종교문화라는 틀 안에서 숭배대상이 의도적으로 바뀌었음을 전제로 진행될 수 있다. 원시종교문화의 내면적 속성 자체가 변하는, 이른바 철학적 돌파가 일어나고 있는 것은 아니라는 말이다. 그리고 바로 이러한 정황 분석 속에서 우리는 조갑이 변혁을 진행한 이유를 찾을 수 있다. 그리고 그 이유에서, 유교문화의 핵심가치인 조상숭배의식이 어떻게 뿌리 내리게 되었는가를 확인할 수 있다는 점에서 문화사적인 가치가 있다.

둔남(屯南) 4489
상 왕실이 종족들을 동원해 정벌에 나서는 내용. 혈연의 정치적 함의가 담긴 기록

조갑은 황하, 산악, 흙의 자연숭배물을 폐지하고 조상에 대한 제례만을 남겼다. 그 이유는 상 왕실의 통치권을 혈통성 강화를 통해 확보하기 위해서였다. 순혈주의라는 이데올로기를 통해 통치권의 강화를 꾀하려 했다는 뜻이다. 이러한 내용은 조갑 이후의 제사 대상들이 이전과는 확연히 다르게 정리되고 있는 현실에서 확인되는데, 그는 혈통에 근거해서 조상들을 재정리하고 있었다. 그의 이러한 변혁은 당시 사회 구성원들의 심리가 이제 다양한 종교적 숭배 차원에서 조상이라는 단일화된 대상으로 옮겨가도록 하려는 의도 때문이다. 이 책의 2장에서

부터 확인해온 '근본적인 존재로서의 분리된 신'에 대한 잠재의식적인 추구라는 종교심리학적 설명이 여기서 다시 가능해진다.

그러면 조갑의 조상 제례에 대한 정비는 구체적으로 어떻게 진행되었는가? 우선 그는 직계혈족이 아닌 조상들에 대한 제례를 일괄적으로 모두 제거하고 있다. 여기서 말하는 직계혈족은 상 왕실에 등장하는 이른바 직계와 방계(傍系)의 조상들 모두를 포함하는 포괄적 어휘이다.

이들 직계와 방계를 포괄하는 직계혈족들은, 갑골문을 통해 이제까지 학계가 얻어낸 연구 결과를 종합해보면 총 6명의 선공과 37명의 선왕이었다. 이들 각자를 제례 순서에 따라 정리해보면 다음과 같이 나열된다.

- 선공 : 기(夔), 시(兕), 토(土), 계(季), 왕해(王亥), 왕항(王恒)
- 선왕 : 상갑(上甲), 보을(報乙), 보병(報丙), 보정(報丁), 시임(示壬), 시계(示癸), 대을(大乙), 대정(大丁), 외병(外丙), 남임(南壬), 대갑(大甲), 호조정(虎祖丁), 대경(大庚), 소갑(小甲), 옹기(邕己), 대무(大戊), 중정(中丁), 외임(外壬), 전갑(戔甲), 조을(祖乙), 조신(祖辛), 호갑(虎甲), 남경(南庚), 조정(祖丁), 강갑(羌甲), 반경(般庚), 소신(小辛), 소을(小乙), 무정(武丁), 조경(祖庚), 조갑(祖甲), 강조정(康祖丁), 조신(祖辛), 무을(武乙), 문무정(文武丁), 부을(父乙), 제신(帝辛)

내용을 살피기에 앞서 우선 선공과 선왕의 시호(諡號)에 담긴 문화적 특성에 대해 알아보자. 선공의 경우 왕해 한 명이 지지(地支)를 사용하고 있을 뿐 나머지는 모두 12간지를 사용하지 않고 있다. 이에 반해 선왕은 예외 없이 12간지를 시호로 사용하고 있다. 선공 중 앞의 네 조상 기(夔), 시(兇), 토(土), 계(季)에 12간지가 사용되지 않은 이유는 이들 조상들을 제사 대상으로 삼을 당시에는 12간지가 아직 만들어지지 않았기 때문일 것이다. 또 2장에서 토템에 대해 살펴보았지만, 토템과 관련 있는 동물의 명칭들이 사용되고 있다는 점 역시 이들 조상들이 비교적 초기, 상대 초기 또는 상 왕실이 은허(殷墟, 은나라 옛 도읍지) 지역으로 옮겨오기 이전부터 존재했었음을 짐작하게 한다. 하지만 이들 선공들은 선왕들과 마찬가지로 제1기 무정 왕 때, 그리고 그 아들 조경 때에는 모두 예외 없이 제사의 대상이었다. 이와 관련해서는 2장에서 기(夔)를 예로 들어 그 신위와 관련 상황을 살펴보았기에 여기서는 다시 다루지 않겠다.

어쨌든 조갑 때에 이르러 선공에 대한 제사는 모두 폐지되어 더 이상 진행하지 않았다. 그런데 여기서 한 가지 의문이 생긴다. 혈통을 근거로 제사를 정비한 조갑이 마찬가지로 동일한 혈통 범주 안에 속했던 것으로 보이는 선공을 제사 대상에서 제외시킨 이유는 무엇일까? 그 이유에 대한 학계의 연구는 보이지 않는데, 다음과 같은 몇 가지 상황 때문일 것으로 추측된다.

하나는 이들 선공들이 지닌 토템적 이미지 때문일 것이다. 이들이 당시 정리 대상이던 무정 때의 제사 대상들, 황하, 산악, 흙 등과 동일한 범주에 속했기 때문에, 자연숭배물을 제례 대상에서 정리해야 한다는 기준에 근거해 함께 정리되었을 가능성이다. 두 번째는 이들 선공들이 과거에 다른 토템 의식을 지닌 종족의 조상들이었으므로, 그래서 상 왕실과는 혈연적 연계가 근본적으로 없었거나 시일이 지나면서 약화되었을 가능성이다.

두 번째의 가능성은 매우 높다고 볼 수 있다. 그 근거는 이들 선공이 제례에서 제외되면서 과거 숭배대상이었던 이윤 역시 제거되고 있기 때문이다. 이윤의 경우는 앞서 살펴보았지만 무정 때에 강력한 신위를 지닌 제사 대상이었지만 상 왕실과 직접적인 혈연관계는 없었다. 단지 과거 탕왕을 도운 강력한 신하였다는 연계성만이 있을 뿐이다. 이런 이유로 조갑이 혈족 조상들만을 제사 대상으로 삼는다는 원칙을 근거로 다른 자연숭배물과 함께 제외했을 것이다.

또 하나는 제사의 대상들을 당시의 역법인 간지와 연결 짓기 위해 12간지를 지니지 않은 이들 선공들과 이윤을 의도적으로 제외시켰을 가능성이다. 아니면 이들 세 가지 이유 모두가 복합적으로 작용해 정리가 이루어졌을 가능성도 생각해볼 수 있다. 그러나 한 가지 갑골문을 통해 분명히 확인할 수 있는 사실은, 조갑이 제사 대상으로 남긴 존재들은 상 왕실과 직접적인 혈연관계가 있는 조상들이며 모두 12간지로 구성된 선왕들뿐이라는 점이다.

마지막으로 검토해야 할 부분은 자신의 출신과 즉위 과정의 문제이다. 이 문제를 검토하기 위해서는 조갑에 의해 채택된 선왕들의 종법적 내면을 살펴보아야 한다. 우선 이들 선왕들의 내면을 대종과 소종의 차원에서 조금 들여다보기로 하자. 앞서 선왕이 모두 37명이라고 했는데, 이는 상 왕실 전체의 조상 계보를 근거로 했을 때의 이야기이다. 반면에 지금 다루고 있는, 조갑 시기에 선별된 조상들만을 다루게 되면 모두 30명이 된다. 이 30명 중에는 아버지 무정과 형인 조경까지 포함되고 있는데, 조갑은 이들 모두를 제사 대상으로 편입시키고 있다.

상갑(上甲), 보을(報乙), 보병(報丙), 보정(報丁) 관련 기록으로,
《사기(史記)》〈은본기(殷本紀)〉의 오류를 바로 잡고 있음

　선왕의 경우 맨 처음의 상갑으로부터 보을, 보병, 보정[5], 시임, 시계,
그리고 대을, 즉 상 왕실의 첫 번째 천도를 이룬 탕왕 이후의 대정, 대
갑, 대경, 대무, 중정, 조을, 조신, 조정 등 15명이 직계혈족으로 이른바
대종에 속한다. 그리고 나머지 15명은 모두 방계혈족 이른바 소종에
해당된다. 조갑은 이들 모두를 제사의 대상으로 삼았다. 과거 무정 때
에는 조상 제사가 주로 대종 위주로 진행되었고, 대종에 대한 제사 빈
도 또한 훨씬 높았다. 하지만 조갑은 그러한 구별을 철폐했다. 이러
한 상황을 잘 설명해주는 관련 자료가 있으니, 조갑 때 조상 제사와 연
관된 갑골문이다.

• 임인일에 점복을 하면서 묻는다. 왕이 친히 조상 외임의 혼령을 맞으며 깃털을 사용하는 제례를 지내면 근심이 없을까? (壬寅卜, 貞 : 王賓外壬翌, 亡尤?) (합22876)

외임은 선왕 중에서 대표적인 방계혈족 조상으로 무정 때에는 거의 제사의 대상이 되지 못했었다. 그러나 조갑은 그 해당 간지일에 외임에 대해 깃털을 사용하는 제례를 진행하고 있다. 그러면 조갑은 왜 과거와 달리 대종과 소종을 구별하지 않고 제사 대상으로 삼고 있는 것일까? 필자는 그 이유를 다음의 두 가지로 추측해본다.

우선적으로 고려해야 할 이유는 조갑 자신의 출신 문제이다. 즉, 무정의 장자는 조경이며 조갑이 아니다. 하지만 바로 앞부분에서 문헌을 통해 살펴보았듯이 우여곡절 끝에 왕이 되었다. 하지만 당시의 종법제도[6]에 의하면 조갑 자신은 대종이 아닌 소종이 된다. 그리고 아버지 무정 시대의 관례에 따르면 소종에 대한 제사는 언제든지 무시될 수가 있다. 바로 이런 이유로 본인의 출신성분의 문제를 희석시키기 위해 대종과 소종 모두를 제사 대상으로 편입시키며 동일한 신격과 위상을 부여했다고 볼 수 있다.

두 번째 이유는 만일 대종만으로 제사를 진행할 경우, 그 시호에 담긴 12간지의 종류만으로는 매일매일의 12간지를 다 채울 수 없었기 때문일 것이다. 뒤에 소개될 '조상 제사의 우주론적 정비' 부분에서 자세히 다루겠지만, 조갑이 제례를 변혁시키면서 취한 핵심조치 중 하나는 조상에 대한 제례를 다양한 방식으로 매일 이어지도록 하는 데 있었다.

12간지를 하루의 시간 단위로 삼고 있던 상 왕실은, 과거에는 조상의 제사를 특정한 날짜에 지내지 않고 필요하다고 판단될 때, 즉 매우 임의적으로 진행했었다. 때문에 무정 때의 조상 제사는 조상의 시호 안에 있는 간지와 매일의 간지가 일치하지 않았다. 예를 들면 상갑에 대한 제사를 간지와 상관없이 다음과 같이 진행하곤 했다.

• 계사일에 점을 치면서 정인 쟁이 묻는다. 토방의 일을 조상신 상갑 에게 고할까? 4월에. (癸巳卜, 爭貞 : 告土方于上甲? 四月.) (합22876)

하지만 조갑은 모든 조상 제사 진행 날짜를 조상의 시호 안에 있는 12간지를 근거로 맞추어놓고 있다. 이 경우 대종만으로 진행하는 제사 는 경우의 수가 대폭 감소하게 된다. 또 12간지를 근거로 순환시킬 경 우, 동일한 조상에 대한 제사가 너무 자주 반복될 수 있다는 점도 문제 가 된다. 때문에 조갑은 12간지를 중심으로 풍부한 순환이 이루어질 수 있도록 대종과 소종 모두를 포함시켰고, 이 순환의 과정을 통해 상 왕실이 종교문화적 분위기 속에서 사회적 결속을 유지할 수 있도록 했 을 것이다.

여기서 하나 생각해야 할 부분은, 만일에 단지 제사 과정의 성대함과 풍부함만을 원했다면 무정 때의 제사 대상들을 제거할 하등의 이유가 없 다는 점이다. 제거하지 않을수록 상 왕실의 제례 문화는 더 풍부해졌을 것이다.

그러나 앞서 2장의 황하숭배 관련 기록을 분석하면서 살펴보았지만, 이 경우는 보다 단순화된 상태의 강력한 신위를 지닌 절대신을 추구 하려는 종교심리학적 열망에 부합되지 않는다. 동시에 조갑은 혈족들

에 대한 정치적 위상을 강화시키기 위해 무정 때에 존재하던 자연숭배
물과 비혈족 제사 대상들을 제거하려는 의도를 분명히 했다. 그렇지만
원시종교문화의 상황을 고려해보면 보다 강력한 제사 대상의 확보와
사회구성원 전체의 이목을 사로잡을 성대한 제례행위 역시 통치 차원
에서 또 절실히 필요했다. 바로 이런 이유로 조갑은 방계의 조상들을
혈족 제사로 끌어들여 매일 성대하게 제례를 진행해야 했을 것이다.
물론 자신의 출신과 즉위 과정에서의 문제점들 역시 이 과정에서 희석
시켰을 것이다.

　이 과정에서 조갑은 여러 가지 문화적 장치를 동원하고 있는데, 그
중 대표적인 것으로 '상갑으로부터 그 이하의 모든 조상(自上甲至于毓)'이
라는 표현을 들 수 있겠다. 이 표현은 상 왕실 혈족 조상들, 즉 12간지
를 지닌 첫 번째 조상 상갑을 위시한 그 이하의 조상 모두가 포함되고
있다는 사실을 선포하기 위한 것이며 조갑 때에 만들어졌다. 이와 관
련한 내용은 다음과 같다.

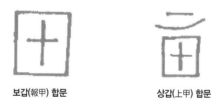

보갑(報甲) 합문　　　　　　　상갑(上甲) 합문

• 계미일에 점복을 하면서 (정인 누군가) 묻는다. 다음날 갑신일에
　무언가를 구하는 걸의 제례에서 술을 쓰고, 조상 상갑으로부터 후
　대의 다른 조상들에게 여러 제사를 함께 지내는 합제로 의 제례와

연합제인 협 제례를 지내면 (부정한 상황이) 없을까? (癸未卜, …貞 : 翌
甲申乙酉, 劦自上甲衣至于毓, 亡…?) (합22651)

'상갑으로부터 그 이하의 모든 조상' 표현은 과거에는 없던 것으로,
상 왕실 혈족 조상의 범주가 무엇인지를 수시로 당시의 구성원들에게
각성시키려는 의도를 담고 있었다. 결국 조갑은 혈족 조상들에 대한
제사를 순차적이고 지속적인 제도를 통해 하나의 의례(ritual)로 고정시
켜 정치적 영향력을 확보하려는 의도를 갑골문에 남겨두고 있다. 원시
고대사회에서 일상 중에 반복되는 의례는 사회구성원들을 하나로 묶
어 그 제도 속에 포함시키는 중요한 장치이다. 이러한 점을 떠올려볼
때, 조갑의 혈족 조상 선별은 제사 대상을 명백하게 선별한 뒤 그것을
일상 속으로 끌어들이는 정치적 조치의 기초작업으로 읽을 수 있다.

절대신 상제의 소멸

순혈주의적 가치관에 입각해서 상 왕실 조상을 정비한 조갑이 해결해야 했던 당면 과제는 '상제를 어떻게 처리해야 하는가'였다. 황하, 산악, 흙의 신 등 자연숭배물의 신위는 상당 부분 조상들의 신위와도 중복되기 때문에 정비가 비교적 쉬웠을 수도 있다. 그러나 2장에서 살펴보았듯이 상제의 신위는 황하, 산악, 흙의 신 등 자연숭배물의 신위보다 강력하며 영향력 또한 광범위하다. 또 직계 또는 비직계의 혈족 조상들의 신위와 비교해보아도 영역이 보다 구체적이며 범주도 넓다.

앞의 2장에서 대표적인 내용들을 발췌하기는 했으나, 상제의 막강했던 신위를 보여주는 기록은 다신숭배 시기 때의 숭배물들보다 상대적으로 막강한 신위를 지니고 있음을 살펴보았다. 특히 날씨류와 정치적인 신위가 다른 숭배대상들을 압도하고 있던 점도 확인하였다. 그러나 이렇듯 막강했던 상제의 신위 역시 상 왕실의 혈통 강화를 위해 마련된 문화적 기제, 즉 조갑이 만들어낸 제사 대상 선별작업에 의해 순식간에 소멸되고 만다. 상제 신위의 소멸은 자연스럽게 조상신의 위상 제고로 이어진다. 상제의 소멸과 조상신의 위상 제고로 이어지는 일련의 과정은 유교문화의 기원 문제를 이해하는 데 있어 가장 중요한 부분이다. 왜냐하면 이 과정에서 추상적 존재인 상제가 사라지고 혈통에 근거해 신위를 확보했던 조상신들이, 독특한 우주론을 뼈대로 하는 새로운 문화적 기제를 통해 상대 원시종교문화의 중심으로 편입되어 들어왔기 때문이다.

상대 문화 속에서 상제의 종교적 위상은 갑골문 기록을 통해 목도할 수 있듯이 상 왕실 구성원들의 뇌리에 깊이 박혀 있었을 것이다. 사실 조갑 이전 시대인 무정 때의 상제 관련 기록들을 보면, 상제는 상 왕실의 정치구조를 반영한 상태로 신하를 거느리고 있음을 보여주는 기록도 있다.

- 반드시 상제의 신하를 출동하도록 명령할까? (唯帝臣令出?) (합 14223)

- 상제의 신하 바람에게 개 두 마리를 (제물로) 할까? (…于帝史風二 犬…?) (합14225)

- … 구하기 위해 도움을 구하는 제사를 상제의 다섯 신하에게 하면 큰 비가 있을까? (…求侑于帝五臣, 有大雨?) (합30391)

상제가 바람을 신하로 부렸다거나 다섯 신하를 지녔다는 이 의미 있는 기록들은 관련 내용이 부족해 더 이상의 분석이 불가능하다. 하지만 이러한 경우는 황하, 산악, 흙의 신 등 자연숭배물이나 조상신에게서도 볼 수 없는 내용이기에, 상제가 다른 숭배대상들에 비해 상 왕실에서 특별한 존재로 부각되었다는 점을 충분히 짐작할 수 있다.

상제의 종교적 위상은 여기서 그치지 않고 자연물 모두와 사방 공간에 대한 통제를 나타내는 의미로까지 확대되어 있다. 즉, 상제를 의미하는 제(帝)는 때로 동사, 즉 후대 문헌에서 체(禘)로 기록하고 있는 문자로 전용되어 사용하고 있었다. 이 경우 '제(帝)'는 동서남북 사방에 대한 제사를 의미하게 된다. 다음의 갑골문을 보자.

- 신해일에 점복을 하면서 정인 내가 묻는다. 미로 불리는 남방에게 상제에게 지내는 체 제사를 지내며 이로 (불리는) 바람에게 풍년을 구할까? 1월에. (辛亥卜, 內貞 : 帝于南方曰微, 風夷求年? 一月.)
- 묻는다. 석으로 불리는 동방에게 상제에게 지내는 체 제사를 지내며 협으로 불리는 바람에게 풍년을 구할까? (貞 : 帝于東方曰析, 風曰劦求年?)
- 신해일에 점복을 하면서 정인 내가 묻는다. 복으로 불리는 북방에게 상제에게 지내는 체 제사를 지내면서 役(으)로 불리는 바람에게 (풍년을) 구할까? (辛亥卜, 內貞 : 帝于北方曰伏, 風曰役求…?)
- 묻는다. 이로 불리는 서방에게 상제에게 지내는 체 제사를 지내며 𡆧(으)로 불리는 바람에게 풍년을 구할까? (貞 : 帝于西方曰彝, 風曰𡆧求年?) (합14295)

다음 페이지에 실린 그림 속 기록은 상대 당시에 상제의 종교적 위상이 다른 모든 숭배대상을 압도하고 있음을 증명하는 희귀한 내용을 담고 있다. 상 왕실이 자신들을 동서남북의 중심으로 파악하고 있는 상황에서 동서남북 네 개의 방위에 대한 종교적 통제를 상제를 통해 진행하고 있다. 이로써 상제의 신위가 다른 숭배대상들과 크게 구별된다는 사실을 알게 된다. 이러한 상황이기에 조갑이 혈연조상에 대해 진행했던 신위 강화 작업은 위축될 수도 있다.

제(帝)가 동서남북 사방과 함께 동사 체(禘)로 사용되는 상황을 담은 희귀한 기록

하지만 조갑은 오히려 이러한 종교적 역학구도를 역이용하고 있다. 즉 상제를 퇴출시키고 그 빈 공간에 앞서 정비했던 혈연 조상들을 채워 넣었다. 조갑이 미처 파악하지는 못했지만, 이러한 발상은 '분리된 신(deusotiosus)'의 추구라는 종교심리학적 무의식의 영역과 공감하면서 효과적으로 자리 잡은 것으로 보인다. 이러한 과정은 후대 주나라 왕실이 천(天)을 정점에 놓고 왕을 천의 아들로 자리매김하는, 천자(天子) 만들기의 정치적 과정과 비교했을 때, 다소 거칠기는 하지만 나름 효과가 있었을 것이다.

하지만 갑골문을 통해 확인할 수 있는 상제와 조상신의 자리 바꾸기 현상은 사실 신화학적 각도에서 보면 일견 자연스럽다. 마치 서양신화 곳곳에 보이는 신들의 짝짓기와도 유사하다. 로마의 신들이 그리스신화 속의 신들을 흡수하며 신화소(mythologem)로 변해가듯이, 상대의 상제와 조상도 종교문화적 영역에서 뒤섞이며 새로운 이미지를 창출해내고 있는 것이다. 이는 동서양 신화의 내면에서 신과 신들이, 신과 인간이 짝을 지으며 부족한 이미지를 보완해가는 과정[8]과 흡사하다 하겠다. 상나라의 조갑이 주도했던 조상신의 이미지 변형 역시 동일한 맥락에서 진행되고 있었다는 뜻이다.

　그러면 조갑은 구체적으로 어떻게 강력한 신위의 상제를 제거하고 그 자리에 조상신을 대체해 넣었을까? 그 과정이 흥미롭게 담겨 있는 다음의 갑골문을 보자.

- 갑(어느날)에 (왕이) 친히 묻는다. …아버지 무정이 … 있을까? (甲…
  曰貞 : …父丁…有…?) (합24982)
- 갑술일에 점복을 하면서 왕이 친히 묻는다. 상제의 반열에 있는 아버지 무정에게 아뢰는 제사를 지내지 않아도 화가 없을까? (甲戌卜,
  王曰貞 : 勿告于帝丁, 不禍?) (합24982)

　갑골문에서 보듯이 조갑은 자신의 아버지 무정에게 제사를 지내면서 부정(父丁)이라고 부르고 있다. 이는 상 왕실에서 제사를 지낼 때 선친의 경우는 '부(父)+12간지'를, 그 이상이 되면 12간지로 구성된 독립된 시호를 사용하는 규칙에 들어맞는다. 그 과정에서 조갑은 이번에는 동일한 갑골판에서 제정(帝丁)이라는 명칭을 사용하고 있다. 제정이라

제정(帝丁) 기록
글꼴은 전형적인 제2기 조갑 때 정인들의 특성을 지님. 조갑이 아버지를 제사하며
한 갑골판 안에서 부정(父丁), 제정(帝丁)이라 칭함. 종교문화사적으로 중요한 증거 기록임

는 이 명칭의 사용은 조갑 시대에 들어 완전히 사라져버린 상제에 대한 제사와 연결해볼 때, 조갑이 자신의 아버지인 무정에게 과거 상제가 지녔던 신위를 더해 새로운 영역의 조상신으로 만들고 있다는 이야기다.[9] 조갑 시대의 '조상 시호+제(帝)'의 구조는 다음과 같은 갑골문에서도 확인된다.

• 묻는다. 장차 조상이면서 절대신인 제갑에게 인(?) 제사를 지내면
  서 소 두 마리를 희생으로 쓸까? (貞 : 其先帝甲, 其引(?)二牛?) (합41214)

조갑의 이러한 변혁은 조갑이 죽고 난 뒤 아들 강조정(康祖丁) 시대에도 지속된다. 강조정은 조갑에게 제사를 지내며 제갑(帝甲)이라 부르고 있다. 이 내용은 다음의 갑골문에 담겨 있다.

• 묻는다. 장차 절대신이 된 조갑 이전부터의 조상신에게 또 지 제사를 지낼까? (貞：其自帝甲又止*?) (합27437) *止：彳+止의 자형

그런가 하면 같은 강조정 시대의 갑골문이지만 조갑 이전의 무정을 과거 자신의 아버지 조갑이 할아버지 무정을 불렀을 때 사용했던 명칭을 그대로 반복하여 '제정'이라 부르는 기록도 보인다.

• 을묘일에 점을 친다. 장차 또 해를 마감하는 세 제사를 절대신이 된 무정에게 지낼 때 우리에서 기른 소 한 마리를 쓸까? (乙卯卜，其又歲于帝丁，一牢?) (합27372)

이상의 갑골문 내용들을 통해 확인할 수 있는 것은 상제가 외형적으로는 도태된 듯이 보이지만, 절대신 제(帝)의 명칭을 한정어로 바꾸어 조상인 무정, 조갑 등의 명칭과 혼합시킴으로써 새로운 형태의 신을 재생해내고 있다는 점이다. 따라서 제정의 새로운 명칭은 종교적 영역에서 서로 다른 두 신이 필요에 의해 신화적 짝짓기를 하는 상황과 동일하게 받아들일 수 있다. 이 과정은 유교문화 속의 조상 제사가 단순한 의례가 아니라 종교적 영역으로 기능하게 되는 최초의 종교적 화학 반응이라는 점에서 의미를 부여할 수 있다.

종합해보면, 조갑은 무정 때에 진행되던 상제에 대한 제사를 제거했다. 하지만 상제가 지니고 있는 신위마저 버린 것은 아니었다. 상대 당시 사람들의 의식 속에는 상제의 신위가 여전히 남아 있었던 것이다. 그는 이러한 의식을 절대로 활용해, 아버지 무정의 존재에게 제정의 명칭을 통해 상제의 신위를 전이시키는 문화적 작업을 진행하고 있다. 이를 통해 이제 상 왕실은 더 이상 상제를 섬기는 대상이 아니라 상제가 지녔던 신격(神格)과 신위를 구비한 대체적 존재, 즉 '분리된 신'의 후손이 되었다. 이제 상 왕실의 혈족 조상은 더 이상 과거 무정 때처럼 다른 다양한 자연물, 비왕실 조상들과 동격인 제사 대상도 아니다. 이제는 구체적 신위를 통해 상 왕실의 일상에 다신의 영역으로부터 벗어난 '분리된 신'의 위상을 단독적으로 구사하는 존재가 되었다.

조갑을 통해 이루어지고 있는 혈족 조상의 위상 변화, 즉 절대적인 신격 이미지가 조상을 통해 재현되는 현상은, 융이 파악했던 신화소로서의 원형이 신화적 성격을 간직한 채 새로운 종교적 이미지로 재탄생되어가는 '일종의 투사과정(a sort of projection)'[10]과 정확하게 일치한다. 이렇듯 조갑의 제례 혁명은 상 왕실의 조상들이 원시사회 속에서 현실적이고 실제적 존재가 제례적 혁신과정을 통해 절대자로 변모되어 가는 과정을 맥락 반복적으로 드러내고 있는 점에서 특기할 만하다. 이를 통해 이제 상 왕실의 혈족 조상들은 자신들만의 구별된 제례를 부여 받게 되었고, 그 배타적인 문화 기제 속에서 새로운 신위와 함께 성스러운 영역으로 구별되어 갔다.

조상 제사의 우주론적 정비

상제의 신위를 빌어 새로운 신의 영역으로 편입된 조상이었지만, 조상에 대한 숭배의식이 하루아침에 격상되기는 쉽지 않았을 것이다. 이런 이유로 조갑은 조상 제사를 일상의 시간 속에서 규칙적으로 배열하는 방법을 고안하게 된다. 종교적 신위를 우주적 시간과 연결 지어 영향력을 확대하고 있는 것이다.

신화연구가 조지프 캠벨은, 고대문화 속에서 구성원들은 삶의 시간 주기를 우주의 순환과 상응시키려는 특성을 지니고 있다고 지적한 바 있다.[11] 심지어 심장 박동수까지 계산하여 우주의 시간과 연결 지어 완벽한 건강을 획득하려 한다는 인도의 시간주기를 예로 들기도 한다. 그리고는 일상을 우주적 주기와 연결시키려는 태도는 원시문화 속에서 보편적으로 볼 수 있는 것이라 했다. 이러한 관찰은 상 왕실의 조갑이 제례 변혁을 이루어가는 과정 속에서 제례를 당시의 월력과 결합하고 있는 현상의 배경을 이해하는 데 도움을 준다. 이제 이러한 맥락에서 조갑의 제례 변혁과정을 들여다보기로 한다.

상대 당시는 각종 제례를 통해 통치가 이루어지고 있던 시대였다. 원시종교문화의 틀 안에서 정치적 행위가 합리적 권위를 얻고 있는 상황이다. 이러한 원시종교적 배경 속에서 어제까지 강력한 신위를 발휘하던 숭배대상들이 사라지는 상황은 통치 행위에 직접적인 영향을 끼치게 된다. 더구나 일상 속에서 사라져버리는 제례들, 앞서 살폈듯이 황하, 산악, 흙의 신과 거대한 존재 상제에 대한 제사의 소멸은 상 왕실 구성원은 물론이고 당시 사회구성원 전반에 충격으로 작용했을 가능성이 매우 크다. 물론 조상신으로 대체하면서 나름의 장치를 마련하기는 했으나 그것만으로 부족할 것은 분명하다. 이러한 점 때문에 조갑은 매우 독특한 보완책을 우주론적 차원에서 마련하고 있다.

조갑은 구체적으로 어떠한 종교문화적 장치를 통해 보완책이 효과적으로 작동하도록 했을까? 갑골문을 통해 확인할 수 있는 것은, 조갑이 당시에 있던 다양한 종류의 제례를 모두 폐지하는 대신 다섯 가지 종류의 제례로 구성된 오종제사(五種祭祀)를 등장시켰다는 점이다.[12]

서술해왔듯이 오종제사는 상 왕실이 정치적 목적을 위해 자신들의 직계혈족을 제외한 모든 제사 대상이 제거된 공간에 재배치되고 있다. 특히 자신들의 혈족이 아닌 인물들, 예를 들면 이윤 등의 비왕실 조상 등에 대해 진행되던 제사들이 오종제사의 출현을 계기로 축출되고 있다. 즉 오종제사에 등장하는 제사의 대상은 모두 상 왕실의 혈족이며 그 중에서도 조갑에 의해 선별된 조상들이다. 이는 무정 시대, 즉 앞서 살펴본 것처럼 제1기 빈조(賓組)[13] 갑골문에 보이던 일(日), 월(月), 성(星), 홍(虹), 운(雲), 뢰(雷), 풍(風) 등의 제사는 물론 황하, 산악, 흙의 신, 그리고 무엇보다 상제 등이 모두 제사 대상에서 제외되었음을 뜻한다. 이는 지금까지 설명해온 바와 같다.

이 제사 대상의 선별과정에서, 조갑은 상대 초기 상 왕실이 진행하던 다양한 제례 종류 역시 정리를 하고 다섯 종류의 제사만을 남기게된다. 이제 그 내용을 알아보기로 하자. 오종제사 각각의 갑골문 자형과 명칭, 그리고 이들 자형들이 지니고 있는 문화적 내면과 관계된 구체적 제례 상황을 살펴보기로 하자.

익(翌)

깃털 우(羽)

깃털 우(羽)의 이체. 날 일(日) 때문에 익(翌)으로도 씀

익(翌)의 의미는 갑골문 글꼴을 통해 확인되듯이 깃털의 상형문으로서, 조류의 깃털을 들고 춤을 추며 진행하는 제례이다. 이와 관련한 설명으로는《주례》〈악사(樂師)〉의 다음과 같은 내용을 참고할 수 있다.

• 춤에는 오색의 기를 들고 추는 불무가 있고 깃털을 들고 추는 우무

가 있다. (凡舞, 有帗舞, 有羽舞…)

제(祭)

제사 제(祭), 고기 육(肉)+손 우(又)

제(祭)는 갑골문 글꼴에서 보듯이 고기 육(肉)과 손 우(又)로 이루어져
있는데, 피가 흐르는 고깃덩이를 손으로 받쳐 든 모습으로 된 회의문
자이다. 제(祭)는 현대문화에서도 여전히 제례의 의미로 사용되는 글자
지만, 상대에는 유일하게 '고기를 사용하는 제사'라는 구별된 의미를
지니고 있었다. 이 고깃덩이의 당시 문화적 의미는 《의례》를 통해 엿
볼 수 있다.

> • 제사에 사용된 고깃덩이는 반드시 작은 조각으로 자른 것이어야
>   했다. …《의례》의 내용을 상고해보면 어떤 종류의 제사 제물이건
>   모두 제사에 바칠 수 있는 작은 조각 고깃덩이를 준비해야 했다.
>   (所祭之物, 必为小块末粒.…按之《仪礼》, 则无论何种牲俎, 皆预备有小块可祭之品.)

壴(발음 없음)

壴의 갑골문은 𥄎, 또는 𥄙의 모습인데 손으로 곡물류의 식물을 제단
에 놓는 상황을 묘사한 것이다. 갑골문의 글꼴에는 곡물을 담는 그릇

食, 식기의 상부+식(食)의 하부, 현재 사라진 자형

의 상형인 식(食)이 들어 있다. 아마도 익은 곡식으로 조상에게 제사하
는 상황을 묘사한 것으로 보인다.

팽(彡)

북소리의 모습으로 갑골문 팽(彡)의 원형

북소리 표현으로, 글꼴 彡을 사용. 彡은 현대 한자에서는 '제사 융' 肜의 자형으로 차용

북소리 표현 글꼴 이체

팽(彡)은 북소리를 묘사한 것으로 후대 문헌들에서는 융(肜)으로 쓰고

있다. 청각 신호를 시각적 이미지로 바꾼 글꼴이기에 풀이과정을 잠시 소개한다.

- 팽(彭)은 갑골문에서 지명이나 정인의 이름으로 사용되며 자형은
  彭이다. 왼쪽은 북의 모습이고 오른쪽은 소리로 彡이 바로 그 자형
  이다. (彭在卜辭爲地名及貞人名, 字作彭…, 左爲鼓形, 右象其声, 即彡字也.)[14]

협(劦)

3개의 력(力)과 지역을 의미하는 □를 합한 글꼴

협(劦)의 갑골문은 劦의 모습으로 세 개의 력(力)과 □로 구성되어 있다. 력은 본래 외날로 된 나무쟁기의 상형이다. 세 개의 력은 세 개의 쟁기가 합쳐진 모습이다. 하지만 갑골문의 여러 자형을 근거로 만든 학자들의 격언 '셋은 다수를 의미한다(삼시다의三示多意)'라는 말을 떠올려볼 때 劦은 분명 다수의 농기구가 동원된 협동의 모습을 담고 있음에 틀림없다.

갑골문에 흔히 보이는 표현 '협전(劦田)'은 바로 이러한 상황을 잘 반영하는 표현으로 '협동으로 짓는 경작'이라고 하겠다. 그런데 이러한 자형이 제사의 명칭으로 활용되고 있는 상황은 이 협(劦) 제사가 오종 제사의 맨 마지막에 진행되기 때문이거나 다른 제사와 함께 동시에 진

행되기 때문으로 보는 학자도 있다.

그러나 협(祫)은 글꼴과 내용의 특성상 맨 마지막에 설명하고 있지만, 실제로는 맨 마지막에 진행되는 제사가 아니다. 반면에 다섯 종류의 제사 중에서 '제(祭), 흡, 협(祫)'의 제사는 겹쳐서 진행되기 때문에 이들을 합쳐 사조(祀組)라고 부르기도 한다. 즉 협은 단독으로 진행하기도 하지만 '제(祭), 흡, 협' 세 종류의 제사가 함께 진행되기도 하기 때문에 연합의 이미지를 나타내기 위해 협의 글꼴을 사용한 것이다. 위의 내용을 다시 간략하게 정리하면 다음과 같다.

- 익(翌) : 조류의 깃털을 들고 춤을 추며 진행하는 제례
- 제(祭) : 육류를 제물로 진행하는 제례
- 흡 : 곡물을 제물로 진행하는 제례
- 팽(彡) : 악기를 사용하는 제례
- 협(祫) : 제, 팽 등과 함께 진행되는 종합 제례

이들 오종제사는 조갑에 의해 선별된 상 왕실 조상신들에 대해 현실 정치와 연결되면서 하나의 현실적, 문화적 기제로 활용되고 있다. 그러면 이러한 문화적 기제는 어떠한 과정을 통해 상대 사회 속에서 새로운 종교문화로 정착될 수 있었을까? 먼저 그 과정을 오종제사의 진행 방식을 통해 살펴보자. 앞서 살펴본 것처럼 다섯 종류의 제례로 구성된 오종제사는 일정한 순서에 따라 연결되어 진행되는데 일단 그 순서는 다음과 같다(앞서의 설명 순서와는 차례가 다르다).

• 익(翌)⇒ 제(祭)⇒ 헐⇒ 협(劦)⇒팽(彡)[15]

즉 이들 다섯 종류의 제례는 순차적으로 등장하게 되는데, 물론 제사의 대상은 이제껏 살펴왔듯이 조갑이 선별한 상 왕실의 혈족 조상들이다. 그러면 상 왕실의 혈족 조상들은 어떠한 원칙에 의해 제사의 대상으로 선정된 것일까?

상 왕실은 12간지 중 천간을 기초로 역법을 운행하고 있다. 그리고 앞서 살펴본 것처럼 조갑에 의해 정비된 상 왕실 혈족 조상들의 시호에는 모두 천간이 들어 있다. 이를 바탕으로 오종제사는 천간 날짜와 해당되는 조상의 시호가 일치되는 상황을 중심축으로 순서에 따라 진행된다. 다음의 갑골문들을 보자.

• 을묘일에 점복을 하면서 정인 즉이 묻는다. 왕이 조상 보을의 혼령을 맞으며 육류를 사용하는 제의 제례를 지내면 나쁜 일이 없을까? (乙卯卜, 即貞 : 王賓報乙祭, 亡咎?) (합22692)

• 임인일에 점복을 하면서 정인 췻이 묻는다. 왕이 친히 조상 외임의 혼령을 맞으며 익힌 곡식을 사용하는 헐 제례를 하면 나쁜 일이 (없을까?) (壬寅卜, 췻貞 : 王賓外壬헐, …咎?) (합22877)

즉 을묘일에는 조상 보을(報乙)에게 육류를 사용한 제(祭) 제례를, 임인일에는 조상 외임(外壬)에게 곡물을 사용한 헐 제례를 진행하고 있다. 다시 말해 조갑의 오종제사는 익(翌)⇒ 제(祭)⇒ 헐⇒ 협(劦)⇒팽(彡)의 순서가 지니는 축과, 조상의 시호와 천간이 일치해야 하는 또 하나의 축을 중심으로 진행되고 있었다. 이와 관련해서 현재 갑골문에 존재하는 오종제사 관련 기록들 중에서 대표적인 것들을 선별해 각 제사별로 내용을 잠시 살펴본다.

먼저 익(翌) 제사 관련 내용들이다.

- 을축일에 점을 치면서 (정인 누군가가) 묻는다. 왕이 친히 조상 보을의 혼령을 맞이하면서 깃털을 사용하는 익의 제례를 진행하면 (부정한 일이 없을까?) (乙丑卜, …貞 : 王賓報乙翌日…?) (합22689)

- 을축일에 점을 치면서 정인(누군가)이 묻는다. 왕이 친히 조상 당[16]의 혼령을 맞아들이며 깃털을 사용하는 익의 제례를 지내고, 또 불을 피워 하늘로 올리는 료의 제례를 지내면 근심이 없을까? (乙丑… 貞 : 王賓唐翌日燎, 亡尤?) (합22745)

- 계미일에 점을 치면서 정인 행이 묻는다. 다음날 갑신일에 조상 대갑에게 깃털을 사용하는 익의 제례를 지내면 해가 없을까? (몇 월)에. (癸未卜, 行貞 : 翌甲申翌日于大甲, 亡它? 在…) (합22764)

- 경진일에 (점을 치면서 정인 누군가) 묻는다. 다음날 신(사일)에 (왕이 친히 조상 조신의 혼령을 맞으며) 깃털을 사용하는 익의 제례를 지내면 화가 …(없을까?) 4월에. (庚辰…貞 : 翌辛…翌日于祖辛, …它? 在四月.) (합22986)

- (병)술일에 점을 치면서 정인 즉이 묻는다. 다음날 (정)해일에 아버지 무정에게 깃털을 사용하는 익의 제례를 지내면 화가 없을까? (戌卜, 即貞 : 翌…亥翌日于…父丁, 亡它?) (합23126정)

내용에서 보듯이 똑같이 '깃털을 사용하는 익의 제례'를 진행하지만 제사 대상은 매일의 간지에 따라 여러 조상들이 다양하게 안배된다. 이는 구성원들을 매일 제례에 참석하게 함으로써 종교적 · 사회적 유대감을 형성하게 하는 동시에, 다양한 조상들과의 접촉을 통해 상 왕실의 혈통적 친밀감을 강화하려는 의도가 구체화되는 과정이다. 이번에는 두 번째 제사인 제(祭)를 보자.

- 을해일에 (점을 치면서 정인 누군가가) 묻는다. 왕이 (친히) 조상 소을…(의 혼령을 맞으며) 육류를 사용하는 제의 제례를 지내면 …(부정한 일이) 없을까? (乙亥…貞：王…小乙祭…亡…?) (합23129)
- (어느 날에 점을 치면서 정인) 려가 …(묻는다). (생략 부분) 아버지 무정에게 육류를 사용하는 제의 제례를 지낼까? (생략 부분) (旅…父丁…祭…?) (합23295)
- (어느 날) 점을 치면서 (정인) 려가 …(묻는다). 왕이 친히 …(조상 누구)의 혼령을 맞으며 육류를 사용하는 제의 제례를 지내고 불을 지피는 료의 제례를 지낼까? 9월에. (…卜, 旅…王賓…祭, 燎…? 在九月.) (합24645)
- (어느 날 점을 치면서) (정인) 행이 …(묻는다). 왕이 친히 (조상 누구의) 혼령을 맞으며 육류를 사용하는 제의 제례를 지내고 불을 지피는 료의 제례를 지낼까? 11월에. (…行…王賓…祭, 燎? 在十一月.) (합25647)

'육류 제사 제'의 경우는 간지가 완전한 갑골문이 많지 않지만 다른

제(祭)

상대 갑골문 중에 고기 육(月), 우(又), 시(示)의 자소를 갖춘 제(祭)의 글꼴은 없음.
중국 역사상 최초의 제(祭) 자형인 청동기 '주공화종(朱公華鐘)'의 글꼴

갑골문 내용들과 연결해보면 전체적인 흐름을 이해하는 데는 아무런
지장이 없다. 여기서 하나 특이한 것은 조갑의 아버지 무정의 제사 역
시 오종제사의 흐름 안에서 소화되고 있다는 점이다. 하지만 앞서 상
제 관련 부분에서 살펴보았듯이 무정에게는 때로 변환된 제정의 명칭
을 사용하며 신위와 신격을 강화하고 있다. 이러한 현상은, 과거 조상
신에 대한 제례가 특정인, 특정 사안, 특정 제사방식이 임의로 선정되
던 것과 달리, 엄격하게 하나의 의례로 변해 있음을 보여준다.

이번에는 세 번째 '곡식을 사용하는 畜 제사'에 대해 알아보자.

- 임신일에 점을 치면서 (정인 누군가가) 묻는다. 왕이 친히 조상 시임
  의 혼령을 맞으며 익힌 곡식을 사용하는 畜 제례를 하면 나쁜 일이
  없을까? (壬申卜, …貞 : 王賓示壬畜, 亡咎?) (합22706)

- (어느 날 점을 치면서 왕이 묻는다) 다음날 신해일에 왕이 장차 친히
  조상 조신의 혼령을 맞으며 익힌 곡식을 사용하는 畜 제례를 하면
  화가 없을까? (…王…翌辛亥王其賓祖辛畜, 亡它?) (합22779)

- 임신일에 (점을 치면서 정인 누군가가) 묻는다. 왕이 장차 (친히 혼령
  을 맞으며) 익힌 곡식을 사용하는 畜 제례를 하면 나쁜 일이 …(없을

까?) (壬申…貞 : 王…出…咎?) (합25825)

- 묻는다. 이미 (어떤 제례가 끝나고) 익힌 곡식을 사용하는 畜 제례를
하고 (생략 부분) 술을 사용하는 제례를 진행하면서 풍성한 수확을
구하는 세의 제례를 지낼까? (貞 : 惟旣 …畜…酉, 歲?) (합25958)

'곡식을 사용하는 畜 제사' 역시 등장횟수가 높지는 않지만 서로 다
른 조상들이 제사의 대상이 되고 있음을 확인할 수 있다.
이번에는 '연합제인 협(祫) 제사'에 대해 살펴보자.

- 계유일에 점을 치면서 정인 䂮이 묻는다. 다음날 갑술일에 무언가
를 구하는 걸 제례에 술을 쓰면서 조상 상갑으로부터 많은 조상들
에게 연합제인 협 제례를 지내면… (생략 부분)? 시월에. (癸酉卜, 䂮貞
: 翌甲戌乞酉, 祫自上甲衣…于多毓…? 十月.) (합22650)

- (어느 날 점을 치면서 정인 누군가가 묻는다) 열흘간 나쁜 일이 없을
까? 조상 시계에게 연합제인 협 제례를 지낼 때 조상 대갑에게 쌀
을 익혀 畜 제례를 지내고, 䂮 제례를 지내면서 또 …(조상 누군가)에
게 연합제인 협 제례를…(생략 부분)? (旬亡咎? …示癸祫甲寅…米畜大甲…
䂮, 祫…?) (합22717)

- 갑신일에 점을 치면서 (정인 누군가가) 묻는다. 다음날 을(유)일에
조상 대을에게 연합제인 협을 지내면 …(부정적인 상황이) 없을까?
…(몇 월)에. …(또는 어느 곳)에서. (甲申…貞 : 翌乙祫于大乙, 亡…? 在…)
(합22734)

- 경신일에 점을 치면서 정인 행이 묻는다. 다음 날 정유일에 조상

조정에게 연합제인 협 제례를 지내면 화가 없을까? (庚申卜, 行貞 : 翌

丁酉, 劦于祖丁, 亡它?) (합23004)

• 계축일에 (점을 치면서 정인 누군가가) 묻는다. 왕이 (친히) 조상 강갑

의 …(혼령을 맞으며) 연합제인 협 제례를 지내면… (부정적인 상황이

없을까?) (癸丑…貞 : 王…羌甲劦…?) (합23024)

• (어느 날 점을 치면서 정인 누군가가) 묻는다. (생략 부분) 강갑의 배우

자인 비갑에게 연합제인 협 제례를 지내고 조상 강갑에게 연합제

인 협 제례를 지낼까? (貞 : …奭妣甲劦…羌甲劦, 亡尤?) (합23025)

이제까지의 다른 오종제사 관련 갑골문에서 보았듯이, '연합제인 협(劦)
제사'에서도 오종제사는 다양한 조상들을 제사 대상으로 삼으며 상 왕실
의 의례로 자리 잡고 있었다. 특히 '합23025'의 경우에는 조상의 배우자
까지 연결하면서 대규모의 연합제를 진행하고 있는 것도 알 수 있다.

이번에는 '북을 사용한 팽(彡) 제사'의 경우를 보자.

• 계축일에 점을 치면서 (정인 누군가가) 묻는다. 다음날 갑(인)일에

조상 상갑에게 북을 사용한 융 제례를 하고, 쳐¹⁷ 제례를 하면서 …

(어떤 특정한 일을) 고하는 제례를 (조상 누군가에게) 할까? (癸丑卜, …

貞 : 翌甲…上甲彡, 쳐…其告…?) (합22636)

• 을유일에 점을 치면서 정인 윤이 묻는다. 왕이 친히 조상 조을의

혼령을 맞으며 북을 사용한 융의 제례를 지내면 …(근심이) 없을

까? (乙酉卜, 尹貞 : 王賓祖乙彡, 亡…?) (합22723)

• 을미일에 점을 치면서 (정인 윤이) 묻는다. 왕이 친히 조상 대을(과

누군가의)의 혼령을 맞으며 북을 사용한 융의 제례를 지내면 근심이 없을까? (乙未卜, …貞 : 王賓大乙…彡, 亡尤?) (합22726)

- 정유일에 점을 치면서 정인 윤이 묻는다. 왕이 친히 조상 중정의 혼령을 맞으며 북을 사용한 융의 제례를 지내고… (또 다른 제례를 지내면) 근심이 없을까? (丁酉卜, 尹貞 : 王賓中丁彡, …亡尤? 在) (합22854)

- 정축일에 점을 치면서 정인 즉이 묻는다. 왕이 친히 아버지 무정에게 북을 사용한 융의 제례를 지내면 근심이 없을까? (생략 부분) (丁丑卜, 卽貞 : 王賓父丁彡, 亡尤? …) (합25076)

'북을 사용한 팽(彡) 제사' 관련 내용은 간지가 분명해 오종제사가 조상들과 어떻게 다양하게 어울리고 있는지를 파악하는 데 도움을 주고 있다. '합22854'는 정유일이고 '합25076'은 정축일이어서 모두 정을 간지로 하는 조상이 제사 대상이지만, 제사 대상은 중복되지 않고 각기 중정(中丁)과 무정으로 나뉘어 있다. 이는 오종제사의 종류가 한 축으로 반복되고 조상들 역시 일련의 순서에 의해 제사 대상으로 선정되고 있음을 보여주는 자료라는 점에서 의미가 있다. 바로 앞의 '육류 제사 제(祭)'의 경우에도 살펴보았듯이 엄격한 의례가 상 왕실에 의해 진행되고 있음이 다시 한 번 드러나고 있다.

종합해보면 오종제사는 다른 숭배대상들을 제례에서 제외하는 대신 혈연 조상들을 골고루, 또 다양하게 제사 대상으로 연결하면서 상대 사회구성원 모두를 하나로 연결해가는 문화적 기제가 되었다. 오종제사에 대한 조갑의 조치는 과거 무정, 그리고 형 조갑 시대의 무분별했던 제례를 정비했다는 측면뿐 아니라, 원시종교문화 속에서의 통치권 강화 측면에서 긍정적 역할을 했다는 점에 대해서도 평가가 가능하다. 또 상대에 조갑에 의해 이러한 조상 제례의 정비가 이루어졌다는 사실은, 종법제도의 출발을 통해 조상 제사가 주대에 정비되었다고 생각하는 이제까지의 통념이 바뀌어야 하는 근거가 된다.

또 하나 인식해야 할 매우 중요한 점이 있다. 조갑이 진행하고 있는 오종제사를 우주론적인 측면에서 볼 때, 다섯 종류의 연속된 제례라는 공간적 · 구체적 축이 간지라는 시간적 · 상징적 축 속으로 수렴되어 가는 현상으로 읽어야 한다는 점이다.

즉 제례의 진행 과정을 통해 천간이라는 축을 중심으로 신격을 지닌 조상과 상 왕실이 현실의 시간 속에서 융합되고 있다. 이러한 현상은 마치 융의 견해처럼 '신화소로서의 원형이 투사과정을 거치는 또 하나의 현상'으로 이해할 수 있을 것이다. 자연에 대한 객관적 현상과 주관적인 감성을 뒤섞어 우주와 세계를 이해하는 원초적 사고방식[18], 다시 말해 모든 신화학자들이 어렵지 않게 동의하는 신화적 사고방식[19]이, 오종제사의 진행 과정에서 일어나고 있는 조상과 실제의 시간, 즉 역법과의 융합과정에서 고스란히 문화적으로 반복되는 것이다.

이번에는 조금 각도를 바꾸어서 오종제사가 내포하고 있는 숫자 5가 당시 역법과의 관계 속에서 어떤 문화적 의미를 지니고 있는 것인가에 대해 살펴보기로 한다.

사실 이들 다섯 종류의 제사가 혹시 무정 시대를 특징지을 만한 대표적 제사였기에 조갑이 이를 계승한 것일까 하는 의문을 가지고, 필자는 갑골문 텍스트를 광범위하게 연구해보았다. 하지만 살펴본 바 그런 것은 아니었다. 또 필자는 이 문제를 풀기 위해 상 왕실의 역법을 한동안 연구해본 일이 있다.

일반적으로 학자들은 상 왕실의 역법을 근거로 당시의 1년은 360일에서 370일 사이로 추정하고 있다. 이렇게 보면 얼핏 숫자 5는 360 또는 370의 약수(divisor)처럼 보인다. 즉 1년을 360일 또는 370일로 파악하고 있는 상 왕실이 1년 동안 다섯 개의 제사를 반복적으로 진행하기 위해 360 또는 370의 약수인 5를 선택한 것으로 생각할 수도 있었다. 그러나 약수는 5 외에 2, 10 등도 있다. 더구나 익(翌), 제(祭), 협(劦), 팽(彡)의 오종제사 중 '제(祭), 협(劦)'의 세 종류는 앞서 살폈듯이 사조(祀組)라 하여 한 날에 겹쳐 진행되는 것이 보통이었다. 그래서 내용상으로는 다섯 종류지만 역법의 측면에서는 3으로 인식될 수도 있다. 따라서 5의 약수로서의 의미는 설득력을 잃는다.

비교적 오랜 기간의 갑골문 텍스트 분석을 통해, 필자는 오종제사의 숫자 5는 상 왕실을 중심으로 동서남북 다섯 개의 공간을 상징하는 의미를 지니고 있음을 알게 되었다. 조갑이 채택한 5는 바로 이전부터 상대 사회구성원 모두가 공감해오고 있는 오방의 우주관을 현시해낼 수 있는 이미지로서의 5이다.

이 이미지로서의 숫자 5는 메소포타미아 인들이 천상으로 가는 일곱 계단의 층계나 사다리의 상징적 구조물들을 통해 '칠천(七天)'의 우주론을 나타내려던 이미지의 숫자 7과 문화적 맥락에서 동일하다. 이미지의 내면은 문화적 내면을 투시할 수 있을 때 비로소 올바르게 파악하게 된다는 점을 떠올려보자. 바로 그러하기에 조갑의 오종제사가 지니는 숫자 5는 당시 오방의 우주관 안에서 해석하는 것이 자연스럽다. 결국 조갑은 연관성이라는 민감한 극에서 여러 가지 유사성을 이끌어낼 수 있는 신화적 상상력을 통해 오방의 우주관을 오종제사에 적용한 것으로 볼 수 있다.

신화학자 조지프 캠벨은 고대 메소포타미아 역법에서 365일이라는 합계를 만들기 위해 360도의 원주 숫자에 '영원의 무한(pleroma)'을 의미하는 숫자 5를 더했다고 보고 있다.[20] 캠벨의 관찰을 상대 종교문화에 바로 접목을 할 수는 없을 듯하지만, 고대문화 속에서 숫자 5가 각별한 용도로 사용되고 있다는 점에서는 의미를 부여할 수 있다. 그러면 이번에는 오종제사가 구체적으로 어떻게 상대 역법과 융합되어 갔는지에 대해 살펴보기로 하자.

앞서 살폈듯이 오종제사에 해당되는 제례의 종류는 5개, 그리고 제사 대상이 되는 조상의 수는 37명의 선왕이다. 여기서 오종제사의 횟수를 단순하게 추산해보면 360일인 경우에는 1년에 72회, 370일인 경우에는[21] 1년에 74회의 오종제사가 반복되었을 것으로 보인다. 하지만 바로 위에서 지적했듯이 다섯 종류의 제사 중에서 협(祫) 제례는 때로 단독으로 진행되기도 하지만, 때로는 제(祭), 육(肜) 등과 함께 동일한 날짜에 겹쳐서 진행되는 사조의 형태를 지니고 있다. 그리고 현재 확보된 갑골문 자료가 상대 역사의 하루하루를 정밀하게 설명할 수 있는 상태가 아니기 때문에, 사조가 1년에 몇 차례 진행되었는지를 확인할 수 없다. 때문에 오종제사가 1년에 몇 회에 걸쳐 반복적으로 진행되었는지를 명확하게 알 수 없다.

그러나 한 가지 분명한 것은 당시의 매일매일을 오종제사를 통해 조상 제사로 연결해가고 있었다는 점이다. 또 하나 특기할 만한 사실은 매일매일의 오종제사가, 대부분의 경우 하루 전날에 그 다음날의 해당 오종제사를 예고하는 점복과 함께 진행되었다는 것이다. 이와 관련해서는 앞서 인용한 갑골문들을 통해 확인했지만 다시 다음의 갑골문을 보자.

• 갑신일에 점복을 하면서 정인 여가 묻는다. 다음날 을유일에 조상 소을에게 깃털을 사용하는 제례를 지내면 화가 없을까? (甲申卜, 旅 貞 : 翌乙酉, 翌日于小乙, 亡它?) (합23125)

위의 내용에서 알 수 있는 것처럼 상 왕실의 매일매일은 오종제사 자체, 또는 그와 관련한 준비 제례를 통해 연속적으로 연결되고 있다. 즉 조갑은 상 왕실의 조상들에 대한 오종제사의 진행을 통해 시간이라는 우주적 순환주기 속으로 자신과 상 왕실을 톱니바퀴처럼 치밀하게 일치시켜가고 있었던 것이다.

결국 조갑이 다섯 가지 종류의 제사를 선별해 상 왕실의 혈족 제사와 연결해놓았던 이유는, 상제와 연계된 오방의 우주관을 근거로 형성되어 전해져온 5의 이미지가 다섯 종류의 제사를 통해 1년이라는 시간의 순환 속에서 끊임없이 반복되도록 하려했기 때문이었다. 다시 말해 우주의 영원성을 확보하려는 우주적 차원의 사고가 바탕에 깔려 있는 것이다. 조갑은 문화적 관성을 통해 전해져온 상 왕실의 오방의 우주관을 제례라는 사회적 행위를 통해 반복적으로 지속시키려 하였다. 그의 이러한 태도는 다양한 문화권의 신화 속에서 어렵지 않게 목격되는 현상, 즉 자신들의 삶을 우주의 기본 리듬과 무한히 반복시키려는 노력과 정확하게 들어맞는다.

조상의 제사를 역법을 통해 우주적 차원으로 격상시키려던 조갑의 종교문화적 의도는 훗날 주 왕실이 조상과 하늘 천을 연결시키는 종법제도를 완성시키는 데 문화적 기초를 제공했다고 볼 수 있다. 이러한 이해는 유교문화의 기원을 주대 종법제도에서 찾아왔던 기존의 연구에 심각한 오류가 있었음을 밝히고 있다. 이는 동양문화의 기원과 관련한 여러 가지 의문이 새로운 차원에서 제기되어야 한다는 면에서 가치가 있다.

남과 여, 그리고 조상신의 영역

유교문화에 대한 논의 중 남녀의 위상과 관련한 것만큼 생명력이 강한 것도 없다. 일반적으로 유교문화 속에서 남녀 위상을 논할 때에는 하나의 강한 선입관이 작용한다. 여성은 박해 받고 있으며 남성에 비해 존재적 가치를 상대적으로 저평가 받고 있다는 점이다. 이에 대한 반론 역시 만만치 않다.

이러한 상황에서 유교문화의 기원을 탐색하는 이 책의 입장이 취할 수 있는 태도는 단순하다. 기록을 통해 확인할 수 있는 가장 오래된 시기, 즉 상대 당시의 남녀 위상은 어떠했을까를 살펴보면 될 것이다. 비교적 기록이 풍부한 조상신의 영역에서 남과 여의 위상을 먼저 살펴보고, 기록이 충분하지 못하지만 논리적인 유추는 가능한 일반적인 측면에서의 남녀 위상에 대해 알아보기로 한다.

유교문화는 혈연을 중심축으로 형성되었고 변화되어 왔다. 그런데 이 혈연은 일반적으로 남성을 지칭하는 것이다. 다음 장에서 자세히

남(男), 청동기 혈루후보(穴婁候簠)의 글꼴

남(男), 청동기 제후돈(齊侯敦)의 글꼴

살피겠지만, 이른바 종법사회의 핵심을 구성하고 있는 것은 대종과 소종론이다. 대종 및 소종론이 등장하게 된 연유를 근원적 측면에서 살펴보면 결국 직계혈족이 종법사회의 중심을 이루게 된다는 논리에 도달하게 된다. 다시 말해 남성, 그것도 직계 남성이 주류 사회의 힘을 소유하고 통제하게 된다는 뜻이다.

이것은 앞서 조갑의 제례 변혁을 통해서도 그 뿌리를 확인할 수 있었다. 하지만 이러한 의식들은 주대 이후부터 제도적으로 정비되고 고착화된 유교적 가치관의 산물이었으나, 주대 이전인 상대에는 그 상황이 매우 달랐었다. 이제 이 문제를 상대 당시 숭배되던 조상, 즉 남성 조상과 그 남성 조상의 배우자가 지닌 신위를 중심으로 살펴보기로 한다.

여(女), 청동기 우정(盂鼎)의 글꼴

처(妻), 청동기 처농유(妻農卣)의 글꼴

모(母), 청동기 모무치(母戊觶)의 글꼴

먼저 조상, 즉 남성의 숭배대상들이 지닌 신위에 대해서는 앞서 살펴본 바 있다. 여기서는 이제 진행되는 기술이 동일한 맥락 속에서 이루어지도록 하기 위해, 이들이 지녔던 신위를 다시 간략하게 정리할 필요가 있다.

상 왕실의 조상들, 즉 남성의 숭배대상들은 황하, 산악, 흙의 신 그리고 상제와 함께 상 왕실에 구체적 신위를 지닌 채 영향력을 행사하던 존재들이었다. 이들이 지닌 신위는 날씨류의 경우 '비를 내려줌', '비를 구하는 대상이 됨', '비로 화를 줌', 농업류의 경우 '풍년 기원', 정치류의 경우 '왕에게 해를 줌' 또는 '묻는다. 공방의 공격 행위를 상갑에게 고하는 제사를 지낼까?'의 내용에서처럼 전쟁에서 구체적으로 도움을 주는 것이었다. 정리해보면 조상, 즉 남성 숭배대상들은 날씨류, 농업류, 정치류 등의 영역에서 신위를 발휘하면서 숭배되고 있었다. 그렇다면 여성 숭배대상들, 즉 조상들의 배우자들이 지닌 신위 영역은 어떤 특징을 지니고 있었을까? 내용을 살펴보자.

우선 무정 시대에 상 왕실은 자신들의 직계조상들이 취한 아내들,

즉 비(妣)[22]들에게도 법적 배우자의 지위를 주었다.

비(妣), 청동기 석중작생비격(石仲作生妣鬲)의 글꼴

비(妣), 청동기 소명박(素命鎛)의 글꼴

이들 법적 배우자들은 신위가 있었으며, 그로 인해 무정 시대에 상 왕실은 직계혈족의 조상들에게 제사를 지냄과 동시에 그들의 법적 배우자들에게도 제사를 바쳤다. 이들은 상 왕실의 혈통을 이어주는 중요한 역할을 하던 존재들이었으며 이러한 특성은 그들이 지닌 신위를 통해 잘 드러난다. 이제 갑골문 기록을 통해 그 내용을 살펴보자. 먼저 이들 법적 배우자들이 지닌 신위 중에 가장 두드러진 것은 상 왕실이 사내아이를 얻도록 하는 것이다.

잔(孱), 청동기 묘잔정(廟孱鼎)의 글꼴

- 경자일에 점복을 하면서 정인 각이 묻는다. 무정의 아내 부호가 아들을 임신했나? (庚子卜, 殼貞 : 婦好有子?) (합13926)
- 신축일에 점복을 하면서 정인 각이 묻는다. 조상의 배우자 비경에게 아들을 기원하는 축원의 제사를 지낼까? (辛丑卜, 殼貞 : 祝于妣庚?) (합13926)

위의 두 갑골문 내용은 하나의 갑골판에 새겨져 있어 당시 상황을 대비적으로 살펴볼 수 있다는 점에서 사료적 가치가 높다. 무정의 아내 부호(婦好)가 임신을 했는데, 아들인지 아닌지 궁금해 하면서 조상의 배우자 비경(妣庚)에게 아들을 낳도록 돕는 제사를 지내야 할까를 질문하고 있는 것이다. 여기서 얻을 수 있는 문화적 정보는 크게 두 가지이다. 하나는 왕이 아들을 낳기를 원하고 있다는 점이다. 다른 하나는 왕실 조상의 배우자가 후손이 아들을 낳게 도울 수 있는 신위를 지녔다는 것인데, 아들을 낳게 하는 신위는 다른 남성 조상들이 구비하지 못한 것이다. 이들 법적 배우자들의 신위는 또 구체적인 질병을 치료하는 데에도 관련이 있다. 다음 내용을 보자.

- 묻는다. 발에 병이 생겼는데 비경에게 병을 몰아내는 제사를 지낼까? (貞 : 疾趾, 于妣庚禦?) (합13689)
- 임술일에 점복을 하면서 정인 고가 묻는다. 허리 병을 몰아내는 제사를 조상의 배우자 비계에게 지낼까? (壬戌卜, 古貞 : 禦疾腰妣癸?) (합13675정)
- 조상의 배우자 비경이 왕의 질병을 고쳐줄까? (己未卜, 古貞 : 妣庚龍王

疾?) (합13707정)

　내용에서 보듯이 법적 배우자들은 다양한 질병을 치료할 수 있는 신위를 지니고 있는데 이 역시 다른 남성 조상들의 신위에서는 볼 수 없다. 크게 비교되는 것은 이들 법적 배우자들의 신위는 보다 구체적이고 사소하기까지 하다는 점이다. 그러나 법적 배우자들이 아들을 낳는다거나 병을 고치는 등의 양육과 치료의 이미지만 지닌 것은 아니다. 다음의 내용에서 보듯이 이들도 때로는 거친 신위를 행사하기도 했다.

　• 묻는다. 혀의 질병이 조상의 배우자 비경으로부터 해를 받은 것인

　　가? (貞 : 疾舌壱于妣庚?) (합13635)

　특이한 것은 다른 조상들의 신위와 달리 법적 배우자들의 신위가 특정 신체부위와 연결되는 등 매우 구체적이라는 점이다. 법적 배우자들의 신위가 부정적일 수 있는 점은 다음의 정치류 신위에서도 나타난다.

　• 묻는다. 조상의 배우자 비임이 상 왕에게 화를 입히지 않을까? (貞 :

　　妣壬弗禍王?) (합813)

　• 묻는다. 조상의 배우자 비임이 상 왕에게 화를 입힐까? (貞 : 妣壬禍

　　王?) (합813)

　그런가 하면 법적 배우자들은 개별적으로 신위를 구사하기도 하지만 때론 집단으로 신위를 행사하기도 한다.

- 묻는다. 많은 조상의 배우자들이 상 왕에게 해를 줄까? (貞：多妣祟王?) (합685정)

- 묻는다. 많은 조상의 배우자들이 상 왕에게 해를 주지 않을까? (貞：多妣弗祟王?) (합685정)

법적 배우자들이 집단으로 나타나고 있는 현상은 남성 조상들 역시 '상갑으로부터 그 이하의 모든 조상(자상갑지우육自上甲至于毓)'의 기록에서 보듯이 집단으로 표현되고 있기 때문으로 보인다.

이상에서 보는 것처럼 법적 배우자들이 지닌 신위는 크게 볼 때 남성 조상들이 지닌 신위와 잘 구별된다. 가장 크게 다른 점은 날씨나 농업 생산과 관련한 신위는 전혀 없어, 이들 남성 조상의 법적 배우자들이 당시의 경제활동과는 그리 적극적인 관계가 없었다는 점이다. 조상들의 법적 배우자들의 신위는 주로 아들을 낳는 것이나 의술과 관련된 분야에 머물고 있다. 또 정치적인 영향력이라고 볼 수도 있는 왕에 대한 영향력 역시 전쟁 등과는 달리 왕 개인의 건강과 안위에 대한 것으로서, 이는 다른 조상들의 신위와 구별된다.

반면에 남성 조상들의 경우는 이들 배우자의 신위 영역과 겹치지 않고 있다. 이로써 상대 당시에 왕실에서의 남성 조상과 배우자의 주술적 분업이 비교적 분명하게 이루어지고 있음을 알 수 있다. 이러한 현상은 아마도 생전에 관여하는 행위 특성과 관계가 있을 것이다. 그러나 상대 당시 여성이 사회적 역할에 있어서 분명한 자기 지분을 지니고 있었다는 점은 분명하다. 또 여성의 지위 역시 남성과 대등한 관계에 있었음도 확인된다.

이러한 점은 무정 시대 이후 조갑 때에, 상 왕실의 남성 조상들에 대한 제사가 정비되면서 수많은 비혈족 조상들이 제사 대상에서 제거되고 있는 상황에서도 배우자들의 제사는 이어지고 있는 현상만 보더라도 분명해진다. 비직계혈족들의 제사와 자연숭배물, 심지어 상제까지 제거한 조갑 당시의 상황을 고려해볼 때, 법적 배우자들의 제사를 존속시키고 심지어 새로운 제례문화인 오종제사에까지 편입시키는 모습은, 유교문화 속에서의 남녀 위상 문제의 기원을 살펴보는 측면에서 의미를 부여해야 하는 대목이다.

이번에는 조갑 때의 오종제사 속에서도 건재했던 조상의 법적 배우자들에 대한 제사 상황을 살펴보도록 하겠다. 앞서 살펴보았듯이 조갑은 상 왕실의 매일매일의 일과가 오종제사라는 제례적 행위를 통해 진행되도록 했다. 그리고 오종제사의 대상은 기본적으로 조상들 즉, 남성 숭배 대상자들이었다. 그런데 흥미로운 것은 이 오종제사 안에 조상들의 배우자들도 함께 포함되고 있었다는 점이다. 그러나 조상들에 대한 제례와 구별되는 부분이 있다. 이들 배우자들의 경우 반드시 조상들과 함께 제례의 대상으로 등장하고 있지 않은데, 이는 조상들이 단독으로 나타나고 있는 경우와 구별된다. 다음의 갑골문을 보자.

- 기축일에 점복을 하면서 정인 행이 묻는다. 왕이 친히 조상 옹기의 혼령을 맞으며 악기를 사용하는 제례를 지내면 화가 없을까? 12월에. (己丑卜, 行貞 : 王賓雍己乡, 亡尤? 在十二月.) (합22816)
- 갑진일에 점복을 하면서 정인 행이 묻는다. 왕이 친히 조상 전갑의 혼령을 맞으며 악기를 사용하는 제례를 지내면 화가 없을까? 12월

에. (甲辰卜, 行貞 : 王賓夐甲彡, 亡尤? 在十二月.) (합22816)

- 갑진일에 점복을 하면서 정인 행이 묻는다. 왕이 친히 조상 조신과
  배우자 비갑의 혼령을 맞으며 악기를 사용하는 제례를 지내면 화
  가 없을까? (甲寅卜, 行貞 : 王賓祖辛夾妣甲彡, 亡尤?) (합22816)

위의 갑골문은 법적 배우자의 신분이 오종제사 내에서 어떻게 확보
되고 있는지를 확인할 수 있는 중요한 기록이다. 우선 내용을 보자. 기
축일에는 조상 옹기, 갑진일에는 조상 전갑에 대해 각각 제사를 진행
하고 있다. 그리고 이들 조상들의 경우 법적 배우자가 함께 제사를 받
고 있지는 않다. 그러나 갑인일에 보이는 조상 조신의 제사 때에는 그
의 배우자 비갑에 대해서도 제사를 진행하고 있다. 기축일, 갑진일, 갑
인일 모두 악기를 사용하는 팽(彡) 제사가 진행되고 있어서 제사의 종
류와 법적 배우자의 등장은 그다지 관련이 없었다. 그렇다면 차이는
무엇인가?

다른 점은 기축일의 옹기, 갑진일의 전갑 모두 소종들이라는 것이다.
반면에 갑인일의 조신은 대종, 즉 직계혈족 조상이었다는 점이다. 앞
에서 상세하게 다루었지만 조갑 당시 오종제사 속에 등장하는 조상은
모두 30명이었다. 그 중에서 직계는 모두 열다섯으로 상갑, 보을, 보병,
보정, 시임, 시계, 대을, 대정, 대갑, 대경, 대무, 중정, 조을, 조신, 조정
등이다. 위의 갑인일에 등장한 조신 역시 그 중의 하나이다. 즉 배우자
들에 대한 제례는 이들 직계들에게만 해당되었다. 때문에 대종 열다섯
에 대해서는 배우자들에게도 제례를 진행했지만 나머지 방계, 즉 소종
의 경우엔 배우자에 대한 제례를 생략하고 있다. 이 점은 소종 조상도

오종제사 안에서 제례의 대상이 되던 상황과 대비된다.

이 책은 유교문화 속의 남녀 위상 형성의 초기 과정을 이해하려는 의도를 가지고 있다. 때문에 법적 배우자가 제사 대상이 되기도 하고 배제되기도 하는 이 상황을, 필자는 다음과 같이 해석하고자 한다. 우선 조갑이 제례 변혁을 통해 상 왕실 조상들의 위상을 강화하는 과정에서 그 배우자들의 위상을 유지하고 있는 사실은, 오종제사를 통해 우주적 시간 속에서 상 왕실과 교류하는 존재가 남성 조상들뿐 아니라 그 배우자인 여성들도 해당된다는 점을 잘 설명하고 있다. 이러한 상황은 당시 자연물에 대한 숭배, 심지어 상제에 대한 숭배마저 배제된 상황에서, 조상과 함께 제례의 대상이 되고 있는 배우자들의 위상이 약하지 않음을 역설하고 있다. 하지만 소종의 배우자들은 제례에서 제외시키고 있다. 오종제사를 통해 1년이라는 시간의 순환 속에서 상 왕실을 우주적 시간과 연결 지으려는 조갑의 계획 속에 방계, 즉 비직계 조상들의 배우자는 빼놓고 있었던 것이다.

이상의 상황을 종합해보면, 상대 당시 여성의 역할은 사회적 분업을 통해 확보되고 있었다. 또한 특성적인 면에서는 조상들과 구별되지만 종교문화적 측면에서는 여전히 신위를 지닌 숭배대상이었다는 점도 드러난다. 또 조갑의 제례 혁명 속에서 다른 모든 숭배대상들이 도태되었지만, 조상의 배우자들이 건재했다는 점은 당시 여성의 위상이 나름대로 확보되었음을 의미한다. 단지 배우자들에 대한 제례가 직계에만 국한되고 있던 것으로 볼 때, 상대에 이미 남성과 여성의 위상에 차별이 싹트고 있었다.

이번에는 일반적인 상황에서 상대의 남녀 위상 차이에 대해 살펴본다. 앞서 아들을 낳기 위한 법적 배우자들의 신위에서도 확인했지만 상 왕실은 확실히 아들을 선호하고 있었다. 이런 측면에서 이번에는 아들의 분만과 관련한 기록을 살펴보자. 먼저 다음의 갑골문을 보자.

• 묻는다. 부호가 분만하는데 장차 경사스럽지 않을까? (貞 : 婦好娩, 不其嘉?) (합6948정)

위의 내용은 갑골문에서 분만과 관련해 흔하게 볼 수 있는 내용으로서, 핵심어는 '분만(娩)'과 '경사스럽다(嘉)'이다. 갑골문에서는 이 두 핵심어를 가지고 왕의 여러 배우자들이 분만할 때 경사스러운 상황일까를 점치는 내용이 많다. 그렇다면 경사스러운 경우는 어떤 상황을 말하는가? '합14002정'의 오른쪽에 새겨진 다음의 갑골문을 보자.

합14002정, 남녀차별과 아들 선호사상의 출발을 알리는 기록

- 갑신일에 점을 치면서 정인 각이 묻는다. 부호가 분만을 하려는데 경사스러울까? 왕이 점괘를 보며 말한다. 오직 정일에 분만을 하면 경사스러울 것이다. 오직 경일에 분만을 하면 대단히 길할 것이다. 삼십일 그리고 하루가 지난 갑인일에 분만을 하면 경사스럽지 않을 것이다. 반드시 딸일 것이다. (甲申卜, 殻貞: 婦好娩, 嘉? 王占曰, 其惟丁娩, 嘉. 其惟庚娩, 弘吉. 三旬又一日甲寅娩, 不嘉, 惟女.) (합14002정)

내용에서 보듯이 분만의 결과가 경사스러울 상황은 아들을 낳았을 때이다. 딸을 낳았을 경우에 대해서는 '정말' '특별히'의 의미를 지닌 부사어 '유(惟)'를 사용하고 있는데 당시 아들 선호에 대한 조바심을 엿볼 수 있다. 이번에는 같은 갑골편 좌측에 새겨진 내용을 보자.

- 갑신일에 점을 치면서 정인 각이 묻는다. 부호가 분만을 하려는데 장차 경사스럽지 않을까? 삼십일이 그리고 하루가 지난 갑인일에 분만을 했는데 과연 경사스럽지 않았다. 정말 딸이었다. (甲申卜, 殻貞: 婦好娩, 不其嘉? 三旬又一日甲寅娩, 允不嘉, 惟女.) (합14002정)

이 내용에서는 '과연(윤允)'의 표현을 통해 딸이 태어난 데 대한 실망감을 표출하고 있다.

호(好), 청동기 부호부(婦好瓿)의 글꼴

이러한 이해는 갑골문 속 여성과 아들의 합성을 통해 이루어진 호(好) 글꼴도 근거로 한 것인데, 일반적으로 이야기되어지는 남성 선호의 증거와 함께 상대 당시 남녀 위상이 어떠했는가를 엿보게 한다. 또 잠시 뒤에 소개할 '처(妻)'의 자형을 부수로 하는 글꼴에서는 부(父)가 아내를 통제하고 있는 상황을 파악할 수 있다. 이 역시 당시 남녀 위상과 관련해 이해의 지평을 넓혀준다.

아버지와 아들, 그리고 정치

이번에는 유교문화에서 중요하게 다루고 있는 부자관계의 뿌리를 살펴보기로 한다. 부자관계는 4장에서 다룰 종법제도 관련 상황에서도 중요한 역할을 하고 있는 만큼, 그와 관련한 초기의 문화 형태를 갑골문을 통해 확인해둘 필요가 있다.

유교문화의 뼈대를 형성하고 있는 인간관계의 내면에는 엄격하고 다양한 질서가 자리하고 있다. 그리고 이 질서 속에는 하나의 독특한 기축 관계가 중심을 이루고 있다. 그것은 부자관계, 바로 아버지와 아들의 관계이다.

《예기》에서 주장하는 세 가지 핵심 관계는 부자(父子), 군신(君臣), 장유(長幼)의 관계이다. 《맹자》에서 제기한 다섯 가지의 핵심 덕목 중 첫 번째는 '부자유친(父子有親)'이다. 《백호통》에서 강조한 세 가지 관계는 군신(君臣), 부자(父子), 부부(夫婦)의 관계이다. 이들 기록 외에도 《상서》, 《좌전》 등 수많은 유교 문헌들에서 유교문화의 중심축이 부자관계에 있음을 강조하고 있는 내용들을 어렵지 않게 찾아볼 수 있다. 특히 다음과 같은 내용들은 유교문화에서 혈족으로서의 부자관계가 얼마나 중시되고 있는지를 잘 보여준다.

- 자신의 친족들이 아닌 경우 그 (충성하는) 마음은 반드시 다를 것이다. (非我族類, 其心必異.)《좌전》
- 자신의 혈족 혼령이 아닌데 제사를 하는 것은 아첨하는 것이다. (非其鬼而祭之, 諂也.)《논어》

유교문화에서 강조되고 있는 친족관계, 특히 부자관계의 중요성은 언제부터 강조되기 시작한 것일까? 이제 이 문제를 상대 갑골문을 통해 살펴보기로 하자.

갑골문에서 부(父)는 '상 왕실의 아버지'라는 의미로 사용되고는 있으나 살아있는 존재로서의 아버지는 아니었고 죽은 뒤의 조상으로서 선친의 의미로 사용되고 있다. 때문에 조갑 당시에 부(父)로 지칭하는 인물은 바로 그의 아버지 무정을 의미하게 된다. 즉 부(父)는 단지 혈족관계를 특정 짓는 명칭으로만 사용되었을 뿐이어서 부(父)가 살아생전에 어떠한 역할을 하고 있는지에 대해서는 확인하기 어렵다. 물론 갑골문에는 왕의 역할에 대해서 확인할 수 있는 기록들이 많다. 조갑이 보여주었던 '제례 대상 혼령을 인도하는(왕빈王賓)' 등의 역할이 대표적이다. 그리고 아래 소개하는 갑골문 등에서는 왕의 정치적인 통솔 행위를 살필 수 있다.

- 정해일에 묻는다. 왕이 廚에게 𣂑 종족의 장정들을 통솔하여 소방을 정벌하도록 명령하면 (조상들의) 도움을 받을까? (丁亥貞：王令廚衆𣂑伐 召方, 受祐?) (합31974)

이러한 내용은 왕이면서 아버지인 존재가 종교적으로나 정치적으로 힘을 지니고 있음을 나름대로 보여준다. 하지만 상대 당시 부(父)의 일반적 역할을 모두 보여주지는 못하고 있다. 이러한 한계는 갑골문 부(父)의 자형과 그와 관련한 다양한 글꼴들을 분석해 봄으로써 어느 정도 극복될 수 있다.

그림에서 보듯이 갑골문 부(父)의 자형은 손에 지휘하기 위한 막대를 들고 있는 형태로 보인다. 하지만 이는 갑골문의 서각 특성상 상세한 묘사가 어렵게 때문에 빚어진 것이다. 하지만 상대 당시의 글꼴을 보다 섬세하게 관찰할 수 있는 청동기 글꼴을 통해 보면 실제로는 손에 불씨 또는 도끼를 든 모습임을 알 수 있다. 불씨는 제례를 위해 혈족 내에 전해지는 성스러운 불을 의미하고, 도끼는 정치적 지휘권을 상징한다. 결국 부(父)의 글꼴은 혈족 내에서 종교적 또는 정치적 권한을 행사하는 인물을 가리킨다.

부(父), 손에 지휘막대를 들고 있는 갑골문 글꼴

부(父), 손에 도끼 또는 횃불을 든 모습을 담은 청동기 글꼴

그러나 부(父)의 역할은 이에 그치지 않는 듯하다. 현재 상대 갑골문에서 확인할 수 있는 부(父)와 관련된 글꼴들은 약 10여 개 존재한다. 그리고 이들 글꼴들은 대부분 회의문자이다. 그런가 하면 대부분 후대 한자로 연결되지 않고 있는데, 이는 이들 글꼴들이 당시에는 나름대로 의미 전달의 역할을 했으나 시대를 지나면서 도태된 것으로 볼 수 있다. 이러한 까닭에 부(父)의 자소를 지니고 있는 이들 글꼴들을 통해 당시 부(父)의 역할이 어떠했는지를 보다 구체적으로 파악할 수 있게 되었다. 이제 하나하나 살펴보자.

상대 당시 부(父)의 역할이 무엇인가를 가장 잘 나타내는 문자는 교(敎)의 갑골문이다. 그림은 부(父)와 두 개의 교차된 획으로 구성되어 있다. 이 두 개의 교차된 획은 당시의 문자, 또는 기록을 의미하는 데 사용하던 글꼴로 효(爻)에 해당된다. 그러면 부(父)는 당시의 문자와 기록을 어떻게 다루고 있다는 것일까? 글꼴에 그 해답이 나와 있다. 글꼴에는 효(爻) 아래에 아들 자(子)가 보인다. 상대 당시의 자(子)는 단순한 아들이 아니라 왕실에서 특별관리를 하는 왕실의 사내아이들 집단이었다.[23] 그리고 이 왕실 사내아이들에게 문자와 기록을 가르치는 일을 하는 사람이 바로 부(父)였다는 사실을 이들 글꼴들은 보여주고 있다.

교(敎)

교(敎)의 생략형

교(敎)의 생략형

효(爻) 글자를 나타내는 글꼴

이런 문화적 맥락을 근거로 이번에는 아내와 관련된 글꼴을 살펴보자. 처(妻) 자를 부수로 하는 다음과 같은 자형은 당시 부(父)가 아내에 대한 지휘권을 갖고 있음을 보여준다는 점에서 흥미롭다. 그런가 하면 첩(妾)을 부수적인 자소로 하는 자형을 통해 부가 노예 여성들에 대한 통제권도 지니고 있음을 보여준다.

처(妻)+부(父)의 글꼴
여성(지도자)이 남성 족장의 통솔을 받고 있음을 시사하는 글꼴

첩(妾)+부(父)의 글꼴
아내 처와 달리 머리 부분에 작은 칼날 신(辛)이 첨부되어 있음.
포로 출신의 여성(배우자)이 남성 족장의 통솔을 받고 있음을 표현한 글꼴

　이번에는 부(父)가 집안 내의 경제적 책임과 권한을 지니고 있는 존재라는 것을 보여주는 글꼴들을 보기로 하자. 글꼴 안에는 곡물 창고를 의미하는 름(廩)의 초문이 들어 있는데, 가을걷이가 끝난 뒤의 낟가리를 쌓아놓은 모습이다. 즉 전체적으로 볼 때 이 자형은 당시 부(父)가 농업 생산물들에 대한 관리와 소유권을 갖고 있음을 보여주는 중요한 기록이다. 또 그림 안에는 쌓을 저(宁)의 초문이 포함되어 있다. 저(宁)는 양쪽에 손잡이가 달린 궤짝의 상형문으로, 그 관리 책임이 부(父)에게 있음을 보여주는 글꼴이라 하겠다. 이 글꼴은 당시 재물의 관리가 아버지, 즉 부(父)에게 속해 있음을 알려주는 중요한 상징체계이다.

름(廩)의 초문
낟가리를 쌓아두고 지붕을 해둔 모습

부(父)+름(廩)의 글꼴
남성 족장이 곡물창고를 관리하고 있음을 나타냄

부(父)+저장할 저(宁)의 초문이 함께 있는 글꼴
남성 족장이 재물을 관리하고 있음을 나타냄

저(宁)의 초문
궤짝과 양쪽의 손잡이 모습

그런가 하면 여러 개의 주머니가 줄에 묶여 있는 듯한 글꼴이 부(父)와 함께 있는 모습도 특이하다. 이 여러 개의 주머니 모습은 묶을 속(朿)의 또 다른 형태로 볼 수 있는데, 농산물이나 채집물을 저장하고 있는 상태를 보여준다. 결국 이러한 글꼴은 상대 사회구성원들 사이에서 남성인 부(父)가 집안의 경제적 대소사를 관장하는 존재로 인식되고 있음을 알려준다는 면에서 의미가 있다.

묶을 속(朿)+부(父)의 글꼴
남성 족장이 곡물 또는 육류의 재화를 관리하는 모습을 나타냄

묶을 속(束)
물건들이 볏짚 등으로 묶여 있는 모습

묶을 속(束)의 생략형

그런가 하면 계(啓)의 초문은 집의 입구를 의미하는 호(戶)의 모습을 지니고 있다. 여기서 호(戶)는 집이라는 건축물 전체를 나타내는 상징으로 볼 수 있다. 따라서 자소 부(攵)를 포함하고 있는 계(啓)의 갑골문 초문은 부(攵)가 집안 내의 경제적, 물리적 상황에 대한 전반적인 책임과 권한도 지니고 있는 존재임을 포괄적으로 드러내는 글꼴이다. 이러한 설명을 뒷받침하는 글꼴은 건축물을 의미하는 면(宀) 안에 부(攵)가 들어 있고 화살표가 포함되어 있는 것이다. 이 글꼴은 무엇을 상징하고 있을까?

열 계(啓)
남성 족장이 집의 건설과 수리를 담당하고 있음을 나타내는 글꼴 일반적으로 고대문화 속에서 특정 종족 집단이 특별한 실내공간을 제례라는 퍼포먼스를 통해 신성한 장소로 구별하는 모습은 낯설지 않다. 고대문화의 이미지들 속에 감추어진 종교적 상징을 연구했던 미르치아 엘리아데에 의하면, 집은 우주와 상응하는 우주 전체의 중심[24]이다. 미르치아의 견해는 상대 갑골문에서 면(宀)을 자소로 하는 거의 모든 갑골문 글꼴들이 모두 제례와 관련되어 있는 이유를 종교문화적 측면에서 잘 설명하고 있다.

예를 들어 제례 공간 종(宗)은, 제례 공간을 상징하는 면(宀) 아래에 제단을 의미하는 시(示)가 들어 있는 글꼴로 구성되어 있다. 이 글꼴은 면(宀)이 단순히 거주하는 집이 아님을 잘 보여준다. 또 아래를 향해 움직이는 듯한 화살표가 담긴 글꼴은, 글꼴의 배치로 볼 때 그 의미가 불분명하긴 하지만 부(父)의 통제 또는 관리를 받고 있는 듯한 모습이 틀림없다. 또 건축물을 의미하는 면(宀) 안에 부(父)가 들어 있고 발 지(止)가 들어 있는 글꼴도 있다. 이 글꼴 역시 명확한 의미와 쓰임새는 파악하기 힘들지만 전체적으로 부(父)가 집안 내에서 책임과 권한을 지닌 존재라고 보는 데 무리가 없다.

남성 족장의 역할을 짐작할 수 있는 글꼴. 현대 한자로 연결되지 못했음

종(宗). 제단이 건물 안에 위치함

남성 족장의 역할을 짐작할 수 있는 글꼴. 현대 한자로 연결되지 못했음

이 밖에 부(父)에게 통제를 받고 있는 대상으로 구성된 아래 그림과 같은 글꼴도 있는데 그 대상은 사람 인(人)과 유사하다. 그러나 '사람 인' 글꼴의 중간에 있는 짧은 선이 무엇을 의미하는지 현재로서는 파악이 되지 않는다. 어떤 특정한 계층, 혹은 특정한 사람을 의미하는 것으로도 볼 수 있다. 결국 이 글꼴도 부(父)가 또 다른 책임과 권한을 갖고 있음을 설명해준다.

부(父)+사람 인(人)의 변형 글꼴
남성 족장의 역할을 짐작할 수 있는 글꼴

이번에는 아들 자(子)의 글꼴을 살펴보자. 상대 갑골문에서 확인할

수 있는 자(子)의 글꼴은 어린 사내아이가 강보에 싸여 있는 모습이다. 그래서 하체 부분이 하나의 선으로 되어 있다. 그러나 갑골문에 보이는 자(子)는 단순하게 어린 아이의 성별을 구별하는 데 사용되는 문자가 아니다.

아들 자(子)

성인 여성을 의미하는 여(女)가 어린 여자아이를 뜻하는 경우에도 사용되고 있기에 이런 상황은 특이하다. 또 이러한 경향은 주대의 청동기에도 지속되고 있다. 상대의 자(子)는 왕실의 보호를 받는 특별한 계층이다. 때문에 갑골문이나 청동기 문자에 보이는 자(子)는 상 왕실과 혈족관계에 있는 귀족의 아들에 대한 존칭이 된다.[25] 다음의 갑골문 자형을 보자.

보호할 보(保) 이체

이 자형은 보호할 보(保)의 최초 모습이다. 글꼴의 왼쪽에는 '사람

인'이 있는데 이 글꼴은 왕실에 의해 양육되고 있는 귀족 자제의 특수한 상황을 나타내고 있다. 왕실에 의해 구별된 사내아이의 가치는 자(子)와 실타래 요(幺)의 자소를 통해 만들어진 손자 손(孫)의 자형을 통해서 더욱 강화되고 있다.

손자 손(孫)

즉 현대 한자 문화권에서 후손이라는 의미로 사용되고 있는 손자 손(孫)은 문자 형성 초기에 이미 '구별된 사내아이'라는 자격 조건을 담고 있었던 것이다.

이들 사내아이들은 필요한 교육을 받아야 했는데 이러한 상황을 담고 있는 것이 바로 앞서 언급한 바 있는 가르칠 교(敎)의 갑골문이다. 교(敎)와는 조금 다르지만 아들 자(子)는 왕실의 활동기록 또는 왕의 명령이나 제례 때의 축문을 기록한 책(冊)을 배우고 익혀야 했다. 이러한 모습은 관련 자형을 통해 확인된다.

이 글자는 상대 갑골문에서 제사의 명칭으로 사용되고 있다. 그 제사의 내용이 무엇인지에 대해서는 아직 확정된 설이 없으나 자형 안에는 큰 대(大)와 책 책(冊)이 아들 자(子)의 자소와 함께 들어 있어 이 문자의 내용을 살펴볼 수 있다. 고대문자학에서 큰 대(大)의 자소와 사람 인(人)의 자소는 수시로 호환이 되는 글꼴인데, 큰 대(大)와 아들 자(子)

를 함께 배치한 이유는 이 글꼴이 사내아이가 아닌 성인 남자가 참여하고 있는 상황임을 나타내기 위해서다. 즉 상 왕실의 보호를 받는 귀족 아이들이 성인과 함께 참여하는 제례인 것이다. 그런가 하면 입 구(口)가 더 들어 있는 글꼴도 있는데, 책에 기록된 축문의 내용을 함께 읽는 정황을 묘사하는 것으로 생각할 수 있다.

가르칠 교(敎)

보호할 보(保)+책(冊) 글꼴
보호되어야 할 아들과 기원에 대한 내용을 담은 책이 합쳐진 글꼴

아들 자(子)+큰 대(大)+입 구(口)+책(冊)
보호되어야 할 아들에 대한 내용과 기원 내용을 담은 책이 합쳐진 글꼴.
입 구(口)는 기원의 내용이 기술되고 있음을 의미

어쨌든 이들 글꼴은 상 왕실의 귀족 자제들이 특수한 환경 속에서 생활하고 있음을 잘 보여준다. 이 밖에 아들 자(子)와 쟁기의 상형문인 힘 력(力)이 함께 있는 글자를 상대 갑골문에서 발견할 수 있다. 이는

밭 전(田)과 쟁기의 상형문인 힘 력(力)으로 이루어진 사내 남(男)의 글꼴이 갑골문에서 정확하게 어떤 의미로 사용되고 있는지 알 수 없는 상황[26]에서, 당시 사회의 문화적 면모를 전달하고 있기에 의미가 있다. 즉 이 글꼴은 상 왕실의 귀족 자제인 자(子)가 농업 생산과 관계된 상황까지 익히고 있다는 점에서 흥미롭다.

아들 자(子)+쟁기 력(力)의 합성 글꼴
왕족의 후예가 농업 생산의 풍작을 기원하는 제례에 참가한 모습

상 왕실에 의해 특별관리되던 귀족 자제인 자(子)는 하나의 독립된 집단을 형성하고 있었다. 상대 갑골문에는 이들 독립집단이 자족(子族)으로 표현되고 있다. 다음의 갑골문을 보자.

• 무오일에 점복을 한다. 정인 ㈛이 (묻는다)… 어머니 모병에게 도움을 청하는 ㅂ 제례를 지낼까? (戊午卜, ㉒, ㅂ母丙?)
• 무오일에 점복을 한다. 정인 ㈛이 (묻는다)… 자족의 조상에게 도움을 청하는 ㅂ 제례를 지낼까? (戊午卜, ㉒, ㅂ子族?) (합61)

위의 갑골문에는 두 가지 내용이 담겨 있다. 하나는 귀족 자제들인 자(子)가 집단을 이루고 있다는 점과 그들의 조상들이 제사의 대상이 되고 있다는 점이다. 즉 자(子)는 상 왕실에 의해 보호되고 관리되지만

또 독립적으로 생활하고 활동하고 있었던 것이다.

그리고 이들 자(子)는 집단으로 활동하고 있었다. 다음의 갑골문에서 그 내용을 확인할 수 있다.

- ···자족의 많은 구성원들이 사슴을 추격하면 잡을 수 있을까? (···多
  子逐鹿, 獲?···)(합10386정)

그런가 하면 당시에는 여러 종족들이 상 왕실의 자(子) 집단을 모방해 자신들만의 자(子) 집단을 꾸려가고 있었다. 이러한 내용은 자(子) 앞에 종족의 명칭을 써넣어 자족들의 소속을 밝혀두고 있는 갑골문 기록을 통해 확인할 수 있다. 다음의 내용을 보자.

- 묻는다. 내일 을묘일에 아버지 부을에게 도움을 구하는 유 제사를
  지내라고 자어에게 명할까? (貞 : 翌乙卯, 呼子漁侑于父乙?) (합2977정)
- 묻는다. 소 한 마리를 제물로 아버지 부갑에게 도움을 구하는 유
  제사를 지내라고 자역에게 명할까? (貞 : 呼子亦祝一牛侑父甲?) (합672
  정)

결국 '자(子)+종족 명칭'은 한 개인의 명칭이 아니라 종족 집단의 명칭이며 동시에 종족의 족장이기도 한 것이다. 현재 필자는 갑골문을 통해 이러한 어휘 약 38개를 확인했다. 그러니까 당시에 적어도 38개의 종족 집단에서 자족을 운영하고 있었다고 볼 수 있다. 갑골문에서

는 이들 다양한 자족 집단을 통틀어 다자족(多子族)이라 부르기도 했는데, 이는 글자 그대로 자족들의 집단이라는 의미가 된다.

자족들의 집단행동 유(游). 중산우정(中山王鼎)

자족들의 집단행동 유(游). 중요문정(仲游文鼎)

자족들의 집단행동 유(游). 부을유(父乙卣)

자족들의 집단행동 유(游). 보행이 아닌 마차 사용을 강조. 걸유(桀卣)

다음의 갑골문을 보자.

• 왕족이 여러 자족들을 도울까? (王族爰多子族?) (南北 明 224)

상 왕실이 여러 자족들을 돌보고 있는 정황을 담은 이 기록은, 상대의 여러 종족이 고유한 자(子) 집단을 운영하면서 상 왕실과 정치적, 사회적 관계를 이루고 있었음을 잘 보여준다.

이상을 종합해보면, 부(父)는 종교, 경제, 사회적 측면에서 강한 정치적 영향력을 소유하고 있는 존재였다. 그리고 이러한 정치적 영향력은 다시 선택된 아들에게 전해지는데, 특히 아들들을 집단으로 관리하고 교육하는 과정을 통해 전수되고 있었다. 여성, 특히 어린 여성이 배제된 그 교육에는 문자기록의 전수, 제례, 사냥, 농업 등 다양한 분야가 포함된다. 결국 상대 사회의 정치적 힘은 부(父) 세대로부터 엄밀한 교육과정과 실제적 체험을 통해 자(子) 세대로 전수되고 있었던 것이다.

상대 갑골문을 통해 살펴볼 수 있는 부자관계 관련 기록들을 통해 꼭 확인해야 하는 것 중의 하나는 정치적, 경제적, 사회적 의미에서 딸과의 관계가 보이지 않는다는 점이다. 이러한 정황은 남과 여가 사회조직의 맨 밑바탕을 형성하고 있다는 점에서 딸이 제외된, 다시 말해 여성의 역할과 위상이 제한된 형태는 해당 사회가 차별적 상황에 있었음을 설명한다. 이러한 차별적 사회구조는 유교문화 속의 남녀차별의 시원을 어디서 찾아야 하는가의 문제를 풀어가는 데 있어 의미심장한 단서로 남는다.

4장
주족(周族)의 조상, 정치의 중심에 서다

주나라 때에 등장한 천(天) 또는 천명 의식은

상나라 때 존재하던 천(天), 즉 상나라의 위상을 강화하기 위해 사용된

한정어로서의 천(天)으로부터 확대된 파생의 아이디어였던 것이다.

혈통 숭배의 계승

상 왕실에서 주 왕실로 통치의 주체가 바뀌던 역사적 상황에 대해서는, 이때가 유교문화의 외형적 틀이 완성되고 있는 시대라는 측면에서 단순한 정치세력의 교체가 아니라 문화사적인 각도에서의 이해가 필요하다. 특히 종교문화적 측면에서 당시의 정치적 변환이 어떠한 맥락 속에서 진행되었는가를 살펴보는 일은, 유교문화의 기원을 탐색하려는 이 책의 성격상 매우 중요하다.

역사적 입장에서 흔히 이 시기를 정치세력의 교체기로만 보는 것이 지금까지의 일반적인 연구 태도였다. 정치적 주도세력이 일종의 제로섬 과정을 거쳐 단층적으로 자리를 맞바꾸고 있는 것처럼 이해하고 있는 것이다. 하지만 갑골문과 청동기 기록을 들여다 볼 때 기존의 이해는 역사의 참 얼굴을 간과하고 있다. 당시 상나라를 정복한 것은 주나라였지만, 주 왕실의 정치를 안정시킬 수 있었던 정치적 노하우들은 상 왕실이 오랜 세월 유지해왔던 문화와 가치관에서부터 빌어 왔기 때문이다. 단층적인 종족 교체가 아니라 두 개의 문화권이 느슨한 연계 속에서 세력 교체를 이룬 것이었다.

유교사관에 의해 편집되고 계승되어온 역사 문헌들에서는 이러한 정황이 드러나지 않는다. 역사의 실체를 있는 그대로 감추고 있는 갑골문과 청동기 기록들을 상세히 분석해볼 때에만 새로운 관찰이 가능해진다. 특히 유교문화의 핵심적 외형의 틀인 종법제도가 상 왕실의 문화적 유산을 기반으로 설립되고 있다는 점을 면밀히 고찰해봐야 한다. 이는 유교문화의 기원 문제뿐 아니라 역사학적인 측면에서도 가치가 있다.

상나라를 정복한 것이 주나라라는 사실은 전설과 문헌들을 통해 오래도록 전해져왔다. 그러나 이 역사적 사실은 1976년 3월 산시(섬서陝西)에서 서주시대 초기 청동기 '리궤(利簋)'가 발견되면서 검증된 역사 영역으로 편입되었다.[1]

'리궤(利簋)'의 핵심 부분으로 '무정상(武征商, 무왕이 상나라를 정복했다는 뜻)'이라 적혀 있음

현재 중국학계에서는 주나라 무왕(武王)이 상나라를 정복한 시기

를 두고, 청동기에 기록된 간지와 기타 고고학적 발굴을 통해 대략 B.C.1046년으로 잠정 계산하고 있다.[2] 중원의 패권이 상족이 아닌, 서쪽 유목민족의 세력을 중심으로 성장해온 주족에게 넘어간 것이다.[3] 그러나 주족은 상족에 비해 열악한 문화적 환경에 속해 있었다.

상족은 달의 주기를 바탕으로 구성한 육십갑자, 동서남북과 춘하추동의 일기 변화를 근거로 축적한 농업지식, 특히 주변 종족들에 대한 상대적 우월의식을 강화하기 위해 마련한 조상신 논리, 그리고 다양한 과학지식과 주술의 힘을 갖춘 강력한 무당 집단들, 6,000여 자에 가까운 문자들을 갖추고 있었다.

반면에 주족의 문화는 빈약했다. 농업지식이나 숫자와 관련해 독자적인 인식체계를 갖추고 있었다는 증거가 보이지 않는다. 당시 주족이 사용하던 문자는 현재 파악된 것이 1,350자에 불과하다. 물론 이 역시 상족이 사용하던 갑골문을 빌려 쓴 것이었다. 어휘 수와 문장 구성 능력 등은 상대 갑골문 기록들과 비교할 때 현격한 수준 차이를 보였다.

문화적으로 이렇듯 열등한 상황은 주 왕실이 상나라의 유민을 비롯해 중원의 다른 종족들을 원활하게 통치하는 데 직접적인 걸림돌이 되었다. 중원 전체가 상 왕실과 오랜 관계를 통해 상당한 수준의 문화적 역량을 갖추고 있었기 때문이었다. 그러니 문화적 영향력이 상대적으로 열악한 주나라가 이들을 통치하기에는 역부족이었을 것이다. 이런 현실적 어려움 때문에 주 왕실은 상 왕실의 귀족들과 무당 등 당시 상 왕실의 종교문화적 영향력을 장악하고 있던 집단들을 죽이지 않았다. 흔히 정복자가 비정복자를 무차별 학살하는 일반적인 상황과 많이 달랐던 것이다.

상나라의 귀족들이 주나라에서도 살아남아 있었다는 것은 단순한 정황 논리에 의한 추론만은 아니다. 이들이 주 왕실에서도 살아남아 권력과 영향력을 행사하고 있던 것은 서주시대 청동기 '복존(夏尊)'을 통해서도 확인된다.

복존(夏尊)

복존의 마지막 부분에 위치한 상나라 종족 명칭

• 주나라의 제후가 상으로 복에게 화폐인 조개 삼 붕을 하사했다. 이에 복이 이 일을 기념하기 위해 아버지 을을 위해 보배로 삼을 제기 존을 만들었다. ▉족의 후예로서. (侯賞夏貝三朋, 夏用作父乙寶尊彝. ▉)

'복존'의 내용은 주 왕실이 신하 복(夏)에게 상을 주었다는 내용을 담고 있다. 그리고 당시 청동기 내용의 구성법칙에 따라 상을 받은 복(夏)

이라는 인물이 소속된 족휘(族徽), 즉 종족 상징이 맨 마지막에 붙어 있다. 그런데 이 족휘는 상대에 존재하던, 갑골문에서는 꽤 익숙한 종족 명칭이다. 이러한 정황은 상 왕실에 귀속되어 있던 종족들이 상 왕실이 망한 후에도 주 왕실에 복속되어 통치의 한 축을 담당했다는 사실을 보여준다.

그러면 살아남은 이들 귀족들의 상황은 대략 어떠한가? 이와 관련해서는 우선 《좌전》〈정공4년〉의 기록이 당시 상황의 개략을 일러주고 있다.

• 은나라의 유민은 일곱 족속이다. 도씨, 시씨, 번씨, 기씨, 번씨, 기씨, 종규씨. …이들은 은나라의 옛 지역에서 통치하게 되었다. (殷民 七族, 陶氏, 施氏, 繁氏, 錡氏, 樊氏, 飢氏, 終葵氏. …封于殷虛.)

상 왕실의 멸망에도 불구하고 살아남은 것으로 전해지는 이들 일곱 귀족들이 정확하게 어떤 역할을 하며 문화적으로 연결되어 갔는지를 파악하기 위해 갑골문을 찾아보았으나 구체적인 내용은 발견할 수 없었다. 하지만 다행히 문헌의 기록을 통해 단서를 찾을 수 있었고, 이를 다시 서주 청동기를 통해서 확인할 수 있었다. 먼저 《설원(說苑)》에는 주나라의 무왕이 상대의 귀족인 주공에게 책략을 물었다는 기록이 있다. 주공은 주나라 무왕에게 다음과 같은 대책을 제시한다.

• 각 귀족들로 하여금 살던 집에 살게 하고 전답을 관리하게 해야 한다. 새롭게 법이나 규칙을 바꾸지 말아야 하며 특별히 혈족관계가

강화되도록 해야 한다. (使各居其宅, 田其田, 無變舊新, 惟仁是親.)

　이 내용은 상 왕실의 귀족들이 주대에도 커다란 어려움 없이 존재하고 있음을 알려준다. 이러한 상황은 서주시대의 청동기 '신진유(臣辰卣)'를 통해 상당한 수준으로까지 확인된다.

신진유(臣辰卣)

- 왕이 주나라 종실 위패가 있는 곳에서 큰 음악 제례를 열었으며, 왕궁을 나서 호경에 머물던 해이다. 5월 보름이 지난 신유일에 왕이 사상과 사황을 성주로 보내 백성들에게 돼지를 잡아주고 술과 화폐를 하사했다. 이에 아버지 계를 위해 소중한 제기를 만들며 신진이 기념하여 제사 책을 진행했다. (惟王大龠于宗周. 出館鎬京年. 在五月旣望辛酉. 王令士上衆史黃殷于成周, 禮百姓豚衆賞卣㔾貝. 用作父癸寶尊彝. 臣辰冊.)

　위 기록에서 주의해 볼 부분은 주나라 왕이 상나라 귀족들이 거주하고 있던 성주로 사신을 보내 성대한 잔치와 화폐를 제공하고 있다는 점이다. 그러면 성주에는 도대체 누가 있었던 것인가? 이 상황을 이해할 수 있는 단서는 청동기 말미에 보이는 '신진책(臣辰册)'이라는 표현과 이어지는 종족 명칭에 보인다. '신진책'의 표현 속 '신진'은 다름 아닌 상나라 귀족이기 때문이다. 이 상황은 '부계'로 불리는 상대 청동기에 기록된, 아버지 계를 위해 제기를 만든 인물 '신진'의 명칭을 통해 확인된다. 그런데 이 상대의 인물 신진이 지금 서주시대의 청동기 '신진유'에 재등장하고 있는 것이다.

부계(父癸)

- 신진이 아버지 계를 위해 …(청동기를 만들며 제사 책을 지내다) (臣辰
  册, 父癸)

이렇게 보면 이 청동기를 만든 인물은 분명 멸망한 상 왕실의 귀족일 것이다. 즉 성주에 있던 사람들은 상나라 귀족이고 유민이 되는 것이다. 결국 청동기 '신진유'는 상나라 유민 귀족 '신진'이 주나라 왕이 보낸 환대를 감사히 여겨 조상을 위한 제기를 만들었음을 전하고 있는 셈이다. 이러한 정황은 주나라가 통치를 위해 상나라 유민에 대해 유화책을 폈을 것이라는 점을 보여준다.[4] 문헌이 부족해 당시 상황을 정확하게 알 수 없는 현실 속에서 이러한 청동기 속 내용은 매우 요긴한 실록이라 하겠다.

물론 이러한 유화책이 어떤 효과를 얼마나 냈는지까지는 알 수 없으나, 앞서의 《좌전》이나 《설원》의 기록에 비추어 볼 때 주 왕실이 상나라 귀족들과 유민들에 대해 각별한 대우를 했다는 점은 파악할 수 있다. 불필요한 마찰을 피하기 위한 정치적 기술로 상나라의 유민에게 유화정책을 진행했을 것이다.

그런데 여기서 주목해야 할 부분은, 주 왕실이 후일 중원을 새롭게 통치해가는 과정에서 채택했던 봉건제도의 아이디어를 상나라의 혈통 관련 의식과 제도에서 얻었다는 점이다. 좀 더 구체적으로 표현하면, 주 왕실이 상 왕실의 유민들을 유화적으로 포용한 이유는 상 왕실의 종교문화적 유산을 커다란 맥락 속에서 계승하기 위함이었다. 이러한 견해는, 당시 문화적으로 열악했던 주나라가 어떻게 그토록 정교하고 강력한 혈통 숭배의 의식과 제도의 아이디어를 갖게 되었으며, 마침내 유교사회 내부통제의 골간이 되는 종법제도를 완성시키게 되었는지를 통합적으로 이해할 수 있도록 해준다.

갑골문을 통해 살폈듯이 상 왕실은 대종과 소종의 개념을 비롯하여 치밀한 제례 문화를 탄생시켰다. 그리고 이러한 제례 구조는 이제 살펴보겠지만, 주나라 왕실이 봉건제도를 성공적으로 완성시킬 수 있도록 하는 데 내면적으로 핵심적 기능을 맡았던 종법제도와 맥락적으로 정확하게 일치한다. 종법이라는 주 왕실의 제례 얼개가 봉건이라는 정치구조 안에서 착근을 한 결과로 등장한 것이 바로 유교문화이다. 이러한 특성을 상기해볼 때, 유교문화의 발전과정을 이해하는 데 있어 주 왕실의 상나라 귀족 유민에 대한 유화정책 기록은 많은 시사점을 제공한다.

이상의 자료들을 종합하여 보면, 결국 역사에서 흔히 언급하는 주나라의 봉건제도를 안착시킨 종법제도의 근본 아이디어는 상나라의 조상숭배의식에서 비롯된 것으로 판단할 수 있다. 또 그 구체적 의미와 행위는, 이제 내면을 살펴보게 되겠지만, 상나라 귀족들에 의해 제공된 것이었다. 즉 왕조 전환의 역사적 측면에서만 바라보면 상나라와 주나라의 교체인 것이다. 그러나 종교문화적 측면에서 조망해보면 2장에서 살펴보았던 자연숭배물과 상제의 신위를 무력화시키면서 조상을 절대신의 영역으로 편입시켰던 상 왕실의 혈통 숭배 가치관이 하나의 맥락 안에서 주 왕실로 승계되고 있었다.

종법제도의 심층 구조

유교문화의 핵심이 되어버린 혈연중심의 가치관은 종법제도라는 가상의 회로 속에서 봉건제도라는 정치현실로 구체화되었다. 때문에 종법제도는 조상신에 대한 숭배라는 추상적인 정신이 어떻게 유교라고 하는 하나의 종교문화적 실체로 구현되어 갔는지를 보여주는 정치적 구조물이 된다. 이제 그 내면을 분석해보기로 한다. 분석에 앞서 종법의 정의와 그 핵심내용을 간략히 살펴본다.

먼저 종(宗)은 상나라 때 조상의 위패를 존치하는 공간이었다. 이곳에서 조상에 대한 제례가 진행되는데, 이를 통해 종의 글꼴은 조상과 후손이 혈연이라는 문화적 오라(aura) 속에서 일치감을 만들어가는 상징적 공간으로 변모하게 된다. 그리고 이 공간 안에서의 행위를 통제하기 위한 상세한 규범들이 만들어지는데 이것이 바로 종법이다.

때문에 종법이라는 표현은, 제례를 통해 확보되는 혈연 조직의 문화적 역량을 어떻게 설정하고 어떤 방식으로 구축해갈 것인가를 규정짓

제실 종(宗)

기 위한 법도와 규례의 결과물로 해석해도 무방하다.

우선 제례규범의 집합체인 종법이 정치적 영향력을 갖도록 하는 데 있어 가장 중요한 부분은 무엇일까? 주나라의 왕이 당연히 '천자'가 되는 것이다. 잠시 뒤에 인간적 존재로서의 왕이 하늘 천과 어떻게 정치적으로 연결될 수 있는지에 대해 살펴보려 한다. 이 단순하면서도 강력한 문화적 선언에 의해 왕은 천자가 되고, 천자는 자연스럽게 온 천하의 대종이 되는 종법적 메커니즘을 낳는다. 이것이 종법이 가지는 가장 강력한 이데올로기이며 종법이 종법 되게 하는 근본적 에너지이다. 결국 대종이라는 어휘에서 사용되는 큰 대(大)는 단순히 '크다'의 의미가 아니라 이어지는 소종에 대한 상대적 가치를 선점하기 위해 마련된 한정어이다. 즉 대종은 언제나 어떤 경우에도 소종보다 우위를 점할 수 있는 권리를 확보하게 된다.

이제 이 상황을 정치적 구도 측면에서 풀어보기로 한다. 천자가 절대통치자로 군림하면서 수행하는 가장 중요한 역할의 하나는 아들의 생산이다. 그리고 이 아들들은 직계 장자를 제외하고는 모두 통치권 영역 곳곳에 제후로 봉해지게 된다. 봉건제도가 어떻게 움직이고 있는지를 요약 설명한 이 상황은 《춘추》〈은공 원년〉의 다음과 같은 기록에서 재확인된다.

• 적자에게 권력을 이양할 뿐 서자에게 주지 않는다. 장자에게 전할 뿐 현인에게 권력을 양도하지 않는다. (傳嫡不傳庶, 傳長不傳賢.)

이 과정 속에서 제후들은 천자에 대해서 자연스럽게 소종의 위치에 놓이게 된다. 그러나 제후는 자신의 제후국에서는 다시 대종이 되며 자신들의 아들들을 다시 하부 지역에 경대부로 봉하게 된다. 이때 경대부들은 제후에 대해서 다시 소종의 위치에 서게 되지만, 자신들은 다시 자식들에 대해서 대종의 위치를 점하게 된다. 이러한 순환 방식을 통해 대종과 소종은 정치적 직속 상하관계를 유지하면서 결속력을 마련하게 된다. 물론 여기서의 결속력은 이들의 관계가 혈통을 근거로 진행되었기에 적어도 표면적으로는 강제력이 없고 자연스럽게 보여진다.

이런 구조를 통해 주나라 귀족들의 경우 장자들은 등급은 서로 다르지만 모두 대종의 신분을 부여 받게 된다. 이 때 이들 대종들은 종족 구성원들에 대한 통치권을 부여 받을 뿐 아니라 재산에 대한 권리, 또 제사를 집전하는 특권을 얻게 되며 조상신에 대한 신권까지 장악하게 된다. 이러한 상황은 상 왕실에서 왕들이, 특히 제례 혁명을 주도했던 조갑이 조상신에 대한 제례를 직접 집전하는 과정들을 통해서 왕실의 권위를 종교문화적 차원으로 끌어올렸던 경우와 동일하다. 기록에 의하면 주나라의 경우, 종법제도에 의해 약 50에서 70여 개 이상의 제후국[5]이 분봉되었다. 하지만 상나라의 경우는 상 왕실 내부에서만 이루어진 혈족강화 문화에 그치고 말았었다.

이러한 특성이 상나라의 대외 영향력을 위축시키게 되었는지를 확인하기는 어려우나, 주나라의 경우 종법제도를 통해 중원 전체를 정치적으로 장악하는 데 성공했다는 측면은 음미할 만하다. 상 왕실이나 주 왕실 모두 조상신 숭배라는 혈통문화를 종교문화적 에토스(ethos)로 지니고 있었다. 그러나 주 왕실이 종법을 제도화해 가는 과정 속에서 정치적 장치인 봉건제도를 만들어냈다는 점은 상 왕실의 경우와 비교된다.

이번에는 조상 배우자들의 종법제도 안에서의 역할에 대해 살펴보자. 상 왕실의 경우 배우자의 숫자를 특별히 정한 정황 등은 갑골문에 보이지 않는다. 그러나 앞서 3장에서 자세히 살폈듯이 통치자의 배우자들이 죽을 경우에도 조상신이 되어, 남성 조상신과 동일한 영역에 머물며 숭배의 대상이 되고 있었다. 또 남성 조상에 뒤지지 않는, 물론 특성에 있어서는 다르지만 나름의 신위를 지니고 있으며 제사의 대상이 되고 있었다.

이와 대비적으로 주나라는 천자의 배우자 숫자를 명확하게 규정하고 있다. 즉 천자는 한 번에 12명의 아내를 맞아들일 수 있었는데, 이때의 열둘은 1년의 열두 달을 상징했다. 제후는 한 번에 9명의 아내를 맞아들이도록 했는데 이는 9주를 상징했다. 그리고 제후의 하부 구조에 속하는 경대부는 세 명의 아내를 맞아들이도록 하는 등 명확한 숫자가 정해져 있었다.

이러한 사실은 유교문화의 기원을 탐색하고 있는 이 책의 입장에서 잠시 다루어야 할 필요가 있다. 그것은 다수의 아내를 취하도록 하는 주나라 종법제도의 규례가 후일 유교문화가 낳은 의식인 남존여비의 근원으로 지목될 수 있기 때문이다. 물론 이미 3장에서 살폈지만, 이전 상 왕실의 경우도 왕실이 다수의 법적 배우자들을 취할 수 있었다. 하지만 이들 법적 배우자들은 죽고 나서도 막강한 신위를 지닌 조상신의 영역에 거하며 제사의 대상이 되고 있었다는 점에서 구별된다. 또 상나라의 경우 통치자의 배우자들이 전쟁에 직접 나서던 기록도 있어 남존여비 의식이 시작된 시점은 아무래도 주대 종법제도의 배우자 숫자 규정에서 찾는 것이 합리적일 것이다.

다수의 배우자들을 취해야 하는 이유는 물론 분봉할 아들을 많이 얻기 위해서였다. 하지만 자녀가 많아지게 될 경우 서로 간에 알력이 생기는 것을 피할 수 없다. 이를 위해 적용되는 규칙이 바로 적자와 서자의 구분이다. 물론 적자는 정실부인의 소생이며 서자는 첩실의 소생이다. 이때 적자는 대종이 되며 서자는 소종이 된다.

이러한 상황을 주나라 전체로 확대해 해석해보면, 주나라 영토 안에 있는 모든 정치세력들은 하나의 혈통으로 연결된 거대한 가족이 되는 셈이다. 그리고 그 가족의 범주 안에서 천자는 천자로, 제후는 제후로, 경대부는 경대부로 권력세습이 진행되는 것이다. 이론적으로 보면 바로 이런 목적으로 만들어진 것이 봉건제도이지만, 주나라의 정치적 안정은 사실 이들 혈족 연결을 통해 안전하게 확보될 수 있었다. '집은 작은 나라, 나라는 큰 집(가시소국家是小國, 국시대가國是大家)'이라는 표현은 바로 주나라 종법제도의 내면을 정확하게 전하고 있다.

이번에는 종법제도가 봉건제도를 구축하는 기초 얼개라는 사실에 입각하여, 이들 종법제도가 당시에 존재할 수밖에 없었던 역사적 배경에 대해 살펴본다. 이러한 관찰은 유교문화에 대한 이해가 지나치게 도덕적, 가치적 측면에서만 진행되고 있는 이제까지의 태도를 넘어서서 새로운 이해를 도모할 수 있다는 점에서 중요하다.

주 왕실이 상나라를 정복한 뒤 중원에서 일어난 가장 두드러진 변화는 서로 다른 종족과 서로 다른 성씨의 사회구성원들이 뒤섞여 살게 되었다는 점이다. 이것은 주나라 무왕을 따라 상나라 정벌에 나섰던 종족들이 이전의 거주지를 떠나 상나라가 통치하던 거주지로 옮겨오게 되면서 벌어진 결과이다. 즉 상나라 때에 엄격하게 분할되어 있던 특정 지역들(갑골문의 종족 지명으로 확인될 수 있다)로 옮겨 오게 된 이들 타종족들은 상나라 때부터 유지되던 소규모 혈족들의 공간적 거주 구도를 깨뜨리면서 뒤섞여 살 수밖에 없게 된 것이다.[6] 때문에 이러한 배경을 고려하면서 주나라의 종법제도를 이해하는 태도가 필요하다.

주나라가 상나라를 정복하기 전까지 중원은 평온했다. 평온했다는 표현은 갑골문에 보이는 수많은 전쟁 기록과 배치되는 듯하지만, 상대에는 강력한 무력과 문화적 영향력을 지닌 상 왕실이 거의 일방적 정벌을 진행했기 때문이다. 따라서 상 왕실과 주변 종족들과의 전체적인 정치적 구노가 비교적 큰 변화 없이 유지되고 있었다. 또 거주지를 둘러싼 공간적 파열이 미미했다고 볼 수 있다. 그러나 주나라의 등장 이후 이러한 균형은 무너졌다. 그리고 이러한 균열은 잠재적인 혼란까지도 예측할 수 있다는 점에서 위험한 조짐이었다. 중원 전체에 피할 수 없는 새로운 현상이 나타난 것이다. 바로 이때 종법제도가 등장했다.

함께 상나라를 정복하기는 했으나, 주 왕실은 연합했던 종족들 누구도 믿기 어려운 정치적 위기감에 사로 잡혔다. 이러한 위기감에서 주나라가 취한 통치 방법이 혈통을 근거로 촘촘하게 연계망을 짜는 것, 즉 종법제도였다. 당시 주나라의 무력이 상나라를 압도하는 정도였다고 해도,[7] 하나의 종족이 50개에서 70개에 달하는 타종족을 통치하기는 쉽지 않았을 것이다. 상나라를 정복할 때는 주변 종족들과 연합하여 거사를 도모할 수 있었지만 통치권 행사를 이들 연합 종족들에게 맡길 수는 없었을 것이다. 봉건제도의 필요성은 이렇게 대두되었다. 그리고 이런 봉건제도의 내면을 충실하게 만드는 것이 종법제도였다. 물론 종법제도의 핵심은 동일한 혈족의 결속과 그를 위한 조상신 숭배 의식이었다.

하지만 단순히 혈족의 결속을 도모한다거나 조상신에 대한 숭배의식을 강조한다고 해서, 비록 부자의 관계에 있었다 해도 정치적 안정을 온전하게 담보하기는 힘들다. 그래서 동원된 것이 바로 제례이다. 여기서의 제례란 단순히 제사 행위를 의미하는 것이 아니다. 지금까지 기술하고 있는 과정에서 확인하고 있듯이, 정치적 목적에 의해 만들어진 종법제도를 뒷받침하기 위한 도구로서의 제례이기에, 이 제례는 보이지 않는 이데올로기로서의 조상신 숭배의식을 형식으로 드러내 보이는 퍼포먼스로서의 외형적 표현이다.[8]

사실 서주시대 당시 조상 제례는 천자, 제후, 경대부들이 독자적으로 소유한 사당에서 진행되었는데 그 어떤 정치행위보다 가장 엄중하고 성대하게 진행되었다. '예에 다섯 가지 중요한 것이 있으나 조상 제사보다 중요한 것은 없다(예유오론禮有五論, 막중어제莫重於祭)'라는 표현은 당시 제례가 얼마나 중요하게 다루어져 왔는지를 잘 전해준다. 이 점은 유교문화를 구축하고 있는 조상 제사의 의미를 정치적으로는 어떠한 태도로 읽어가야 하는지 시사하고 있다. 동시에 조상숭배의식이 제도적 의례로 드러나게 되는 주대의 정황이 이전 상대의 경우와 동일하다는 점 역시, 주나라 종법제도를 정치적 맥락에서뿐만 아니라 조상 제사의 차원에서 읽어주는 것이 매우 중요함을 일깨운다.

종법제도의 키워드, 조(祖)와 부(父)

　그러면 이러한 정황 속에서 조상 제사에 참여하는 구성원에 대해 좀 더 심도 있게 분석해보자. 종법제도에서의 제례가 정치적 권위를 담보하기 위한 장치였기에 그 키워드는 조(祖)와 부(父)였다. 흔히 유교문화에서의 혈연을 상징하는 어휘로 부자를 꼽고 있지만 서주시대의 종법제도 아래에서의 제례문화 내면에 담긴 키워드는 조(祖)와 부(父)였다. 서주시대의 청동기 기록들을 통해 이 두 글자와 그 안에 담긴 문화적 내면을 살펴보기로 한다.

　서주시대 청동기에서 이 두 글자는 부자라는 어휘처럼 하나의 어휘로 구성되어 있지는 않았다. 단지 이 두 글자가 서주시대에 다른 어떤 글자들보다 사용 빈도수가 높았다. 사용 빈도수가 높았다는 말은, 서주시대 청동기 전체 기록을 근거로 한 귀납적 표현으로, 당시 조(祖)와 부(父)의 어휘가 사회의 대표적 표현임을 나타낸다 하겠다. 그리고 이 두 글자 중에서 보다 방점이 찍힌 것은 조(祖)가 아니라 부(父)였다. 이러한 기술은 서주시대 청동기 문자에 대한 전반적인 통계 수치를 근거로 할 때 가능해진다.

　현재 확인할 수 있는 서주시대의 청동기는 모두 4,889개이며 사용된 낱글자의 수는 2,837개이다. 이들 낱글자 중에서 가장 사용 빈도수

가 높은 글자는 청동기 제작을 의미하는 '작(作)'으로 총 3,445회 사용
되었다. 그 다음은 청동기의 중요성을 나타내기 위한 한정어 '보(寶)'로
총 2,723회이다. 그리고 청동기 제작이 조상의 공적 때문이라는 이유
를 나타내는 글자 '용(用)'으로 2,394회이다. 그리고 네 번째로 이어지
는 문자가 '부(父)'로 2,105회이다.[9]

이 통계수치를 자세히 살펴보면, 빈도수 1, 2, 3위를 한 글자들은 단
순한 술어와 한정어에 그치지만 4위를 한 부(父)는 하나의 가치적 의미
를 담고 있는 글자임을 알 수 있다. 이 말은 서주시대의 기록 문화 속
에서 가장 중요한 의미로 받아들여지고 있는 표현이 부(父)라는 사실을
나타낸다. 바꾸어 말하면, 종법제도를 토대로 구축된 서주 사회에서
가장 영향력이 있고 가치 있게 받아들여지고 있는 어휘가 부(父)이다.
여기서 주나라 때의 부(父)는 상나라 때의 부(父)와 마찬가지로 현직 왕
의 직계 조상을 의미한다. 이는 청동기에 사용된 부(父)라는 표현이 이
미 사망한 상태의 조상을 나타내고 있음을 뜻한다.

부(父)의 빈도수가 당시 상용되던 어휘들 중에서 가장 중요하게 사용
되고 있는 현상은 서주시대 종법제도를 깊이 있게 이해하도록 돕는다.
서주시대의 대종들은 통치를 구체화시키는 과정에서 통치 영토를 하
사 받고 자신들의 영토와 권력을 유지하기 위해 무사들을 두는 등 물
질적 토대가 중요한 요소로 받아들여지는 시대적 상황에 속해 있었다.
그러나 그들이 사용한 어휘들 중에서 사망한 선친을 의미하는 부(父)가
가장 주목 받는 어휘가 된 현상은, 당시 서주시대 종법제도의 무게 중
심이 조상과의 혈통적 연계라는 정신세계에 놓여 있었음을 보여준다.
하사 받은 봉지(封地)나 무사들은 모두 부차적이고 물질적 요인들에 불

과했던 것이다.

이러한 분석은 서주시대 청동기 문자의 사용 빈도수에서도 엿볼 수 있다. 주족의 직계 성씨인 희(姬)의 빈도수가 204회, 조상들의 위패가 존재하는 종(宗)은 172회,[10] 혈족 집단을 상징하는 가(家)가 48회 사용되고 있다.[11] 하지만 나라를 상징하는 국(國)은 불과 5회 사용에 그쳤다.[12] 이러한 통계 결과는, 그 동안 서주시대를 봉건제도라는 정치적 측면으로만 분석해오던 태도가 피상적인 수준에 머물러 있었다는 점을 깨닫게 한다.

이들 어휘들의 사용 현황을 근거로 서주시대를 크게 조망해볼 때, 주나라는 나라라는 정치적 틀 안에서 사회구성원들이 보호 받거나 안정을 향유하도록 했다기보다는, 혈족을 요소로 한 종법제도의 구조를 통해 주 왕실이 정치적, 국가적 안정을 향유하도록 하는 데 더 치중했음을 파악할 수 있다. 서주시대를 정치적 측면에서의 봉건제도만으로 들여다보던 관성적 태도가 아닌, 실록을 근거로 한 덕택에 분석이 가능해졌다. 그리고 이러한 관찰은 서주시대의 정치 지형이 종법제도 위에서 구축되었다는, 다시 말해 부(父)를 중심으로 하는 혈연 조직의 엄밀성을 기초로 세워진 종법제도를 바탕으로 했다는 점이 청동기 기록으로 증명되었다. 그런 측면에서 의미가 깊은 관찰이다.

또 하나 종법제도의 맥락 안에서 부(父)라는 어휘를 통해 읽어야 하는 것은 혈통 연계의 정치적 의미이다. 앞서 언급했지만 천자와 제후, 제후와 경대부는 모두 대종과 소종의 틀 안에서 부자관계를 이루고 있다. 그러나 천자와 경대부는 조(祖)와 손(孫)의 관계이다. 한 단계를 건넌 상태의 이 관계 역시 종법제도를 완성시키는 데 무엇보다 중요한 항목이다. 그러나 서주 청동기 속에서의 조(祖)의 빈도수는 426여 회에 그치고 만다.[13] 이것은 앞서 인용했지만 부(父)가 2,105회[14] 사용되고 있는 현실과 크게 대비된다. 이러한 상황은 천자가 되었든 제후가 되었든, 또는 경대부가 되었든 현직의 통치자가 자신의 바로 윗대 조상, 즉 선친과의 긴밀한 연계를 유지하고 있음을 보여준다. 그리고 이 관계가 누진적으로 형성되면서 종법제도는 종교적 힘을 축적하고, 정치적 영향력을 발휘하고 있었다는 사실도 알려준다.

천(天)의 정치학

역사학자 페어뱅크John King Fairbank는 그의 저서에서, 주나라는 상나라와 마찬가지로 정치 조직의 주된 요소로 혈연을 이용하는 한편 천명(天命)을 내세움으로써 새로운 정당성의 근거를 만들어내고 있다고 썼다.[15] 잘 알려져 있다시피 주나라의 천명관(天命觀)의 등장을 소개하고 있는 것이다. 앞서 확인했지만, 주나라의 통치는 지배 계층의 아들들을 50개에서 70개 정도의 제후국에 분봉하는 이른바 봉건제도를 실시하면서 확립되고 있다. 그리고 이 봉건제도는 천명을 근거로 진행된 것으로 알려져 있다. 중국 역사 속에서 천명의 어휘와 개념이 처음 등장한 때는 주대로, 천명은 동양의 역대 통치자들이 자신들의 도덕적 정통성을 확보하기 위해 무엇보다 중요하게 받아들였던 요소이다.

주 왕실이 등장시킨 천명은 상 왕실에 이어 혈통 숭배의 정치 환경을 지속시키기 위한 새로운 시도이다. 내면적으로만 보면 상나라의 조상숭배와 주나라의 혈연을 통한 왕위 계승에 아무런 차이가 없으나,

주 왕실은 천이라는 개념을 첨가해 자신들의 혈연 통치가 상나라의 그것과 구별되고 있음을 강조하려 했다. 이는 상대의 조상신이 자연숭배물이나 상제 등을 제거하고, 앞서 2장과 3장에서 줄곧 살폈듯이 조상신을 '근본적인 존재로서의 분리된 신'의 이미지, 즉 절대신의 위상으로 편입되면서 스스로 위상을 강화시켰던 부분과 구별된다. 결국 주 왕실은 자신들의 조상이 상나라의 조상신과 달리 절대신의 위상을 지닐 수 없음을 공개적으로 선언하고 있는 셈이다.

이 과정에서 등장시킨 것이 바로 천(天)이다. 주 왕실은 천(天)에게 '근본적인 존재로서의 분리된 신'으로서 절대적 이미지를 양보하고 있는 것이다. 하지만 주 왕실은 자신들의 조상신만이 이 절대신 천(天)의 인정을 받은 존재라고 강조한다. 이것이 천명사상이다. 결국 천(天)은 주나라에 의해 동원된, 주 왕실 조상신의 위상을 강화하기 위해 동원된 또 하나의 문화적 장치인 것이다.

이러한 맥락 속에서 필자는 주나라 때 등장한 천(天)에 대한 분석을 일반 문헌이 아닌 서주시대 청동기를 근거로 진행했고, 그 결과 기존의 분석들과 일치하지 않는 결과를 얻었다. 원시유교의 뿌리를 추적한 김승혜는 대부분의 학자들이 그렇듯이 주나라에 등장한 천의 최초의 기록을《상서》〈주고(酒誥)〉에서 찾는다.[16]

- 천이 명을 내려 우리 백성을 (다스리기) 시작했고, 시조에게 진행하는 제사가 시작되었다. (惟天降命, 肇我民, 惟元祀.)

이 내용은 천명과 백성, 제례를 하나의 맥락 속에서 파악하려는 유

교사관의 전형을 보여주고 있다.《상서》〈주고〉의 기록은 또《상서》
〈목서(牧誓)〉에 보이는, 무왕이 상나라에 대해 '하늘이 내리는 벌을 조
심스럽게 집행(공행천지벌恭行天之罰)'했다는 기록과 함께 주나라가 천명
을 수행하고 있다는 근거로 자주 제시되곤 한다. 하지만 서주 초기의
청동기 기록이 새로운 사료로 대두된 시점에서는 그저 참고에 그칠 수
밖에 없다. 현존하는 청동기 기록 중에 주나라 왕이 하늘로부터 명을
받았음을 밝히고 있는 최초의 내용은 '대우정(大盂鼎)'에 있다.

'대우정(大盂鼎)' 부분 발췌
둘째 줄 마지막 글자는 해석 본문에 해당되지 않음

• 9월에 왕이 종실의 위패가 있는 곳에서 우에게 이렇게 말했다. 우
야, 커다란 공훈의 문왕이 하늘이 돕는 커다란 명령을 받아, 무왕

때 이르러 문왕을 이어 나라를 만들었다. (唯九月, 王在宗周, 令盂, 王若

曰, 盂, 丕顯玟王受天有大令. 在珷王, 嗣玟作邦.)

주나라의 왕이 천(天)의 명령을 받았다는 이 기록은 사실 중국 역사 상 최초의 것으로 문헌사적 가치가 크다. 주나라가 계승한 상나라에서 의 천은 이러한 신위를 구비하고 있지 않았기 때문이다. 이제 이와 관 련한 분석을 진행하기로 한다.

무엇보다 먼저 바로 잡아야 할 부분은, 대부분의 서주시대 연구가들 이 그렇듯이 주나라의 천(天)이 상나라의 상제를 계승한 것으로 이해하 고 있는 점이다. 하지만 사실은 주대의 천(天) 역시 상대의 천(天)을 맥 락적으로 이어 받고 있다. 그렇지만 한편으로는 상대의 천(天)과 명백 하게 구별되기도 한다. 관련자료를 분석하면서 느낀 것이지만, 서주시 대 연구가들이 이러한 사실을 잘 모르는 이유는 이들이 서주시대 청동 기에는 정통하지만 상대적으로 상대 갑골문 기록에 대해 잘 모르기 때 문이다.

중국학자 주딩(朱丁)은 주나라의 천명이 상나라의 상제 신앙으로부 터 변천해온 것으로 보고 있다.[17] 중국 학계의 이 오래된, 그리고 잘못 된 인식은 지금까지도 지속되고 있다. 이는 갑골문의 기록을 통합적으 로 이해해야 하는 전제를 충족시키지 못하기 때문이다. 하지만 상제, 또는 제(帝)가 상대에 부분적 역할밖에는 하지 못했음을 이 책의 2장에 서 상세히 다룬 바 있어 여기서는 다시 기술하지 않는다. 그러나 상대 천(天)과 관련해서는 다루지 않았기에, 또 주대에 등장한 천(天)과의 연 속성을 분석해야 하는 이유 때문에 여기서 조금 상세히 살펴볼 필요가 있다.

갑골문에서 천(天)은 제1기 무정 때부터 마지막 제5기까지 모두 등장한다. 하지만 등장하는 텍스트의 숫자는 모두 26개에 불과하다. 안타까운 것은 대부분의 갑골판이 완전하지 않아 온전한 텍스트가 그리 많지 않다는 점이다.

우선 천(天)의 의미는 크게 두 가지로, 하나는 왕의 신체 즉 머리를 나타내는 것이고, 다른 하나는 막연하지만 종교적 공간을 지칭하는 경우이다. 우선 왕의 머리를 나타내는 갑골문을 보자.

왕의 머리를 나타낼 때 사용한 갑골문 '천(天)'의 글꼴

• 경진일에… 왕 자신의 머리가 아프지 않을까? (庚辰, 王弗疾朕天?) (합 20975)

왕의 머리를 나타낼 때 사용되는 글꼴은 사람의 정면형을 상형한 대(大) 위에, 공간으로서의 하늘을 의미하는 사각형 口가 얹혀져 있는 모습이다. 하지만 막연하지만 종교적인 의미의 공간을 나타낼 때는 아래에 소개된 그림과 같은 글꼴을 사용하고 있다. 즉 口의 도형이 —로 부호화되어 있는 모습인데, 이는 당시 갑골문 자형의 간화 흐름을 잘 반영하고 있는 자연스런 모습이다.

종교적 의미로서의 '천(天)'의 글꼴

이와 관련한 갑골문은 다음과 같다.

> • 반드시 사악함을 제거하는 제사 어를 지내면서 소를 쪼개어 하늘
> 에 바칠까? (惟禦折牛于天?) (둔2241)

이밖에 하늘에 제물로 개를 바치는 구절도 동일한 글꼴을 사용한
다.[18] 즉 의미에 따라 글꼴의 모습을 조금 달리하고 있는 것이 특이하
지만, 어디에서도 천(天)이 길흉화복의 주체가 되고 있음을 보여주는
내용은 없다. 물론 어떠한 신위도 지니고 있지 못하다. 이런 현상은 같
은 시기 제(帝), 즉 상제가 전쟁, 농업 등 다양한 영역에서 신위를 떨치
며 제사의 대상이 되는 내용들과 크게 대비된다.

이러한 기록들은 상대에서의 천(天)의 의미가 인체의 머리 부분을 표
현함과 동시에 다소 애매모호한 상태의 종교적 의미 공간을 상징했다
는 사실을 보여준다. 그런데 천(天)의 미약한 종교적 의미 공간 역할은
상대 말기인 제5기에 들어서면서 조금씩 강화된다. 그 내용이 잘 드러
난 것이 제5기에 등장하는 '천읍상(天邑商)', '대읍상(大邑商)'과 같은 어휘
이다.

상 왕실은 제5기에 들어서면서 자신들을 일컬어 '천읍상' 또는 '대

읍상'으로 부르고 있다. 이것은 천(天)이 특정 종족의 지명에 한정어로 사용되고 있는 최초의 기록이다. 우선 '천읍상'에 대해 알아보자. 상대 갑골문에서 '천읍상'이라고 할 때의 천(天)의 글꼴은 초기 제1기 때 왕의 머리를 상징할 때의 글꼴과 비슷한 모습으로 환원되는 듯하나 조금 다른 점도 있다.

천읍상(天邑商)의 천(天) 글꼴

이 글꼴은 문자가 일반적으로 걷게 되는 부호화의 흐름으로부터 역류하여, 필획이 다시 상형 특성을 회복하는 특이한 과정을 보여주고 있다. 그러나 문자학적인 측면에서 보자면 이 단순한 간소화와 번잡화의 역류 현상은, 반면 문화적 측면에서 볼 때 그 내면이 그처럼 단순하지만은 않다. 그 이유는 제5기에 등장한 천읍이라는 한정어의 내면에는, 절대자가 존재하는 공간 하늘과 상 왕실이 거주하는 지상의 공간이 우주론적으로 완벽하게 조응하고 있음을 드러내려는 상 왕실의 정치적 의도가 담겨 있기 때문이다. 잠시 살펴본 것처럼 '천'이 막연하게나마 종교적 공간의 의미를 나타내고 있던 과거의 기억을 상 왕실은 확대 생산해 사용하고 있는 것이다.

언어문화학적 측면에서 보면, 이들의 조합은 단순히 천(天), 읍(邑), 상(商)이라는 세 형태소(morpheme)의 조합일 뿐 아니라 문자학적인 분석을 통해서 드러나는 자소의 의미적 호환까지 이끌어내는 완전한 합치가 된다. 결국 상 왕실이 이들 문자의 조합을 통해 이루려는 것은 원시 문화권에서 일반적으로 파악되고 있는 것처럼 종교적 관점에서 우주적 질서를 파악한 뒤 그것을 지상에 모방해놓을 때 형성되는 중간적 우주(mesocosm)[19]의 구축인 셈이다. 바꾸어 말하면 천(天)을 '근본적인 존재로서의 분리된 신'의 이미지, 즉 절대신의 위상으로 보고 있는 것은 결코 아니라는 뜻이다. 그렇긴 하지만 '천읍상'은 그저 단순한 하늘의 읍이 아닌 상 왕실과 우주론적으로 조응하는 하늘의 도읍으로 해석될 수 있다. 그리고 이 맥락 속에서의 '천읍상'은 '상 왕실과 우주론적으로 조응하는 하늘의 도읍 상'이 된다.

이제 '천읍상'이 지니고 있는 문화적 의미를 담아 관련된 갑골문 텍스트들을 살펴보기로 하자.

- 신묘일에 왕이 (점을 치면서 묻는다) (어떤 종족이)⋯ 상왕인 내가 (어떤 종족을) 공격하고 정벌할 때⋯, 상왕인 내가 직접 공격하지(또는 공격적 행위를 하지) 않으면 상 왕실과 우주론적으로 조응하는 하늘의 도읍 상에 ⋯(나쁜 일이 없고 평안할까?[20]) (辛卯王⋯方于⋯, 余其爯燮⋯, 余有不若⋯, 天邑商, 亡⋯?) (합36535)

- 계사일에 점을 치면서 묻는다. 양 지역[21]과 釅 지역 근처에 있는⋯ (상 왕실과 우주론적으로 조응하는 하늘의) 도읍 상에 있는 조상 왕들의 종묘[22]에서 상족을 위한 전용제사 의[23]를 지내면, ⋯이 (저녁에) 나쁜 일이 없고 평안할까? (癸巳卜, 貞: 羊, 釅⋯邑商公宮衣, ⋯兹⋯亡尤, 寧?) (합36540)

• 상 왕실과 우주론적으로 조응하는 하늘의 도읍 상에 있는 조상 왕들의 종묘에서 상족을 위한 전용제사 의를 지내면 이 저녁에 나쁜 일이 없고 평안할까? (天邑商公宮衣, 玆夕亡尤, 寧?) (합36543)

이상에서 보듯이 '천읍상'은 우주론적, 종교적 측면에서 의미를 드러내고 있다. 그러나 '천읍상'과 유사하지만 한정어에서 다른 글자를 사용하고 있는 '대읍상'과 관련된 기록은 문화적으로 다른 내면을 보여주고 있다. 우선 큰 대의 글꼴을 보자.

대읍상(大邑商) 중 '대(大)'의 글꼴

'천읍상'과 '대읍상'이 사용되고 있는 갑골문 텍스트는 내용면에서 명백한 차이를 보여준다. 우선 '천읍상'이 사용된 텍스트는 특이하게도 모두 상족의 전용제사 '의(衣)'와 관련된 내용으로 구성되어 있다. 그러나 '대읍상'이 사용된 텍스트는 모두 다른 종족과의 전쟁과 연결되어 있다. 그리고 이 두 내용은 전혀 섞이지 않았다. 현재 대읍상의 어휘를 포함한 채 문맥이 명확하게 파악되는 제5기 관련 갑골문은 다음의 3편이다.[24]

1.

… 묻는다. 오늘 ⊡(저주의 제사 등을 진행)하는 아홉 무당이 龤(의미를 알수 없음)[25]을 진행하는데, 상 왕인 내가 북을 사용한 彡의 제례를 지내며…? …인방을 정벌하는 데 도움을 얻도록 할까? 하늘과 땅에게 제사를지내면 상 왕인 내가 보호를 얻을까? … 가장 큰 행정구역 상에 화가 없을까? 戜 지역에서. (…貞 : 今⊡巫九龤, 惟余𤔲 …? …求 …𢀛人方? 上下于燎示, 受余祐? …于大邑商無禍? 在戜.) (합36507)

2.

정묘일에 왕이 점을 치면서 묻는다. 오늘 ⊡(저주의 제사 등을 진행)하는아홉 무당이 龤(의미를 알 수 없음)을 진행하는데, 상 왕인 내가 전 등급의연맹 부족과 백 등급의 연맹 부족의 병사들을 많이 이끌고 가서 우방과백 등급의 연맹 중 부족장 염을 정벌할 때 반드시 상족을 위한 전용제사의를 지내고 다음날 걸어서 이동을 하면… 하늘과 땅의 신령으로부터 𤔲신령[26]에 이르는 모든 신령의 도움으로 상 왕인 내가 도움을 받고 패망의 화를 입지 않게 되고, 또 이 위대한 도읍 상에게 화가 없을까? 戜 지역에서. 대단히 길하다. 10월 조상 대정에게 깃털을 사용한 제사 익을 진행하는 날에. (丁卯王卜, 貞 : 今⊡巫九龤, 余其比多田…多伯征盂方, 伯炎, 惟衣, 翌日步…左自上下于𤔲示, 余受有祐, 不𠦝…于兹大邑商, 亡禍? 在戜…弘吉. 在十月遘大丁翌.) (합36511)

3.

기유일에 왕이 점을 치면서 묻는다. 상 왕인 내가 세 번째 관할구역의 방국을 정복하려 하는데 반드시 ▩ 종족에게 명령해서 그 지역을 (정벌하도록 하면)[27] 후회하지 않을까? (부정한 상황이) 위대한 도읍 상에게 없지 않을까? 왕이 점괘를 살피며 '크게 길하다'고 말했다. 9월 상갑에게 지내는 …(어떠한 특정 제사)를 지내는 날에… 소 다섯 마리로 …(희생을 사용하며). (己酉王卜, 貞 : 余征三封方, 惟▩令邑弗悔? 不亡…在大邑商? 王占曰, 大吉, 在九月遘上甲…, 五牛) (합36530)

'대읍상'이 사용된 텍스트가 모두 다른 종족과의 전쟁과 연결되어 있다. 이런 현상은, '천읍상'이 포함된 텍스트가 상 왕실의 종교적 위상을 내포하고 있는 현상과 뚜렷이 구별된다. 그리고 '천읍상'이 상 왕실의 종교적 위상을 드러내기 위한 전용문자임을 알게 해준다. 반면에 '대읍상'은 정치적 위상을 강조하기 위한 전용문자로 보는 것이 합리적이다.

즉 상 왕실은 종족 내부에서는 자신들이 우주론적으로 조응하는 하늘의 도읍으로서의 나라임을 강조하고 있고, 외부 종족에게는 정치적으로 물리적으로 강대한 종족임을 강조하고 있는 것으로 보인다. 이렇게 되면 상 왕실이 인식하고 있는 천(天)은 다른 종족들에게는 아무런 종교적 영향력을 미치지 못하는 존재였다는 해석이 가능해진다. 이러한 분석 결과는 현재 다루고 있는 주나라 때의 천(天)의 등장과 그 정치적 역할을 이해하는 데 더없이 중요해진다.

결국 주나라 때에 등장한 천(天) 또는 천명 의식은 상나라 때 존재하던 천(天), 즉 상나라의 위상을 강화하기 위해 사용된 한정어로서의 천(天)으로부터 확대된 파생의 아이디어였던 것이다. 그러나 상 왕실에 의해 이미 사용되었던 천(天)의 이미지를 주 왕실이 선뜻 사용할 수 있었던 데에는, 앞서 상나라 때의 갑골문 텍스트들에서 보았듯이 천(天)의 의미가 다소 모호하기도 하고 또 광범위하게 활용되지 않았기에 가능했다. 또 주 왕실이 적극적으로 상나라에서의 천(天)의 의미를 지우려고 애써왔고, 실제로 그것이 성공했기 때문으로 볼 수 있다. 주나라 왕실이 상나라로부터 천(天)을 지우는 작업은 상나라 정복을 기리기 위해 제작한 '리궤'에 잘 드러나 있다.

리궤(利簋)

• 무왕이 상나라를 정복했으니 갑자일 아침이며 목성이 제자리에 위치한 날인데, 저녁부터 아침까지의 시간에 상나라를 손에 넣을 수 있었다. 신미일에 왕이 간 지역의 군사 집결지에서 기록관 리(利)에게 좋은 청동을 하사했다. 이에 리의 선조 전공을 위해 소중한 제기를 만들었다. (武征商, 惟甲子朝, 歲鼎, 克聞夙又商. 辛未王在闐師, 易又吏利

金, 用作施公寶尊彝.)

'리궤'에서 보듯이 주나라는 상나라를 단순히 상으로 표기하고 있다. 이는 상나라 자신이 '천읍상' 또는 '대읍상'으로 부르는 방식에 대한 명백한 거부 의사이다. 한편 당연해보이기도 하지만 이러한 묘사에서 주나라가 상나라로부터 천(天)의 이미지를 떼어내려 한 의도를 읽을 수 있다. 그리고 이러한 행위는 주나라가 천(天)을 등장시키며 새로운 천명관을 정착시키는 상황과 연결해 해석할 필요가 있다.

이러한 조치는 주나라가 '천명을 받(수천명受天命,《상서》〈소고召誥〉)'거나, '천명을 잇는(승천명承天命,《일주서》〈상서〉)' 나라가 되기 이전에 진행했던 정치적 정지 작업이 어떠한 것이었는가를 구체적으로 보여준다.

그 동안 서주시대의 천명관은《상서》등의 문헌에 근거해 추론해왔다. 그러나 갑골문에 보이는 '천읍상' 또는 '대읍상'의 기록, 그리고 주대 '리궤' 등의 청동기 기록들을 연결해보면 주나라의 천명관은, 앞서 주나라의 종법제도가 상나라의 혈족 제사를 제도화한 것과 마찬가지로 상나라가 사용하고 있던 천(天)의 이미지를 창조적 파괴의 방법으로 자기화한 것이었다. 또 하나는 앞서 주딩의 주장에서 드러나듯이 중국 역사 속에서 대표되는 주나라의 천명관이 상나라의 상제로부터 비롯되었다는 학계의 일반적 견해 역시 역사적 사실과 거리가 있음을 발견하게 된다.

과거 상대에는 천(天)이 아무런 신위도 발휘하지 못한 채 단순히 상 왕실을 수식하는 한정어로 쓰였다면, 주대에는 왕조 교체를 주도하고 있는 적극적 존재로 자리하고 있다. 또 주 왕실은 이 적극적 존재인 천

(天)을 대신해 명을 받들거나 벌을 주는 대리 집행자로 자신을 정의하였다. 아직 천(天)에 대해 명확한 정의가 이루어지지 않은 중원에서 주 왕실의 이러한 전략은 선점의 효과를 강하게 누릴 수 있었을 것이다. 이러한 태도는 거대한 상나라를 정벌했지만 과거 상나라가 통치하던 수많은 주변 종족들에 대해 종교적으로 상대적 우위에 서기 위한 정치적 노림수였을 것이다.

효(孝)와 통치술

노벨 문학상을 받았던 사상가 엘리아스 카네티는 저서《군중과 권력》에서, 폭력을 동반한 파괴적인 의도를 권력의 실체, 권력 그 자체라 불렀다.[28] 폭압적인 힘이 없다면 권력은 유지될 수 없다는 말이겠다. 하지만 이러한 개념은 적어도 주나라의 권력 형성과 관련해서는 정확하게 부합되지 않는다. 앞서 봉건제도의 밑바탕에 종법제도가 깔려 있다는 전제를 두었는데, 이 종법제도에서는 적어도 외형적인 폭력을 발견하기는 힘들다. 더구나 종법제도가 효(孝)라고 하는 인류 공통의 가치인 부모에 대한 애정(filiality)을 중심 가치로 삼고 있는 상황에서는 더욱 그러하다.

하지만 주나라의 봉건제도는 동양의 역사를 특징지으리만치 강력한 영향력을 발휘했으며 그 내면에는 종법제도가 자리하고 있다. 그리고 종법제도의 내면에는 효(孝) 사상이 핵심으로 깔려 있다는 점도 부인할 수 없다. 그렇다면 효는 주나라 봉건제도 아래에서 어떠한 맥락 속에서 어떠한 장치를 통해 통치력을 확보해가게 되었을까?

한나라 때 유가들의 의식을 반영하고 있는《설문해자》는 효(孝)를 다음처럼 풀고 있다.

> • 부모를 잘 섬기는 것이다. 때문에 노(老)의 글꼴이 생략된 형에 아들 자(子)를 더하고 있다. 아들 자(子)는 노부모를 계승하기 때문이다. (善事父母者, 從老省, 從子, 子承老也.)

여기서 보이는 효의 의미적인 특징은 아들이 자손을 대표하고 있다는 점이다. 이는 종법제도가 남성 위주로 혈통의 범주를 제한하고 있는 의식과 일맥상통한다. 이러한 상황은 우선《예기》〈대전(大傳)〉에서 포괄적으로 확인할 수 있다.

> • 위로 조상을 받드는 것이 존중해야 할 분을 존중하는 것이다. 아래로 자손을 돌보는 것이 혈친을 혈친으로 대하는 것이다. (上治祖禰, 尊尊也. 下治子孫, 親親也.)

《예기》가 주나라의 문화를 온전하게 반영하는 것은 아니지만 봉건제도를 지탱하고 있는 종법제도의 내면의식을 어느 정도는 반영하고 있다는 측면에서 위의 기록은 참고할 만하다. 즉 혈통을 중심으로 조상과 후손의 연결이 철저하게 남성을 근간으로 이루어지고 있다는 점이다. 이러한 의식은《예기》〈제통(祭統)〉에서 세분화되어 나타난다.

- 효자의 부모 섬김에는 세 가지 길이 있다. 살아계시면 봉양하고, 돌아가시면 상례를 지내고, 상례가 끝나면 제사를 지내는 것이다. 이 세 가지 길이 효자가 가야 할 길이다. (孝子之事親也, 有三道焉. 生則養, 沒則喪, 喪畢則祭. … 此三道者, 孝子之行也.)

기록에서 보는 것처럼 여기에서는 효(孝)에 다시 아들 자(子)를 첨가해 효(孝)의 주체자가 아들이어야 함을 반복해 강조하고 있다. 이 역시 종법제도의 남성혈통 중심 사고와 연결되어 있다. 이러한 의식은 중국 고대문화 전반에 펼쳐져 있던 것이어서 유가를 반대하던 입장에 서 있던 묵자 역시 남성 중심의 효(孝) 의식을 무의식중에 토로하고 있다.

- 아버지와 아들이 서로 사랑하는 것이 바로 자애로움이요 효이다. (父子相愛則慈孝.)

하지만 이들 선진 시대의 문헌들만으로 주대의 효(孝) 사상 전반을 이해하려는 태도는 그리 자연스럽지 못하다. 많은 학자들이 지적하듯이 이들 문헌들이 당시 정황을 순수하게 기록한 것이라고 받아들이기는 어렵기 때문이다. 아무래도 한나라 이후 유가들의 첨삭이 붙어 있음을 고려하지 않을 수 없다.

그러면 이러한 효(孝) 사상의 출발은 언제부터 형성된 것일까? 물론 갑골문에서 조상에 대한 제사 기록을 통해 효(孝) 사상 출발의 상한선을 적어도 상대로 정할 수는 있다. 하지만 여기서는 이러한 의식이 개념화되어 문자라는 상징체계로 드러난 때가 언제인지를 살펴보는, 발생학적인 측면에서의 분석을 진행하기로 하자. 그러기 위해서는 먼저 상나라 갑골문에 효(孝)라는 문자가 존재하는지를 확인하는 것이 급선무이다.

갑골문에 효(孝)가 존재하느냐의 문제는 명확하게 해결되어 있지 않다. 그도 그럴 것이 고문자 학자들의 견해가 서로 다르기 때문이다. 우선 갑골문에 효(孝)로 주장되어지는 글꼴은 '《영》 2525' 단 하나뿐이다. 이 글꼴을 효(孝)로 보기 시작한 대표적 학자는 까오밍(高明)이다.[29] 그는 별다른 설명 없이 이 글꼴을 갑골문에 보이는 효(孝)로 분류했다. 그러나 이 글꼴 하단부에 아들 자(子)가 있기는 하지만 상단부에 보이는 것은 《설문해자》의 설명처럼 노인 노(老)와 다르고 오히려 봉할 봉(封)과 유사하다. 때문에 많은 갑골학자들은 이 글자를 효(孝)로 받아들이는 데 적극적이지 않았다.[30]

효(孝)의 갑골문

로(老)의 갑골문

우선 이 문자가 들어 있는 '《영》 2525'의 텍스트를 확인하자.

• 在商雷孝商邑…?

이 내용을 만약 전통적인 의미로서의 효(孝)로 볼 경우 이 점복문은 해독되지 않는다. 때문에 한동안 학자들은 적극적인 해석을 시도하기보다는 이와 관련된 논란을 피해왔다. 그러나 최근 들어 그동안 갑골학자들의 연구를 종합해 새롭게 출간한 《갑골문교석총집》에서는 이 글자를 '봉자(封子)'의 합문으로 정리하고 있다.[31] 이렇게 될 경우 해당 텍스트는 다음과 같이 정리된다.

• 在商雷封子商邑…?

이 경우 위의 점복문은 '상의 뢰 지역에서 자족을 상의 곡식창고 지역에 관리자로 정할까?'가 된다. 필자는 이 갑골문의 내용을 근거로 효(孝)라는 글자가 상대 갑골문에 존재했는가의 문제를 일단락 짓는 것이 합리적이라고 생각한다. 이상의 고석이 짧기는 하지만 효(孝) 의식이 하나의 개념으로 정리되어 문자라는 상징체계로 만들어진 때가, 적어도 현재까지의 고문자 자료를 근거로 할 경우 상대는 아니라는 점을 명확히 할 수 있기에 의미가 있다.

《설문해자》의 글꼴 설명과 부합되는 효(孝)의 글꼴이 등장한 때는 주대에 들어서이다. 이때의 청동기에 보이는 대표적인 글꼴은 노인 노(老)와 아들 자(子)가 제대로 결합한 형태이다. 아들이 노인이 된 부모를 업은 형국으로 봉양의 의미를 드러내고 있다.

효(孝), 서주 청동기 글꼴

하지만 앞서 언급하고 있듯이 글꼴의 자소를 사내아이로 국한시키고 있어 당시 효(孝)의 의식이 종법제도의 영향력 아래 속하고 있음을 단적으로 보여주고 있다. 그러면 주대에 이 효(孝)는 어떠한 용법으로 사용되었을까? 효를 한다는 행위는 주나라 때에는 어떤 의미로 받아들여진 것일까? 자료를 살펴보면, 서주시대의 효(孝)의 용법은 천자나 제후 등 주나라 종법제도 내에서 권력을 향유하던 귀족들이 자신들의 선친이나 조상들에게 진행하는 특정한 제사에 국한되고 있었다.

이제 이 문제를 주대 청동기들을 살피며 분석해보려 한다. 먼저 서주시대의 청동기 '숙악부궤(叔鄂父簋)'를 보자.

• 위대한 선친 왕에게 풍성한 제물로 자식의 도리를 다하는 효 제사를 지내다. (享孝于皇君.)

서주시대 청동기가 모두 제기라는 사실을 전제로 할 때는 물론이고, 당시 기록의 용례를 놓고 볼 때 서주시대의 효(孝)는 앞의 풍성한 제물을 암시하는 제사 향(享)과 함께 제사의 방법으로, 즉 동사적 용법으로 사용되고 있음을 알 수 있다. 이번에는 '혜중종(兮仲鍾)'의 기록을 보자.

- 위대한 조상들을 추모하며 자식의 도리를 다하는 효 제사를 지내
  다. (追孝于皇考.)

여기서 추(追)의 경우는 효(孝)라는 제사 동사를 수식하는 부사어이
다. 조상의 과거 행적을 추적하고 추모하는 의미를 담고 있다. 이러한
텍스트들은 효(孝)가 서주시대에는 혈친의 조상들에게 진행하는 특정
제사로 사용되었다는 사실을 증명해준다. 특히 향효(享孝)와 추효(追孝)
는 서주시대 청동기 명문에서 효(孝)와 관련해 자주 등장하는 주요 어
휘이다. 이를 통해 적어도 주대 초기 종법제도가 만들어질 당시에는
효(孝)가 부모에 대한 인간의 본능적 감정을 나타내는 상징으로 사용되
지 않았던 것으로 추측된다. 즉 종법제도 내에서 엄밀한 규칙에 의해
집행되는 제사의 일환이었던 것이다.

이러한 이해를 바탕으로 하여, 일반적으로 주나라 당시의 기록으로
이해하고 있는 선진 문헌들 속의 효(孝) 관련 기록들, 예를 들면 《논어》
〈이인(里仁)〉의 기록을 보자.

- 3년 동안 아버지의 뜻을 거스르지 않으면 효라고 할 수 있다. (三年
  無改於父之道, 可謂孝矣.)

《논어》가 서주시대에 살았던 것으로 알려져 있는 공자가 했던 말이
라고 하지만, 이러한 내용은 비슷한 시기의 청동기 기록 속에 담긴 효
(孝)의 의미나 용법과 거리가 있다. 이번에는 역시 주대의 가치관을 담
고 있다고 전해지는 《효경》을 보자.

- 무릇 효란 친족을 섬기는 데서 시작해서 임금을 섬기는 과정이 되고 마침내 조정에 나가 일을 하게 되는 것이다. (夫孝, 始於事親, 中於事君, 終於立身.)

이 역시 효(孝)가 제사를 행하는 동사로 사용되고 있는 주나라 청동기 기록들과 어긋나는 내용들이다. 특히 효(孝)의 과정을 단계적으로 보는 분석적 적용이나 개인의 영달과 연결 짓는 부분들은 초기 효(孝)의 개념이 정립되기 시작한 서주시대의 분위기와 잘 들어맞지 않는다. 이런 면에서《시경》〈주송(周頌)〉편의 '월소자(閔小子)'에 보이는 다음의 내용은 주대 당시의 정황을 비교적 가감 없이 전하고 있다.

- 효로써 향으로써 (以孝以享.)

이 표현은 앞서 청동기 '숙악부궤'의 '위대한 선친 왕에게 풍성한 제물로 자식의 도리를 다하는 효(孝) 제사를 지내다(향효우황군享孝于皇君)'의 내용과 일치한다. 그 점에서《시경》기록의 진실성도 엿보게 한다. 특히 효(孝)와 향(享)을 함께 묶어놓아 쌍성 효과를 내고 있는 이 표현은 시의 리듬감을 살리면서도, 당시 이 두 문자가 제사의 형식으로 함께 사용되고 있었음을 반영하는 것이라 참고 가치가 있다.

이상과 같은 분석은 그 동안 효(孝)에 대해 오해했던 부분을 바로 잡는다는 측면에서 의미가 있다. 또 한편 효(孝)의 글꼴이 주대에 형성되었다는 것과 실제 용례를 통해 확인되는 이들 역사적 사실들은, 효의 내면을 다음의 세 가지 측면에서 살펴보는 것이 올바른 문화적 독법이라는 점을 알려준다.

하나는, 글꼴이 주대에 형성되었다고는 하지만 인간 내면에 존재하는 원형(archetype)으로서의 부모에 대한 애정과 보살핌의 본능조차, 이 글꼴이 그러한 본능을 담았다는 가정 하에, 주대에 비로소 표현했느냐의 질문과 그에 대한 답변이다. 물론 답변은 부정적이다. 주대에 글꼴이라는 상징체계로 형상화된 사실은 이전 상나라 때부터 존재해온 인식이 퇴적되어 왔다는 사실을 역으로 증명한다. 즉 상대에도 이러한 의식은 인간의 본능이기에 존재해 왔을 것이다. 단지 그것을 구체화시킨 문자가 발견되지 않고 있을 뿐이다.

두 번째는, 주대에 등장한 효(孝) 글꼴이 담고 있는 내면이 정말 인간 내면에 존재하는 원형으로서의 부모에 대한 애정과 보살핌이 투사된 것이냐 하는 질문과 그에 대한 답이다. 이 부분에 대한 답변 역시 부정적이다. 그 이유는 지금까지 살펴보고 있지만, 효(孝)는 주나라의 종법제도 구축에 필요한 종교문화적 가치가, 부모에 대한 순수하고 완전한 상태의 보살핌과 애정의 의미보다 강조되어 있기 때문이다. 바꾸어 말하면 유교에서의 효(孝) 사상은 순수한 의미로서 인간 내면에 존재하는 원형으로서의 부모에 대한 애정이 아니고, 어떤 면으로는 남성 혈통의 계승을 염두에 둔 정치적 장치로 읽을 수도 있다.

세 번째는, 주나라 때 등장한 효(孝) 개념이 인간이 생래적으로 지니고 있는 부모에 대한 본능적 감정을 의도적으로 편집해 통치권적 차원에서 활용되는 점에 주목하는 것이다. 즉 주대의 효(孝)는 인간의 본성을 순전하고도 완전하게 투사하고 있는 것이 아니라, 봉건제도의 안정적 운영을 위해 인용된 고도의 정치적 기제라는 점이다.

효(孝) 개념의 강조가 정치적 기제 측면에서 의미를 나타내고 있다는 사실은 종법제도를 형성하고 있는 내면 구조를 좀 더 깊이 들여다볼 때 분명해진다. 앞서 언급했지만 주나라 전체의 통치 구조를 거시적으로 조망해보면, 주나라 영토 안에 있는 모든 정치세력들은 단일 혈통으로 연결된 하나의 가족망을 이루게 된다. 그 가족망의 범주 안에서 천자는 천자로, 제후는 제후로, 경대부는 경대부로 서로를 부(父)와 자(子)로 호칭하며 권력망을 이루게 된다. 즉, 개인이 권력의 주체인 동시에 권력망의 측면에서는 개인이 또한 망을 이루는 개별적 요소로 작용하기도 하는 것이다.

앞서 소개한 바지만, 엘리아스는 폭력을 동반한 파괴적인 의도를 권력의 실체, 권력 그 자체라고 보았다. 반면 주나라의 종법제도에는 이러한 파괴적 폭력을 찾기는 힘들다. 하지만 종법제도는 강력한 봉건제도가 가능하도록 했다. 무엇이 그것을 가능하도록 했는가? 바로 효(孝)가 종법제도를 단단하게 했으므로 봉건제도가 그 위에 구축될 수 있었다. 때문에 종법제도는 부모에 대한 인간의 본능인 애정을 정치적으로 활용할 수 있었다는 측면에서 뛰어난 아이디어다.

두려움에 대한 본능을 폭력으로 상기시키면서 권력이 지탱되었다는 점에 비추어보면 효(孝)를 활용한 종법제도는 탁월한 사고가 아닐 수 없다. 후대 한나라 유가들의 의식이 많이 반영되기는 했지만《효경》의 '효로 천하를 다스린다(효치천하孝治天下)' 개념은 효(孝)를 통해 통치력을 확보하려던 종법제도의 핵심가치가 후대에까지 전해지고 있다는 점을 알려준다.[32]

정리를 해보면, 유가에서 강조하는 효(孝)는 인간이 본능적으로 지니고 있는 가족애와 같은 도덕성(familial ethic)이 아니라[33] 종(宗)을 핵심 가치로 하는 제도, 즉 종법제도가 봉건제도라는 정치 기제 안에서 효과적으로 작동하기 위해 도입된 가치이다. 그리고 언어문자학적인 측면에서, 효라는 글꼴은 상나라 때부터 존재해 있던 조상에 대한 제례와 관념이 주나라 왕실에 의해 시각적 이미지로 구현된 것이다. 동시에 효(孝)라는 형태소 안에 들어 있는 의미는 분명 정치적 범주에 속하는 것인데, 이러한 내용은 한나라 유가들이 저술한 《한서》〈곽선전(霍先傳)〉의 다음과 같은 기록에서 재확인된다.

• 한나라 (황제들의) 시호들은 항상 '효' 자를 사용한다. 그것으로 늘 천하를 얻는다. (漢之傳諡, 常爲孝者, 以常有天下.)

예(禮)와 권력 관리

유교사상의 내면을 정치철학적 차원에서 살핀 이승환은, 유학사상을 차별의 윤리학이며 신분차별적 봉건사회에서 사람들을 군(君), 신(臣), 부(父), 자(子)와 같은 그물망에 엮어 넣음으로써 개인을 관계 안에 속박하고 있다는 견해를 내놓았다. 그는 또한 거대한 시스템을 조화와 협동의 체계로 이끌어가는 관리 철학의 기초를 제공하는 등 유학사상이 현대의 경영관리에서도 본받아야 할 사항이라는 의견을 제시했다.[34] 이러한 관찰은 고대 유가들의 예(禮)가 현대에 이르러서도 속박과 도덕이라는, 평가의 극을 점유하고 있는 경우와 동일한 맥락에 있다. 그러면 예(禮)에는 어떠한 면이 내포되어 있기에 이토록 광폭의 스펙트럼을 형성하게 된 것일까?

철학자 펑요우란(馮友蘭)은 고대사회에서의 예(禮)의 출현을 '새로운 인간의 발견' 차원에서 설명하고 있다.[35] 그는 인간들이 하늘, 즉 천(天)에 대한 맹목적 숭배에서 벗어나 인간의 가치를 찾아내면서 만들어낸

제도로 예(禮)를 인식하고 있다.

이렇듯 일반적으로 유교문화 속의 예(禮)를 바라보는 태도는 위의 두 경우처럼 현대 사회의 맥락에서의 이해와 고대문헌을 근거로 한 발생학적인 분석이 주를 이룬다. 하지만 고대문헌을 근거로 한 결론들도 예(禮)가 형성되던 당시의 구체적 상황과 내용을 제대로 파악한 뒤에 얻어진 것이 아니다. 그 실체를 올바로 파악하기 위해서는 조금 새로운 각도에서의 접근이 필요하다.

예(禮)를 무엇으로 정의하고 있는지 알 수 있는 문헌은 예상과는 달리 《예기》가 아니라 《좌전》이다. 사실 《예기》는 주나라 초기, 예가 형성되던 시기의 문화적 상황을 전하지 못한 채, 예(禮)를 제도로 인식하고 있는 후대 유가들의 일방적 기대와 인식을 담고 있다. 우선 《좌전》〈소공 25년〉에 소개된 예(禮)에 대한 정의를 보자.

• 예는 하늘의 중심축이며 대지의 옳은 본질이다. 또 백성들의 본능적 행실이다. (夫禮, 天之經也, 地之義也, 民之行也.)

이러한 기록은 주대 일반인들의 예(禮)에 대한 인식을 대변하는 것으로 볼 수 있다. 즉 예(禮)를 하늘과 땅, 사람의 가치를 관통해 흐르는 중요한 가치로 보는 것이다. 그러하기에 예(禮)는 인간 사회에서 관측되는 모든 가치를 떠받치는 근본이 된다. 이러한 의식은 《예기》〈곡례(曲禮)-상〉에 담긴 여러 항목 소개에서 잘 드러나 있다.

• 도덕 인의는 예가 아니면 이루어지지 않는다. 교훈, 그리고 바른

것과 속된 것은 예가 아니면 갖추어지지 않는다. 분쟁과 쟁송은 예가 아니면 결정지을 수 없다. 군신, 상하, 부자, 형제의 순서는 예가 아니면 정해지지 않는다. 배움과 스승 섬기기는 예가 아니면 가까워지지 않는다. 조정에서의 정무와 군대의 다스림, 관리 임면과 법의 집행은 예가 아니면 위엄이 없어 행해지지 않는다. 사당 관리와 제사, 귀신 섬기기는 예가 아니면 성의가 없고 정중해지지 않는다.

(道德仁義, 非禮不成. 敎訓正俗, 非禮不備. 紛爭辯訟, 非禮不決. 君臣, 上下, 父子, 兄弟, 非禮不定. 宦學事師, 非禮不親. 班朝治軍, 莅官行法, 非禮威嚴不行. 禱祠祭祀, 供給鬼神, 非禮不誠不莊.)

결국 주나라 문화에서 예(禮)는 도덕의 정신적 가치로부터 조정과 군대의 관리, 심지어 귀신 섬기기라는 영역에 이르기까지 인간의 모든 행위 전반의 가치를 결정하는 근거이며 목적인 셈이다. 바꾸어 말하면, 인간의 삶과 관련한 모든 가치와 행동을 제어하는 관리학이 예(禮)인 셈이다. 때문에 《예기》 〈제통(祭統)〉에 나와 있는 다음과 같은 표현이 가능할 수 있었다.

• 사람을 다스리는 방법으로 예보다 급한 것은 없다. (治人之道, 莫急於 禮.)

그러면 이러한 예(禮)의 권위는 어디서부터 비롯된 것일까? 이 질문에 답하기 위해서는 예(禮)를 발생학적 측면에서 살펴보아야 한다. 동양에서 예(禮)의 발생학적 맥락을 언급할 때는 흔히 《논어》의 다음과 같은 구절이 인용된다.

- 은나라의 예는 하나라의 예에서 비롯되었기에 그 잃은 것과 얻은 것을 알 수 있다. 주나라의 예는 은나라의 예에서 비롯되었기에 그 잃은 것과 얻은 것을 알 수 있다. (殷因於夏禮, 所損益可知也. 周因於殷禮, 所損益可知也.)

현존하는 가치가 고대로부터의 연속성을 통해 그 권위를 부여 받게 되는 것은 위와 같은 기술로부터 가능하다. 그러나 은나라, 즉 상대 갑골문의 기록에서도 뚜렷한 연결 증거를 찾을 수 없기에 신뢰하기는 힘들다. 이렇게 말하는 이유는, 우선 상대 갑골문을 살펴보아도 예(禮)라는 글자가 없기 때문이다. 상대 갑골문에는 단지 예(禮)의 초문인 례(豊)[36]의 글꼴이 있다.

갑골문 예(禮)의 초문 례(豊)

초문 례(豊)는 갑골문의 관련 자소들만을 놓고 보면 청동 제기 안에 제물인 옥이 담긴 상형문의 모습을 보이고 있다.[37] 그래서 마치 옥을 제물로 사용하는 제기로 사용되었을 듯하다. 하지만 갑골문에서의 용례를 보면 자형으로만 보는 의미와 다소 차이가 있다. 더군다나 앞서 문헌에서 소개한 예(禮)의 내용과는 더욱 거리가 멀다. 관련 내용을 보자.

- 반드시 새로운 례를 사용할까? (惠新豊用?) (합32536)
- 반드시 이전의 례를 사용할까? (惠舊豊用?) (합32536)
- …례와 청동종 용을 …에게 만들어 바칠까? (作豊庸于…?) (합30961)

이상의 갑골문 텍스트에서 보듯이 례(豊)는 하나의 물건이며 제물이다. 그런데 이 초문 례(豊)가 악기인 청동종과 함께 사용되고 있어 위싱우(于省吾) 같은 갑골학자는 이 초문 례(豊)를 악기로 보기도 한다.[38] 이러한 견해는 갑골문에 '례를 만든다(作豊)', '례를 만들지 않는다(弗作豊)'와 같은 표현이 다수 등장하는 것으로 보아 매우 신빙성이 높다.

이렇게 보면 상나라에서 예(禮)가 가진 의미는 제례 때 사용하는 악기로 옥 장식을 했을 가능성이 있다. 하지만 글자의 자형과 관련 갑골문 텍스트에서 보듯이 초문 례(豊)에서는 후대 문헌인《예기》나《논어》에서 전하는 내용들의 실마리를 찾기 힘들다.

보통의 경우 이런 상황일 때에는 그 후대 기록, 즉 주대 청동기, 특히 서주시대의 청동기에서 관련자료를 찾을 수 있다. 그런데 흥미로운 것은 주대 청동기에서도 도움을 줄 수 있는 직접적인 내용은 발견되지 않는다는 점이다. 또 서주시대의 청동기에서도 초문 례(豊)의 글꼴만 발견될 뿐 형성자 글꼴인 예(禮)가 발견되지 않는다. 초문 례(豊)를 발생학적인 측면에서 고찰하며 발견한 이 두 가지 사실은, 예(禮)에 대한 일반적인 고찰은 물론 예(禮)에 대해 기술하고 있는 고대문헌들의 내용에 대해서도 심각한 의문을 제기하게 한다. 이는 유교문화의 기원 문제를 논하면서 일반적으로 손쉽게 표현하던 예(禮) 관련 기술들을 어떻게 신뢰해야 하는지의 문제도 제기하게 된다.

주대 청동기 예(禮)의 초문 례(豊)

주대 청동기 글꼴에서 보듯이 초문 례(豊) 글꼴의 대부분은 아직 시(示)가 자형 부호로 더해지지 않아 상나라 때의 갑골문과 외형이 닮아 있다. 의미 역시 마찬가지로서, 상당 부분 상나라 때의 상황을 이어 받아 악기의 명칭으로 사용되고 있다. 관련 기록을 보자.

- 왕이 종친 경에게 악기 례와 조개화폐 2붕을 상으로 주었다. (王賞宗 庚豊貝二朋) '豊用作父丁鼎'
- 왕이 커다란 악기 례를 소유하고 있다. (王有大豊) '天亡簋'

그런가 하면 초문 례(豊)는 인명으로도 사용되고 있다.

- 례가 아버지 정을 위해 솥을 만들었다. (豊用作父丁鼎) '豊用作父丁鼎'

초문 례(豊)가 인명으로 사용되고 있는 정황은 악기를 상징하던 초문 례(豊)가 전문 장인의 손으로 제작되었고 그 장인 집단이 초문 례(豊)로 불리고 있음을 의미한다 하겠다. 이상의 청동기 내용들은 모두 서주시대 초기에 해당하는 것들로, 과거 상나라 때의 내용과 크게 달라진 점을 발견하기 힘들다. 하지만 초문 례(豊)가 지녔던 의미를 살펴보면, 서주시대에 들어서면서 일반 문자학적 발전 궤도와 동일하게 조금씩 확대되기 시작한 점은 분명하다. 다음의 내용들을 보자.

• 목왕이 많은 음식물 제물을 동원한 향 제사와 례 제사를 진행했다.
  (穆王饗豊.)

위의 기록은 서주시대 청동기에 속하는 '장由화(長由盉)'의 내용인데, 초문 례(豊)가 기존의 조상 제사 향(饗)과 함께 진행되고 있다. 물론 여기서의 초문 례(豊)가 의미하는 제사의 내용을 정확하게 파악하기는 힘들다. 하지만 조상 제사에 속하는 향(饗)과 함께 진행되는 것으로 보아 앞선 시대에 사용되었던 악기의 의미와는 성격이 조금 다르다는 것을 이해하겠다. 또 이 초문 례(豊)가 의미하는 제사는 무왕이 복을 빌어주는 제례 복(福)과 함께 사용되고 있다.

• 무왕이 제례를 진행하는 것과 복 비는 권리가 하늘로부터 비롯되
  었음을 다시 축하했다. (復稱珷王豊福自天.) '何尊'

이렇게 볼 때 초문 례(豊)는 제사의 의미를 지니기는 했으나, 조상 제사와도 구별되고 복을 비는 형태의 제례와도 구별되는 내용을 지녔을

것이다. 비슷한 시기의 청동기 '맥방존(麥方尊)'의 기록을 보자.

- 왕이 배에 탔으며 배를 위해 성대하게 례의 제사를 집행했다. (王乘
  于舟爲大豊.)

위의 내용은, 초문 례(豊)가 아직은 글꼴 면에서 예의 형태를 이루고 있지는 않으나, 의미 면에서 이미 행사로서의 제례의 의미로 사용되고 있는 상황을 전하고 있다. 그리고 이러한 제례는 단순히 조상에 대한 제례가 아니라 통치 차원에서의 행사 활동으로 진행되고 있음이 특이하다. 문맥으로 볼 때, 새로운 배의 진수식을 겸해 진행하는 정치적 차원에서의 제례일 가능성이 있다. 그런가 하면 초문 례(豊)의 영향 범위가 종실과 왕실에 그치지 않고 귀족들 전반으로 확대되고 있음을 보여주는 청동기 기록도 있는데, 이는 당시 종법제도 하에서의 조상 제례 문화를 떠올려볼 때 특기할 만하다. 다음의 기록을 보자.

- 백성에게 돼지를 하사하고 항아리 술과 조개화폐를 상으로 내렸다. (豊百姓豚衆賞卣豐貝.) '士上卣'

물론 여기서의 백성을 오늘날의 일반 백성으로 이해할 수는 없다. 앞서 살펴본 바 있지만 여기서의 백성은 상나라 왕실 후손과 그 귀족들을 의미한다.[39] 하지만 어쨌든 다수에게 공개된 제례로 이해할 수 있다. 특히 위의 기록은 초문 례(豊)가 제례라는 동사 용법뿐만 아니라 제례 후 제물을 나누어주는 의미까지 포괄하는 동사로 사용되고 있어 문헌사적 의미가 깊다. 즉 초문 례(豊)의 용법이 주 왕실 혈통에 대한 협의의 조상 제사가 아니라 왕실 밖으로까지 영역을 넓히며 영향력을 행사하는 행위로 진행된다는 점을 보여준다. 그런 점에서 위 기록에서 초문 례(豊)를 통해 확장되고 있는 의미 영역은 후대에 등장한 보일 시(示)의 자소를 담은 예(禮)가 권력관리 차원에서 어떻게 활용되고 있는지를 이해하는 데 도움을 준다.

아쉬운 것은 이상에서처럼 서주시대 청동기에서도 혼령의 의미를 상징하는 자소 시(示)가 더해진 글꼴 예(禮)가 보이지 않는다는 점이다. 또 후대의 춘추, 전국시대의 청동기에서도 초문 례(豊)의 글꼴만 확인할 수 있을 뿐, 시(示)의 자소를 담은 예(禮)의 글꼴은 찾아볼 수 없다. 그렇긴 해도 주대 청동기에서 그 발전의 중요한 단서 하나를 발견하게 되는데, 그것은 임금 왕(王)과 초문 례(豊)의 자소로 구성된 글꼴이다.

주대 청동기 글꼴 례(豊)
례(豊)에서 예(禮)로 전환되는 과정을 이해할 수 있게 하는 이체자

이 글꼴의 특징은 자소로 임금 왕(王)이 첨가되었다는 점이다. 이는 주대 초기 문왕(文王)의 문(文)을 임금 왕(王)의 자소를 더한 민(玟)으로 쓰고, 아들 무왕(武王)의 무(珷) 역시 임금 왕(王)의 자소를 더해 무(珷)로 사용하던 것과 문자학적 맥을 같이 한다. 특정 자소를 더해 문자의 의

미를 더해가는 방법은 주나라 청동기에서 자주 사용하던 기법으로, 특히 왕의 이름에 임금 왕(王)을 자소로 첨가해 왕의 존재적 의미를 강화해 왔다.

지금은 사라졌지만 임금 왕(王)과 례(豊)의 합체 글꼴은 하나의 형성자로, 훗날 시(示)와 초문 례가 결합된 예(禮) 글꼴의 전신으로 이해할 수 있다. 상대 갑골문으로부터 주대 청동기 기록에 이르기까지 시(示)는 제사 대상으로서의 통치자 조상을 의미하고 있었다. 이러한 사실을 고려해본다면 살아 있는 통치자를 의미하는 왕(王)의 자소를 유사한 맥락에서 이해할 수 있다.

앞서 초문 례(豊)가 비록 주 왕실의 혈족 제사의 범주는 벗어났으나 여전히 귀족계층의 영역에 머물고 있었다. 그렇다면 이 글꼴은 예(禮)가 여전히 주나라 종법 조직 내에서 역할을 맡고 있음을 암시한다 하겠다. 때문에 후대 문헌인《예기》〈곡례(曲禮)〉에서 '예는 아래 서민들에까지 해당되지는 않는다(예불하서인禮不下庶人)'라는 표현을 남기고 있는 이유는 우연이 아니다.

결국 초문 례(豊)는 종법제도 내에서의 행사로까지 의미 영역을 확장한 뒤 점차 통치권 차원의 정치 행사로 자리매김하게 되었다. 그리고 지속적으로 의미가 확대되어 종법제도를 유지하는 정치적 장치로 성장하였고, 마침내《예기》〈제통(祭統)〉이 선언하고 있는 다음과 같은 차원으로까지 발전하게 되었다.

• 사람을 다스리는 방법으로 예보다 급한 것은 없다. (治人之道, 莫急於禮)

이렇듯 종법사회 내에서 통치 차원의 덕목 중 가장 중요한 덕목으로 예(禮)라는 행위가 등장하게 되면서 초문 례(豊)의 글꼴은 모든 가치관의 기준으로 자리하게 되었다. 그리고 마침내 도덕의 정신적 가치로부터 조정과 군대의 관리, 심지어 귀신 섬기기의 범주에까지 인간 행위의 전반을 관리하는 항목으로 세분화되었다.

종합해보면, 초문 례(豊)는 상대에는 제례 때 사용하던 악기의 명칭으로 왕의 하사품이었으나, 주대로 접어들면서 점차 제례의 명칭으로 전환되었고 마침내 왕실의 혈족 제사에 국한되지 않고 외부로 의미가 확대된 행사로서의 제례로 변모했다. 그리고 이러한 과정에서 초문 례(豊)는 점차 의미가 증폭되고 확대 재생산되면서 '예로서 천하를 다스리다(예치천하禮治天下)'의 관념으로까지 발전했다. 주대의 이러한 성장 과정 속에서 례(豊)는 인간의 삶과 관련한 모든 가치와 행동을 제어하는 차원으로까지 변모하게 되었다. 유교문화 속에 존재하는 제례의 관리학은 이렇게 완성된 것이다.

필자가 주대에 완성되었다고 보는 제례의 관리학은 서주시대에 맨처음 등장하는 새로운 관직들을 통해서도 확인된다. 상대에는 보이지 않았으나 주대에 최초로 등장하는 관직으로 《주례》〈춘관(春官)〉의 종백(宗伯)이 있다. 종백은 이른바 '나라의 례를 관장(장방례掌邦禮)'하는 직책으로 주나라 왕실의 제례를 총괄적으로 책임지고 있었다. 물론 상대 갑골문에서 보듯이 정인이 각종 제례와 점복을 책임지고 있는 사실은 있으나 종백의 경우처럼 체계적이지는 못했다.

종백은 상대의 정인들과 달리 왕실과 제후들과의 정치적 연계를 위해 진행되는 각종 제례를 관리한다는 측면에서 구별된다. 즉 종백은 제례의 형식을 이용해 통치 종족, 즉 왕실과 동성(同姓)인 봉국(封國)과의 단결을 도모하는 역할이 주된 임무였다.[40] 결국 초문 례(豊)는 종법제도를 안착시키기 위해 동원된 왕실의 국가행사였고 동시에 행정 차원의 종합 관리학이 되는 셈이다. 결국 유교문화 속에서 예가 강조되어 왔던 연유가 단순한 도덕적 이유만이 아니라 정치적 맥락이 숨어 있었던 것이다.

또 하나 종백이 등장하면서 제례를 국가경영 차원으로 격상시키자 관련 의례는 세분화되었고, 관직 역시 세분화되고 있다. 즉 제례 때에 사용되는 큰 종을 다루는 종사(鐘師), 관악기를 다루는 약사(籥師), 작은 종을 다루는 박사(鎛師) 등의 관직도 만들어진다. 학자들은 이러한 일련의 과정을 중국문화사적 측면에서 예(禮)와 악(樂)이 하나 되는 이른바 예악(禮樂) 문화의 시발점으로 보고 있다. 하지만 발전과정을 더듬어오면서 목도할 수 있었지만, 제례와 음악의 결합은 서주시대 종법이 통치 목적을 위해 제도화되어 가는 과정에서 등장한 정치적 결과물이었다. 이러한 해석이 역사적 맥락에 더 부합할 것이다.

자(子)와 손(孫), 그리고 영원회귀

주대 종법제도의 외형이 봉건제도라면, 봉건제도의 핵은 종법제도
이다. 이 둘은 그 의존적 상관관계 때문에 결코 분리될 수 없다. 이 말
은 주나라가 하나의 국가이긴 했지만 내면은 촘촘한 씨족망의 연결로
지탱되고 있었다는 뜻이다. 《좌전》〈성공(成公) 4년〉의 기록을 보자.

• 우리 씨족류가 아니라면 그 마음은 반드시 다를 것이다. (非我族類,
  其心必異.)

한 국가의 지배층이 지닌 이러한 인식에서 우리는 주대 봉건제도 안
에 담긴 종법제도의 배타성을 확인할 수 있다. 다시 《좌전》〈희공(僖公)
10년〉의 내용을 보자.

• 신은 다른 씨족류의 제사를 받지 않고 백성들은 다른 씨족을 제사

하지 않는다. (神不歆非類, 民不祀非族.)

이 기록은 주대 당시 종교문화를 구성하고 있는 정신세계의 전반을 보여준다는 점에서 관심 있게 볼 내용이다. 종교문화는 해당 문화권이 추구하는 핵심가치가 어디에 있는가를 짐작하게 한다는 측면에서, 위의 기록은 주대 정신세계가 추구하는 핵심가치가 씨족에 자리하고 있음을 말하고 있다. 이런 까닭에 주대 봉건제도에 속해 있던 통치계층의 주요 관심사는 씨족의 연속성 확보에 있었다. 씨족의 연속성이 확보되어야 제사로 연결될 수 있고, 제사가 연속되어야 권력은 안전한 존재에게 세습될 수 있었다.

따라서 앞서 례(豊)의 경우에서도 확인했지만, 씨족 제사와 현존하는 권력은 정치적으로 서로 분리될 수 없는 두 개의 연결고리이다. 이 연결고리의 어느 한쪽이라도 끊어지면 체제는 붕괴된다. 제사가 사라지면 권력이 무너지는 것이고 권력이 스러지면 제사 역시 소멸되고 만다. 따라서 이 둘의 상호보완 관계는 주대 내내 치밀하게 관리되어 왔다. 이제 그 연속성이 어떤 방식으로 확보되어 왔는가에 대해 살펴보기로 한다.

주대 봉건제도를 분석한 자료들을 보면 일반적인 정치론에서 다 확인되는 부분이지만, 통치 권력의 연속성이 보장되기 위해서는 무력과 경제력의 확보가 무엇보다 중요한 것이 사실이다. 제후와 경대부들이 개인 무력집단인 사(士)를 배양하거나 토지 확보를 위해 매진한 것 또한 물론 그 때문이다. 이와 관련한 제사의 제도화와 례를 통한 권력 관리에 대해서는 앞에서 살펴보았듯이 왕실이 전력투구했던 외형적 부분이다.

그렇다면 종법제도를 유지하기 위해 종교문화적 차원, 즉 내면적 가치 측면으로서의 이념은 어떤 방식으로 만들어져 갔는가? 살펴보니 주나라 구성원들이 찾아낸 방식은 영원회귀(eternal recurrence)의 가치 추구였다.

동서양 문화 공통으로 존재하는 영원성에의 추구를 연구했던 신화학자 질베르 뒤랑(Gilbert Durand)은, 원시 사회구성원들은 주로 달에서 이러한 아이디어를 차용했을 것으로 추정한다.[41] 달이 차고 기우는 규칙 속에서 생존을 유지하고 있듯이, 사회구성원들이 생존을 유지하고 있다고 보는 것이다. 하지만 이러한 견해는 적어도 주대 종법제도를 운영하던 구성원들에게는 적용되지 않는다. 왜냐하면 주대 통치계층들은, 당시 이들이 직접 제작한 청동기의 기록들을 놓고 보면, 보다 직접적으로 영원에의 회귀를 추구하고 있었기 때문이다. 그들은 아들과 손자, 즉 자(子)와 손(孫)을 하나로 묶음으로써 관계를 연속시키려 했고 그 관계가 영원히 지속되기를 기대했다. 번성할 번(繁)이 모(母)와 실 사(糸)의 자소를, 손(孫)의 글꼴이 실 사(糸)의 자소를 사용하고 있는 것은 이 때문이다. 이제 이와 관련한 내용을 분석해보기로 한다.

번성할 번(繁)
숙향궤(叔向簋)

자손 손(孫)
손왕손고종(孫王孫誥鐘)

먼저 서주 청동기 '붕백궤(倗伯簋)'를 보자.

서주 청동기 '붕백궤(倗伯簋)'

• 장차 자자손손이 영원히 (이 청동 제기를) 사용하여 제사를 지낼 것
  이다. (其子子孫孫永寶用享.)

상대 이후 주대도 마찬가지지만 청동기는 제사를 진행하기 위한 제
기들이다. 때문에 청동 제기들을 소중히 여기는 태도는 상대에도 존재

했었다. 하지만 서주시대의 '붕백궤(倗伯簋)'에서 보듯이 제기가 자자손 손에게 전해지면서 제사가 연결되기를 바라는 표현은 없었다. 이러한 내용이 담긴 청동기의 제작과 전수가 담은 문화적 의미는, 정치적 힘을 청동기라는 실물에 담아 후손에게 직접 전달해가고자 하는 권력 승계의 구체화 작업이다. 이제 이에 관해 깊이 살펴보기 전에 상대 청동기의 일반적인 표현을 참고하기로 한다. 상대에 제작된 '소자 궤(小子 簋)'에 사용된 표현을 보자.

상대 청동기 '소자 궤(小子 簋)'

• 아버지 정을 위해 존귀한 그릇 궤를 만들었다. (作父丁尊簋.)

위의 내용 중에 '존귀한'으로 번역한 글꼴은 존(尊)의 특별 이체자이다. 존(尊)의 왼쪽에 부수 부(阜)가 붙어 있는데, 보통 장소를 의미하는 부(阜)는 여기서는 제례를 진행하는 특별 장소를 의미한다. 일반적으로 존(尊)은 청동기의 종류를 뜻하는 글자 앞에서 한정어의 역할을 하게 되는데, 이것은 상대 청동기 내용의 보편적 구조였다. 즉 청동기 제작 과정, 또는 청동기를 제작하게 된 이유가 특별하기 때문에 존중하는 마음으로 다루어야 함을 강조한 것이다. 이는 상대 청동기에서 접할 수 있는 일반적인 규칙이었다. 그러나 위에서 보았듯이 서주시대에 들어서면서 등장한 '자자손손'의 표현은 종법제도의 형성과 연결 지어 해석할 수 있다.

흥미로운 것은 '자손'의 어휘가 서주시대에 처음 등장한다는 점이다. 상대 갑골문에도 손(孫)이 보이기는 하지만 자손으로 명문화된 기록은 보기 어렵다. 더구나 손(孫)의 경우 '손 지역에서(재손在孫)'라는 표현처럼 지명으로 쓰이기도 했다. 때문에 서주시대에 만들어진 자손이라는 어휘는 종법제도의 형성과 봉건정치의 운영 과정에서 필요에 의해 고안된 것으로 보아야 한다. 이 과정은 무엇을 설명할 수 있는 것일까? 바로 정치적 필요에 의해 종법제도가 만들어지는 과정에서 부자관계가 강조되었지만, 막상 정치적 현실이 펼쳐지는 상황에서 3대 4대로 통치권이 이어지지 않는다면 봉건국가의 안정이 위협 받는다는 사실에 직면했음을 설명한다. 당시의 고민을 적나라하게 드러낸《좌전》〈문공(文公) 16년〉의 내용을 보자.

- 관직을 버리면 종족은 보호 받을 근거를 잃게 된다. (棄官則族無所庇.)

이러한 현실 속에서 자연스레 등장한 것이 아들과 손자의 연결고리이다. 권력의 승계가 잠시 몇 대 후손에 그쳐서는 안 된다는 정치적 자각이 영원함이라는 가치에 주목하게 만들었을 것이다. 이런 의식이 영(永)이라는 글자에 투영되었고 이를 청동제기 마지막 부분에 삽입했던

것이다.[42]

자손의 개념과 연속되는 제사, 그리고 제사를 통해 닿으려고 한 영원이라는 지향점 표현들은, 그러나 역설적이게도 결국 종법제도의 현실적 한계를 드러내고 있다. 제사라는 구체적이고 지속적인 퍼포먼스의 연결 없이 종법제도는 지탱될 수 없다. 그리고 종법제도가 무너진다면 봉건제도의 토대는 붕괴된다. 자손과 제사, 그리고 영원성에의 회귀는 유교문화를 유교문화로 특징짓는 요소들인데, 이들의 출현은 도덕적 가치 추구나, 질베르 뒤랑의 추정처럼 달의 삭망에 근거한 것이 아니었다. 철저하게 현실정치 속에서의 필요에 기반한 것이었다.

특히 자손이라는 2음절이 아니라 자자손손의 4음절로 어휘를 중복시키고 있다. 당시 종법제도에 정치적 올인을 하고 있는 구성원들의 절실한 의도를 드러내는 부분이다. 또 글자의 쓰기 방법에 있어서도 작은 점 두 개로 중복의 의미를 나타내는 상징을 사용하기도 하는데, 이는 청동기 어디에서도 보이지 않는 부호이다. 중국 문자학사적 맥락에서 처음 등장하는 중복을 상징하는 이 부호의 유일함은 자자손손이라는 표현이 문화적으로 매우 의미심장함을 대변한다.

서주 초기에 만들어진 것으로 보이는 자자손손이라는 표현은 춘추시대에도 이어진다. '황유부반(黃兪父盤)'의 내용을 보자.

• 자자손손이 앞으로 이 제기를 영원히 사용하리라. (子子係係其永用之.)

서주시대 청동기에서 자자손손과 영원할 영(永)을 문장 맨 끝에서 반드시 사용하고 있듯이 춘추시대의 청동기에서도 동일한 패턴이 반복

춘추 청동기 '황유부반(黃兪父盤)'

되고 있다. 서주시대의 종법제도가 춘추시대에도 계승되고 있음을 다른 무엇보다 선명하게 보여주는 증거이다. 종족과 정권이 하나의 범주 안에서 서로를 지탱하고 있는데, 이는 시대를 건너 뛴 이후까지도 연결된다는 사실을 보여준다. 춘추시대의 실상을 보여주는 《좌전》〈장공(壯公) 28년〉의 기록이 또 하나의 참고가 된다.

- 종실이 관리하는 마을에 주인이 없으면 백성들이 위엄을 느끼지 않는다. (宗邑無主, 則民不威.)

종실의 주인이 통치의 핵심요소가 되는 구조에서 종실의 맥이 안전하게 담보될 수 있는 유일한 방법은 친계 자손의 확보이다. 이 염원이 종법제도가 여전히 권력 유지의 커다란 축을 담당하던 춘추시대의 청동 제기에도 담겨 있는 것이다. 하지만 전국시대에 들어서면서 봉건제도는 크게 흔들리게 된다. 가장 큰 이유는, 핏줄이 연결되면 정치적 결속이 당연할 것으로 생각했던 기대와 달리, 군사적 세력이 강성해진 제후들이 더 이상 주나라의 종실에게 천자의 예를 다하지 않게 되었기 때문이다. 정치 환경이 급변하기 시작한 것이었다.

앞의 2장, 3장에 소개된 상대 갑골문을 통해서도 확인했지만, 상나라 왕은 전쟁 때의 승패를 자연숭배물, 절대신, 조상신에게 물었고 승리를 구했다. 그러다 조갑 때에 이르러 전쟁의 승패는 조상신이 관리하는 상황으로 급변하게 되었다. 전쟁의 승패와 조상신과의 연결은 서주시대를 거쳐 춘추시대까지도 지속되었다. 모든 군사 활동은 언제나 조상신이 머무는 종묘에서 시작되고 마무리되었다. 전쟁의 승리를 축하하면서 조상에게 제사를 지내며 쓴 내용들은 현존하는 주대 청동기의 주류 내용들이다. 강력한 통치력을 담보하는 군사력은 언제나 조상들에 대한 제사와 연결되었는데, 이는 후대 문헌을 통해서도 확인된다. 《주례》〈하관(夏官)〉을 보자.

- 봄에는 잡은 사냥물을 흙의 신에게 제사했었다. 겨울에는 잡은 날짐승과 들짐승을 교외의 제실에 바쳤었다. 이제는 (종묘로) 들여와 잡은 사냥물로 온갖 요리를 해 제물로 바쳤다. (仲春獻禽以祭社, 仲冬致禽臨獸於郊. 入, 獻禽以享蒸.)

고대사회에서 사냥은 바로 군사 훈련이었다. 위의 내용은 제후들이 군사들을 이끌고 훈련을 한 뒤 과거에는 외부에서 제사를 끝마쳤지만 이제는 조상의 종묘로 들여와 제사하는 모습을 소개하고 있다. 군사력이 종법제도 안으로 편입되는 순간을 담은 구체적 기록이다. 하지만 서주에서 춘추시대까지 정치적 영향력의 근본이 되던 종법제도는 전국시대에 들어오면서 근본부터 와해되기 시작했다. 가장 큰 원인은 군사적 힘이 중심 이동을 시작했기 때문이었다. 사회 변혁과 함께 군사력이 확장되면서 제후들은 종법의 영향력으로부터 벗어나기 시작했다. 천자의 영향력이 약화되고 있음을 감지한 때문이었다.

당시는 종족 여부에 상관없이 개별적 경제력과 군사력에 근거한 통치, 즉 군현제가 대두된 시기이다. 이제 군주의 성공은 대종, 소종의 관계나 정치적 관리학으로서의 예(禮)의 집행과 관계없이 철저하게 개인적 능력에 의해 결정되었다.

여기서 개인적 능력이라 함은 군주 개개인이 거느린 지적, 군사적 힘을 통제할 수 있는 역량을 의미한다. 때문에 제후들은 혈연과 관계없이 자신을 보좌할 수 있고 지적으로도 우수하거나 군사적 지략을 갖춘 사(士)들과 개인적 차원의 주종 관계를 결성하는 데 최선을 다하게 되었다. 핏줄의 연결 여부는 전혀 고려의 대상이 아니었다. 이 상황을 조금 단순화시켜보면, 출중한 사(士)를 중심으로 한 군사력만이 군현제를 가능케 하는 강력한 힘이었다. 《국어》〈주어(周語)〉를 통해 당시 제후들이 천자를 어떻게 능멸하고 있었는지를 살펴보자.

• 종실인 주 왕실을 거칠게 멸시하면서 자신들의 사치를 과시했다.
(暴蔑宗周而宣示其侈.)

이 기록은 당시 제후들의 경제력과 군사력이 주나라 왕실을 능가하고 있었음을 잘 보여준다. 이제 조상에 대한 제사로 군신의 관계가 유지될 수는 없는 것이 현실이었다. 경제력과 군사력의 확보는 단순히 혈친과의 연계만으로 이루어질 수 없다. 아들과 손자라 해도 경제력과 군사력이 없다면, 다시 말해 정치적 이득이 없다면 더 이상 함께 할 필요가 없는 상황이 된 것이다. 종법제도는 저절로 와해되고 있었다.

이러한 상황을 반영이라도 하듯이 전국시대 청동기에서는 앞서 보던 자자손손 또는 영원할 영(永)의 표현이 완전히 사라진다. 물론 전국시대 청동기의 용도가 제기에서 무기류로 탈바꿈을 하는 점도 특징이다. 때문에 자자손손과 영원할 영(永)의 표현이 자리할 공간도 소실되었다.[43] 대신 확인되는 기록들은 모두 무기의 주인을 나타내는 단순하고 직접적인 이름들이거나 조상의 가호를 구하기 위해 새겨놓은 간략한 조상들의 명칭들뿐이다. 종법제도의 쇠락과 군사력의 확장으로 인한 봉건제도 내부의 균열을 전국시대의 청동기와 그곳에 새겨진 내용들이 함축적으로 보여주고 있다. 조상들의 명칭이 횡으로 새겨진 창 '조을과(祖乙戈)'는 이런 점에서 가치 있는 청동기이다.

• 조상 을, 조상 기, 조상 정. (祖乙, 祖己, 祖丁.)

전국시대는 권력과 군사력의 확보만이 절실한 시대였다. 때문에 조상의 명칭을 아무런 거리낌 없이 횡으로도 쓸 수 있는 시대가 되었다. 서주시대와 춘추시대를 관통하던 조상과 후손을 연결하며 이루고자 했던 영원회귀의 염원이, 적어도 전국시대 청동기에서는 사라졌다.

전국시대 청동기 '조을과(祖乙戈)'

물론 전국시대에도 조상 제사는 진행되었지만 과거와 같이 천자, 제후, 경대부의 관계 속에서 대종과 소종의 질서를 유지하던 종법제도 내의 것은 아니었다. 단지 이제는 세력을 얻은 제후들이 자신들의 정치적 권위를 강화하기 위한 조치로, 자신들의 조상을 미화하면서 제사를 독립시키는 상황으로 변모하였다. 이제 서주시대 때 사용되었던 자자손손과 영원할 영(永)의 표현은 사라졌다. 그리고 그 표현들을 통해 드러내려 했던 영원회귀의 염원, 바꾸어 말하면 종법제도를 통해 이루려던 정치적 연속성에의 기대 역시 사라졌다.

하지만 전국시대에도 조상 제사는 반복되었다. 전국시대에는 봉건제도를 유지하기 위한 방법으로서의 종법제도가 약화되면서 자자손손과 영(永)의 표현을 통해 드러나던 영원회귀 사상이 사회 표면에서 사라졌다. 하지만 각 제후들의 개별적 제사 속에서 보다 개별화되고 심화되면서 문화 내면으로 삼투되었음을 뜻한다 하겠다. 정치적 토대로서의 제사망 속에서 존재 이유를 확보했던 제사가 또 다른 정치적 이유에 의해 개별적으로 독립되고 있던 것이다. 이러한 전국시대의 상황은 종법제도가 사라진 후에도 유교문화 속에서 조상 제사가 여전히 유지될 수 있도록 하는 계기가 되었다. 그런 점에서 다분히 문화사적 의미가 있다.

5장

주대 청동기에 인(仁)이 보이지 않다

공자가 춘추시대 말기의 인물로 알려져 있기에 그 시대의 청동기 기록들은

중요한 증거들이 된다. 하지만 흥미롭게도 춘추시대 청동기 어디에서도

인(仁)의 기록은 물론 인(仁)의 글꼴조차 발견되지 않는다.

인(仁)의 불편한 진실

유교문화를 논하는 데 있어 인(仁)을 빼놓는다는 것은 상상조차 힘들다. 유교문화를 형성하게 된 사상의 근간이 공자로부터 비롯되었고 공자 사상체계의 핵심이 인이라는 점에 대해서는 이제껏 이론(異論)의 여지없이 전해지는 정설이기 때문이다.

중국 신문화운동을 앞장서서 이끌던 베이징대학 교장 차이위엔페이(채원배蔡元培)는, 유가사상이 맹공을 받던 상황에서도 공자의 인(仁)에 대해서는 긍정적인 평가를 남겼다. 그는 인(仁)을 '여러 가지 덕성이 완성된 인격의 명칭(제덕완성인격지명諸德完成人格之名)'이라는 자신의 견해를 밝혔다.[1] 차이위엔페이의 이러한 언설을 통해, 동양문화 속에서 유교문화의 부정적인 면이 거론된다 해도 인에 대해서만은 긍정적인 평가가 유지되고 있는 이유의 일면을 읽을 수 있다.

때문에 유교의 기원을 이야기할 때에 공자와 인(仁)과 관련한 사항은 언제나 중요한 요소로 등장한다. 하지만 인(仁)을 정확하게 무엇으로 풀어야 하는지에 대한 결론은 마련되지 않은 듯하다. 한국어에서 흔히 '어질다'로 풀고 있는 인에 대한 명확한 정의는 간단치 않다. '어질다'의 의미는 아마도 《맹자》〈공손추(公孫丑) 상〉의 다음과 같은 기록 때문에 비롯된 것일 수도 있다.

• 측은히 여기는 마음이 인의 시작이다. (惻隱之心, 仁之端也.)

하지만 맹자의 이런 설명은 주관적이기도 하고 또 인간 심리의 부분적 단면에 착안하고 있어, 유교라고 하는 문화 가치의 전체를 포괄하기에는 무리가 있다. 더구나 이는 공자 자신의 언급도 아니어서 인(仁)의 개념이 맨 처음 어떻게 형성되었는가를 탐색하려고 나선 이 책의 입장에서는 여전히 거리감을 느낀다.

중국의 대표적인 철학자 펑요우란은 공자의 사상을 직(直), 인(仁), 충(忠), 서(恕)로 요약한 뒤[2] 인(仁)과 관련한 문헌을 상세히 언급하고 있다. 펑요우란은 인(仁)을 '자기 마음을 미루어 남을 헤아리는(퇴기급인推己及人)'의 마음가짐으로 해석하고 있다.[3]

이런 영향을 받은 탓인지 중국계 학자 아이허 왕(Aihe Wang)은 인(仁)을 자비심(benevolence)으로 해석한다.[4] 인간관계의 측면에서 정서적인 면을 강조한 해석이다. 반면에 유교의 형성 과정을 서구적인 시각에서 분석한 마흐론(Mahlon)은 인(仁)을 인문정신(humanity)[5]으로 보고 있다. 헤겔 철학의 관점에서 유교의 인(仁)을 보아야 했기에 인간적인 정서가 아닌 인간 행위 전반에 걸친 인문주의적 가치에 방점을 둔 듯한 태도이다. 그런가 하면 유교의 기원 문제를 탐색한 한국의 김승혜는 공자가 인(仁)이라는 단어에 새로운 의미를 부여하여 덕의 절정, 즉 인간성의 완성을 표시하는 전문용어로 만들었다고 주장하였다.[6] 인(仁)과 관련한 기록들을 참고하는 과정에서 나온 포괄적 해석으로 보인다.

인(仁)이 이렇듯 다양한 의미를 포괄하고 있음에 주목한, 현대 중국 사상계를 대표하는 학자의 한 사람인 리저허우(이택후李澤厚)는 공자를 재평가하면서, 공자의 인(仁) 사상은 단순한 하나의 정서가 아니라 인성이 지니고 있는 종합적인 형태의 것이라는 견해를 밝혔다. 더불어 그는 인(仁)이라는 글자가 일찍부터 존재했으며 그 글자를 통해 사상적 체계를 최초로 만든 인물이 공자라고 확언하였다.[7] 리저허우의 이러한 평가는 고대문헌으로부터 현재의 사상가들을 총망라한 상황에서 내린 것으로, 현존하는 공자의 인(仁) 관련 정의와 해석들의 종합적 결론으로 볼 수 있다.

이상에서처럼 요약한 견해들은 유교문화와 관련해 일반적으로 수용되고 있는 것들이다. 이러한 결론이 수용되어야 하는 당위성 문제는 차치하고라도, 인(仁)을 유교문화의 대표적 가치체계라고 보편적으로 받아들이고 있는 이유는 우선 《논어》에서 인(仁)이 105회나 등장하고 있기 때문이다.[8] 이러한 수치는 도(道)가 60회, 의(義)가 24회, 애(愛)가 9회씩 등장하는 상황과 잘 대비된다.[9] 동양의 유교문화 속에서 《논어》가 지닌 절대적인 영향력을 떠올려볼 때 《논어》가 내린 인(仁)의 정의는 확대 재생산되면서 확고하게 자리매김했을 것이다.

이러한 연유로 유교사상의 연원, 특히 인(仁)의 의미를 탐색하는 데 있어서 《논어》의 기록들은 여전히 절대적인 분석 대상으로 자리하게 된다. 예를 들어 인(仁)이 무엇인가의 문제를 해결하기 위해 가장 빈번하게 인용되는 구절은《논어》〈안연(顔淵)〉의 다음과 같은 내용이다.

- 자기를 극복하고 예로 돌아가는 것이 인의 경지이다. (克己復禮爲仁.)

유교문화의 뿌리를 탐색했던 김승혜는, 안연이 공자에게 인(仁)이 무엇인가를 묻자 대답한 이 구절이 인에 대한 공자의 가장 함축적이고 정확한 설명이었다고 평가했다.[10] 자신의 인격을 닦고 타인에게로 관심의 초점을 옮기는 과정이 '극기복례(克己復禮)'의 과정으로서, 인(仁)의 사회적 성격이 드러나는 부분이라고 보는 것이다. 그런데 여기서 인(仁)의 의미 영역을 한정하고 있는 '극기복례' 표현 속의 예(禮)를, 김승혜 식의 이해가 아닌 앞선 4장에서 진행했던 예(禮)의 이해를 바탕으로 다시 따져보면 조금 다른 결론을 얻게 된다.

주대 시기 전반에 걸친 청동기 기록들과《좌전》등의 내용을 토대로 예(禮)의 의미를 발생학적 관점에서 확인했듯이, 예(禮)는 제례 때 사용하던 악기의 명칭으로 일종의 하사품이었다. 그 후 점차 제례의 명칭으로 전환되었지만 초기에는 왕실의 혈족 제사 범주에 머무르고 있었다. 그리고 마침내 왕실의 혈족 제사에 국한되지 않고 외부로 의미 영역이 확대된 행사로서의 제례였다. 그리고 이 과정에서 예(禮)는 점차 의미가 증폭되고 확대 재생산되면서 '예로서 천하를 다스리다(예치천하 禮治天下)'의 관념까지 발전하게 되었다. 또 이러한 성장 과정 속에서 예(禮)는 인간의 삶과 관련한 모든 가치와 행동을 제어하는 제례의 관리학으로 변모했다.

주대 청동기의 기록을 살피던 중 예(禮)의 발생학 측면에서 주대의 정의를 얻게 되었다. 그런데 이 정의는 비슷한 시간대의 언설을 담고 있다고 이해되는《논어》가 〈안연〉 편에서 전하고 있는 '극기복례'의 그것과 편차가 있다. 때문에 인(仁)이 공자 사상 전체를 묶고 있고, 인(仁) 안에 극기라고 하는 도덕적인, 또 한편 내면적인 요소와 복례(復禮)라는 사회문화적인 요소가 모두 포괄되어 있다는 해석[11]은 당시의 사회적 문화적 배경을 충분히 전달하지 못하고 있다. 아니면 예(禮)를 근거로 한 인(仁)의 풀이는 적어도 실증 자료에 대한 인식이 완전하지 못한 상태에서 이해한 것이라고 볼 수 있다.

앞에서 탐색해보았듯이 주대의 청동기에는 혼령의 의미를 상징하는 자소 시(示)가 더해진 글꼴 예(禮)가 보이지 않는다. 즉 서주 시기는 물론 춘추, 전국시대의 청동기 어디에도 초문 례(豊)의 글꼴만 보일 뿐 후기 형성 글꼴 예(禮)는 보이지 않는다. 또 의미도 단순히 제례의 범주로 국한되고 있었다.《논어》〈안연〉의 '극기복례'에서 볼 수 있는 도덕적 관념으로서의 예(禮)는 아직 등장하고 있지 않다. 때문에 춘추시대 말기에 등장한 것으로 알려진, 공자가 언급한 예(禮)를 근거로 한 인(仁)의 설명은 당시의 언어활동이나 문화적 배경과 잘 들어맞지 않는다.

이 상황은 두 가지 면에서 새로운 차원의 문제를 제기한다. 하나는 위의 어록이 공자 자신의 것이라는 전제 하에, 공자의 출생연도에 대한 신빙성 문제이다. 즉 위의 말을 공자가 직접 했다면 그의 출생연도는《사기》의 기록을 근거로 추정한 춘추 말기[12]가 아닐 가능성이 있다. 다른 하나는 공자의 출생연도가 맞다면 위의 어록들은 공자의 것이 아닐 수도 있다는 점이다. 하지만 두 문제 모두 이 책의 주제와 다소 어긋나는 점이 있으므로 이 정도의 문제 제기로 그치려 한다.

어쨌든 실록을 근거로 한 분석 결과들이 기존의 인(仁) 관련 이해와 차이가 크기 때문에, 《논어》의 기록만으로 유교사상의 핵심인 인(仁)의 문제를 연구하는 것은 당분간 보류할 필요가 있다. 그보다는 새롭게 발견되고 있는 역사적 유물들을 근거로 먼저 살피는 것이 좀 더 사실에 접근하는 태도일 것이다. 《논어》의 기록들은 지하에서 발굴된 자료를 살핀 뒤 참고자료로 삼는 것이 보다 합리적이라 하겠다.

실록의 기록들을 새로운 자료로 활용하고 있는 이 책이 먼저 주목하고 있는 것은 당연히 주대의 청동기 기록들이다. 특히 공자가 춘추시대 말기의 인물로 알려져 있기에 그 시대의 청동기 기록들은 중요한 증거들이 된다. 하지만 흥미롭게도 춘추시대 청동기 어디에서도 인(仁)의 기록은 물론 인(仁)의 글꼴조차 발견되지 않는다. 이는 앞서도 언급했지만 《논어》 속의 인(仁), 다른 관점으로 말하면 공자의 인(仁)이 그토록 많이 언급된 사실과 맞지 않아 충격적이다.

인(仁)과 관련해서 특기할 부분은 주대 청동기를 통틀어 인(仁)이 단한 차례만 등장한다는 점이다.[13] 물론 그 이전의 상대 갑골문에서도 인(仁)의 글꼴은 발견되지 않는다. 이 발견은 자료를 탐색한 필자를 놀라게도 했지만 이 책을 읽는 독자들에게도 놀라움으로 다가갈 것이다. 유일하게 글꼴을 담고 있는 주대 청동기는 '중산왕響정(中山王響鼎)'으로, 전국시대 말기에 속하며 관련 내용은 다음과 같다.

- 하늘이 커다란 명령을 짐의 나라에 내렸다. 그 충성된 신하들을 하사했는데, 순종적이고 겸비하여 모두 인하지 않음이 없다. (天降休命 于朕邦, 有厥忠臣賁, 克順克俾, 亡不率仁.)

주대 청동기에서 단 한 번 등장하는 인(仁)은 단순히 술어로만 사용되고 있다. 즉 이미 동사적 의미를 지니고 있어 이 기록만으로는 당시 인(仁)이 담고 있는 내면의 가치가 무엇인지를 정확하게 파악하기 어렵다. 표의문자라는 특성상 명사적 의미로 활용되고 있다면 그 본의를 파악하기는 그리 어렵지 않다. 하지만 하나의 의미로 고착된 상태의 술어로 사용되고 있기에 본의를 분석해내기 어렵다.

청동기에 나타난 자형을 분석해보면, 주검 시(尸)와 이(二)의 자소로 결합되어 있다. 때문에 글꼴의 본의가 무엇인지를 알아내기 쉽지 않다. 시(尸)의 글꼴은 고대문자에서 사람 인(人)과 자주 호환되고 있기에 현대 한자 인(仁)에 담긴 자소 인(亻)과의 연결이 그나마 이루어지기는 하겠으나, 자형의 이미지에서 바로 어떤 의미를 파악해내기는 여전히 쉽지 않다.

주검 시(尸)와 두 이(二)의 자소로 결합된 인(仁)의 글꼴
전국시대 청동기 '중산왕🦡정(中山王🦡鼎)'에 처음으로 등장

단지 서술어 인(仁)의 앞에 '순종적(순順)'과 '겸비하다(비俾)'의 부사어가 있고, 또 그 부사어들이 왕과 신하라는 정치적 틀 안에서 사용되고 있는 사실을 통해, 인(仁)이 정치적인 의미 영역에 속하고 수동적인 심리 상태와 연계되어야 한다는 당위성을 확보할 수 있을 뿐이다. 이런 까닭에 이미 도덕적 범주에서 해석되어야 할《논어》안에 보이는 인

(仁)과 관련된 의미들을 여기서 그대로 적용하기도 힘들다.

더구나 꺼려지는 것은 '중산왕🐘정'은 전국시대 중산(中山)이라는 나라의 왕이 자신의 통치권의 정당성을 강화하기 위해 만든 청동기로, 내용이 상당한 정도의 정치적 의도를 담고 있을 개연성 때문이다. 반면에 《논어》에서 보여주는 인(仁)의 의미는 정치적 가치나 태도를 의도적으로 배제하는 것이 일반적이어서 불합치가 심하게 일어난다. 또 앞서도 잠시 언급했지만 《논어》 속의 인의 표현이 정확하게 어느 시대의 문화적 사회적 배경 속에서 사용된 것인지 단정하기 힘들다는 점도 '중산왕🐘정'의 인(仁)을 함부로 해석하기 어렵게 한다.

하지만 다행히 최근 소개되고 있는 전국시대의 죽간[14]들은 이러한 고민을 해결해줄 수 있는 자료들이다. 유교문화의 핵심가치인 인(仁)을 분석하면서 전국시대의 죽간들을 참고해야 하는 이유는 우선 이들 죽간들의 작성 연대가 비교적 분명하기 때문이다.[15] 일반적으로 고문자의 연구에 있어서, 문자나 어휘의 의미 영역을 확정 짓는 데 출현 시기의 파악이 중요한 기준으로 활용된다. 이러한 현실을 감안할 때, 출현 시기를 거의 확정 지을 수 있는 죽간의 연대를 근거로 인이 지닌 문화적 맥락을 추적하는 일은 의미가 깊다.

일반적인 이해와 달리 인(仁)이 서주는 물론 춘추시대에도 등장하지 않았다는 사실을 앞서 언급한 바 있다. 그리고 전국시대에, 그것도 왜 후기에 들어 인이 등장했는가를 알아본 연구가 있는지도 살펴보았으나 한, 중, 일 그리고 서양의 학자들에게서도 발견되지 않았다.

이는 아마도 동서양의 학계와 일반인들이 인(仁)의 출현과 의미를 《논어》에서 종결 짓고 있는 현재적 상황 때문일 것이다. 따라서 이 문제에 대해서는 참고할 만한 언급을 얻기 어려워 보인다. 때문에 전국시대의 사회 문화상을 전하고 있는 문헌들과 관련 연구 자료들에 대한 연계 분석이 매우 중요하다. 유교문화 속의 인(仁)과 관련한 새로운 이해를 위한 단서는 여기서부터 찾아질 수밖에 없을 것이다. 이 분석 과정을 의미 있게 진행하기 위해서는 먼저 전국시대의 사회적, 문화적 특징에 대해 살펴볼 필요가 있다. 앞선 장에서 종법제도와 봉건제도에 대해 살피면서 상세히 기술하기도 했지만 여기서는 조금 다른 측면에서 당시 상황을 기술하기로 한다.

우선 전국시대는 과거 서주시대와 춘추시대에 유지되고 있던 종법 사회의 틀이 무너지던 시기이다. 주나라가 서쪽 이민족의 공격을 받고 동쪽 낙읍으로 도읍지를 옮기면서 시작된 동주 시대는 혈통에 근거한 종법제도가 와해되는 후유증을 낳게 된다. 그 후 춘추시대를 지나며 점차 약화되어 가던 종법제도는 전국시대에 이르면서 유명무실해진다. 대신 군현제가 출현하게 된다. 이 시기의 상황을 이 책의 성격상 필요한 만큼의 정도로 살펴보기로 한다.

종법제도가 역할을 하던 서주시대에는 지역 사이에 갈등이 있어도 맹약의 형식을 통해 화해가 진행되었다. 조상신 앞에서 희생의 피를 마시며 질서 유지를 다짐하던 맹약은 서로의 적통성은 인정하면서, 즉 씨족적 제례와 전통은 유지시킨 채 평화를 유지하는 방식이었다. 그러나 군현제의 경우, 힘이 약한 지역은 무력으로 정벌한 뒤 자신의 혈족이 아닌 능력 있는 가신을 통치자로 정하는 새로운 방식이었다. 때문에 약육강식이 일반화된 상황에서 친족이라 해도 능력이 없으면 군주 자신의 안위가 위협을 받게 되므로 능력 있는 인물들과의 인적 결합이 무엇보다 중요했다. 이제 혈연을 떠나 개인 능력에 따라 사적인 주종 관계가 군현제를 가능케 하는 내부 동력이 되었다.

이렇듯 새로운 인간관계가 등장할 수밖에 없었던 요인이 여럿 있지만, 이 책에서 살펴보아야 할 종교문화적 관점에서 가장 중요한 부분은, 이제 조상 제사 등의 종교적 권위와 귀신 신앙만으로는 더 이상 사람들을 구속할 수 없게 되었다는 자각[16]이다. 또 하나, 군현제가 발전하게 된 요인은 춘추시대 말기로부터 시작된 철기문화의 시작이다.

무력으로 지역을 통치하게 된 군주들은 이전까지는 하층민들이 마음껏 사용하던 농지, 산지, 해안을 자의적으로 점거하면서 생산물을 독점하게 되었다. 생산물의 독점은 개별 군주들이 경제적으로 독립할 수 있도록 했다. 또 생산물 독점 과정에서 일어나는 재화의 이동과 보존 등의 활동으로 인해 상품의 유통이 활발해졌다. 경제구조가 달라지게 된 것이다. 때문에 춘추시대 말기 이후로 진행된 군현제의 출현을 상품 경제의 발달 때문으로 보기도 한다.[17]

어쨌든 춘추시대 후기와 전국시대 초기에는 과거 종법제도에 의해 봉해졌던 적지 않은 군주들이 격변하는 사회 변혁을 따라 잡지 못하고 있었다. 또 유명무실해진 주나라 왕실은 새로 세력을 일으키며 과거 자신이 섬기던 군주의 영토에 군과 현을 설치하며 봉건질서를 무너뜨리는 신흥세력들에 대해서도 속수무책이었다. 결국 전국시대는 이제 과거 종법제도 내에서의 조상 제례를 근거로 한 종법적 결속력만으로는 유지될 수 없는 사회가 되었다. 《전국책》〈위책(魏策)〉의 다음과 같은 내용은 당시 사회 상황이 어떻게 변모하고 있는지를 잘 보여준다.

- 혈친인 형 아우는 같은 부모의 자식들이지만 오히려 돈과 재물을 놓고 다투게 되었다. (夫親昆弟, 同父母, 尚有爭錢財.)

즉 혈족을 근거로 형성되었던 상류 귀족층이 종법제도를 통해 여전히 권력구조의 얼개를 유지하고는 있었다. 하지만 그 내면의 결속력은 경제 상황의 급속한 변모로 와해되고 있었다. 또 하나, 전국시대에는 하류층에게서도 변화가 일어났다. 관직의 경우 과거로부터 있던 종법 세습을 깨뜨리고 능력 위주로 관리를 선발하려는 시도가 제시되었다. 권력을 가진 관리가 세습되지 못하는 상황은 다른 무엇보다도 종법제도를 무너뜨리게 되는 직접적인 원인이라고 볼 수 있다. 새로운 문화의 출현은, 그리고 문화의 대두는 앞서 언급했듯이 신흥군주들 자신이 스스로의 권력을 방어하기 위해 최고의 능력자를 찾을 수밖에 없었던 현실과 맞물려 폭발력을 배가시키고 있다. 이번에는 《설원(說苑)》〈정리(政理)〉의 기록을 보자.

- 아버지가 공이 있으면 아들에게 녹을 준다. 공이 없어도 그 녹을 먹을 수 있다. … 노력을 한 자에게 먹이고 공이 있는 자에게 녹을 준다. 능력이 있는 자를 사용하고 상은 반드시 실행하고 벌은 반드시 합당하게 집행한다. (其父有功而祿其子, 無功而食之. … 食有勞而祿有功, 使有能而賞必行罰必當.)

이상의 정황을 종합해보면, 전국시대는 신분과 계층의 기득권이 분해되는 변혁의 시점이 된다. 이는 과거 서주나 춘추시기 때에 천제(天

祭), 효(孝), 례(禮) 등의 종법제도 내에서 효력이 있던 제례가 더 이상 통치도구로서의 역할을 못하고 있음을 나타낸다. 귀족계층을 관리할 수 있는 과거의 방법이 소멸되어야 할 시대가 온 것이다. 부자관계에 근거한 정치적 종속관계가 군현제라는 현실정치의 변환과 상품 경제라는 재화 소유의 일대 변혁 때문에 무너지고 있었다. 이제 과거와 같은 성대한 제례만으로 종법제도가 붙들고 있던 정치적 유대관계를 유지할 수 없었다.

과거 종법제도 내에서의 이른바 도덕적 가치와 제례라는 의식은 봉건사회 내에서 신분과 계층이 유지된다는 전제가 있었기에 그 의미를 확보할 수 있었다. 경제적이고 정치적 이익이 담보된다는 공감대 위에서 진행된 것이 종법사회 내에서의 제례 의식이었다면, 이제 정치적 경제적 기득권이 붕괴된 상황에서의 의미 변화는 충분히 충격적이었을 것이다. 이러한 현실사회의 급격한 전환의 시기, 즉 춘추시대가 끝나고 혼란기의 전국시대도 말기에 접어드는 시기에 등장한 가치가 바로 인(仁)이다. 전국시대 말기에 속하는 청동기에 등장하는 인(仁)의 의미를 이러한 역사적 문화적 맥락을 고려하면서 살펴보아야 할 이유가 바로 여기에 있다.

먼저 언급해야 할 점은, 앞의 '중산왕⦁정'의 내용에서도 확인했다시피 인(仁)이 과거 다른 정치적 장치들과 달리 인간 내면의 가치와 감성에 주목하고 있다는 부분이다. 인(仁)이 제례 등과 같이 종법제도 내에서의 외형적 정치적 장치들과 달리, 심리적인 측면에서 인간 내면의 가치에서 해결책을 찾으려는 시도의 결과물이라는 부분은 문화사적으로 중요하게 평가할 필요가 있다. 하지만 이제 전국시대에 유행했던 죽간과 새(璽), 즉 인장 등의 출토 기록들을 꼼꼼히 분석할 때 알아낼 수 있겠지만, 인(仁)의 가치가 단순히 도덕적 개인의 수양 차원에서 다루어질 수 있는 대상은 분명 아니다.

우선 전국시대의 죽간과 인장에 새겨진 인(仁)이라는 글자에 대해 알아보기 전에 미리 짚어야 할 것이 있다. 이들 죽간과 인장에는 지배층의 사고가 기록되어 있다. 특히 사대부들이 몸에 지니고 다니며 신분을 확인하는 새라는 인장에 새겨진 인(仁)의 글꼴은, 전국시대에 통용되던 인(仁)의 가치를 일반 서민들이나 전국시대 하층 구조를 구축하고 있던 광범위한 농민들의 차원으로까지 확대 적용하여 분석할 수 없다는 점을 분명히 해주고 있다. 인(仁)이 인간 내면의 가치와 심리 영역을 드러내는 새로운 상징으로 사용되고는 있으나, 커다란 맥락에서는 여전히 종법제도라는 정치적 영역 안에 머물고 있음을 간과하지 말아야 한다.

전국시대에 새롭게 등장하고 있는 인(仁)이라는 글자가 인간 내면의 가치와 심리 영역을 반영하고 있는 사실은 전국시대 죽간에 보이는 인(仁)의 글꼴에서 무엇보다 선명하게 나타난다.

동양 문헌에서 확인되고 있는 인(仁)의 최초 글꼴
몸 신(身)과 마음 심(心)의 결합체이며, 이 글꼴에서 훗날
사람 인(人)과 두 이(二)의 형태로 변형됨. 전국시대 죽간에 나타남

전국시대 죽간에 보이는 인(仁)의 최초 글꼴은 거의 대부분 모두 신(身)과 심(心)의 자소가 결합된 형태이다. 이는 바로 전국시대 청동기에서 주검 시(尸)와 이(二)의 결합체로 나타났던 글꼴의 전신이지만, 《논어》에서 흔히 확인할 수 있었던 인(仁)과도 전혀 다르다. 신(身)과 심(心)의 자소가 결합된 글꼴은 몸과 마음이 하나 되는, 바꾸어 말하면 외부적인 행동과 내면의 의식이 일치하는 인격을 이미지화한 것으로 이해할 수 있다.[18] 특히 죽간에 보이는 다음과 같은 기록은 당시 인(仁)의 의미를 명확하게 정의하고 있어 중요하게 여겨진다.

• 인은 내적인 것이다. (仁, 內也.) (郭店, 六德 26)

내적인 것이라는 전국시대의 인(仁)의 정의는, 우선 외부적 강제력과 차별되는 개인의 성정과 내면 의식에 연결되어 있다는 점이 특징이다. 이는 유가의 가치 체계가 제례와 같은 외형적이고 정치적인 세계에서 내면세계로 바뀌고 있는 전환기적 풀이라고도 하겠다. 인(仁)이 내면세계와 연결되어 있다는 것을 보여주는 죽간 기록은 몇 개 더 확인된다.

• 오직 성정이 사랑스러우면 인에 가까운 것이다. (唯性愛爲近仁.) (上博, 性情論 33)
• 부드러움은 인을 이루는 방법이다. (柔, 仁之方也.) (郭店, 五行 41)

위의 내용은 《논어》 〈안연〉 편에서 번지가 인(仁)이 무엇인가를 물었을 때에 공자가 답한 다음의 말과 연결된다.

• 번지가 인이 무엇인지 물었다. 공자가 말하기를 사람을 사랑하는 것이라고 대답했다. (樊遲問仁, 子曰, 愛人.)

죽간에서 볼 수 있는 '성정이 사랑스럽다'와 '부드러움'의 표현은 《논어》 속의 '사람을 사랑한다'는 구체적 행위와 연결 지어 이해할 수 있다. 이는 죽간에 보이는 인(仁)의 의미가 《논어》에서는 잘 나타나지 않는다는 점에서 특기할 만한 부분으로, 결국 《논어》에 전국시대에 나타난 인(仁)의 의미가 흔적으로 남아 있다 하겠다. 어쨌든 죽간과 《논어》의 기록들은 신(身)과 심(心)의 자소가 담고 있는 인(仁)의 의미를 풀어놓은 서술이라는 점에서 의미가 있다. 그런가 하면 인(仁)은 태어나면서부터 갖게 되는 이른바 성정(또는 성품)의 영역에 속해 있다는 다음과 같은 인식도 죽간 기록에서 볼 수 있는 특이한 점이다.

• 몰두함은 인을 이루는 방법이다. 인은 성품을 완성하는 방법이다. 성품은 때로 태어나면서 갖는다. (篤, 仁之方也. 仁, 性之方也. 性惑生之.) (郭店, 性自命出)

그런가 하면 인(仁)이 도(道)와 연결되었고, 인(仁)은 가치이면서 인(仁) 자체를 이루는 방법 또한 될 수 있다는 내용도 죽간에서 발견된다.

• 도를 듣고 기뻐하는 사람은 인을 좋아하는 사람이다. (聞道而悅者, 好仁者也.) (郭店, 五行 49)
• 인한 마음을 가진 사람은 판단력이 있어 능히 성인의 도를 행할 수

있다. (仁心者明, 能行聖人之道.) (上博, 孔子見季桓子 4)

- 인으로 인을 이끌면 전진할 수 있다. 인하지 않으면 전진을 얻을
  수 없다. (仁爰仁而進之, 不仁人弗得進矣.) (上博, 孔子見季桓子 9)

위의 내용들에 보이는 도(道)의 의미가 무엇인지 살피기 위해서는 별
도의 분석이 필요하겠지만, 인(仁)이 인간 내면의 가치와 연결되어 이
해되는 존재라는 점을 확실히 부각시키고 있다. 하지만 앞서도 주의를
환기시켜 보았지만, 전국시대 죽간에 등장한 인(仁)의 의미를 마치《논
어》를 읽는 유가들의 입장처럼 일반론적인 도덕적 가치로 급격하게
환원시키거나 확대 해석하는 일은 여전히 조심스럽다.

전국시대의 인(仁)의 정의는, 우선 외부적 강제력과 차별되는 개인의
성정과 내면 의식에 연결되어 있다는 점이 특징이다. 이 표현은 종법
제도 제례의 구속력만으로는 통치가 이루어질 수 없었던 전국시대 천
자와 제후 귀족들의 한계를 역으로 드러낸다는 점에서 흥미롭다. 종법
제도는 외형적인 제도 등으로만 지탱할 수 없어 결국 무너져갔다. 어
찌 보면 인(仁)은 그러한 위기의 종법제도를 지탱할 수 있도록, 도덕이
라는 새로운 콘텐츠를 통해 정치적 역할을 수행해내야 하는 가치로 등
장한 셈이다. 제례라는 퍼포먼스가 아니라 인간 내면에 자리한 공통된
가치관인 도덕적 가치를 통해 종법제도의 느슨해진 연결을 보완해야
하는 역할이었던 것이다.

전국시대에 새롭게 등장한 인(仁)은 이제껏 보이지 않던 새로운 가
치관, 즉 인간의 마음이 공유하는 도덕적 가치를 행동으로 일치시켜야
한다는 의식이 당시 통치 계층 사이에 존재하고 있었음을 알려준다.

인간의 마음, 즉 내면에 주목하려는 시도는 일방적인 종법제도의 결속력이 깨어지고 새로운 신뢰를 바탕으로 한 새로운 인간관계의 중요성이 대두된 당시 현실의 결과물이다.

피를 나눈 부자와 형제가 아니지만 마음으로 신뢰할 수 있는 신하를 새로운 군과 현에 책임자로 파견해야 하는 당시 상황에서, 인(仁)이라는 의미만큼 적절한 책임감은 없었을 것이다. 이러한 의미 파악은 사람 인(亻)과 두 이(二)로 구성된 회의문자만을 근거로 한 전통적인 해석 차원에서는 가능하지 않다.

과거 전통적인 유가의 해석 속에서 인(仁)은 후대의 변형된 한자를 근거로 언제나 '두 사람 사이의 관계'라는 뜻으로만 받아들여졌다. 그러나 사람 인(亻)과 두 이(二)의 자소는 글꼴 발전과정에서 발생한 변형의 결과이다. 잘 알다시피 글꼴의 변형은 고대문자 발전과정에서 수시로 일어났던 상황이다.

이 과정을 잠시 살펴본다. 사실 후대의 문헌만으로 전국시대의 사회적, 문화적 의미를 읽어내기는 쉽지 않다. 신(身)과 심(心)의 결합체로서 인(仁)의 글꼴을 지금에서야 보게 되는 상황만 보아도 잘 알 수 있다. 물론 《설문해자》에는 고문(古文)의 형태로, 즉 한나라 이전에 사용되던 고문자 글꼴을 참고로 소개하고 있다. 그것은 천(千)과 심(心)이 결합된 자형으로서 쉬썬이 소개한 글꼴(아래 그림)이다. 그런데 사실 천(千)의 자형은 신(身)의 자형과 글꼴의 외형 면에서 선명하게 구별하기 힘들다. 이런 이유로 두 글꼴이 쉽사리 호환되었을 것이라 추측된다.

《설문해자》에서 고대에 존재했었다고 전하고 있는 인(仁) 글꼴
천(千)과 심(心)의 결합체로 보고 있음.
천(千)은 전국시대 죽간에 나타났던 몸 신(身)의 변형

즉 쉬썬은 당시 존재하던 신(身)과 천(千)의 호환 현상을 하나는 주류의 소전으로, 하나는 참고용 고문으로 소개했던 것이다. 하지만 그 글꼴들의 선후와 변형 관계, 내면의 의미 등을 확실히 알 수 없었다. 바로 이 점이, 전국시대의 글꼴이 쉬썬을 통해 전해지기는 했으나 그 의미가 명확하게 전달되지 않은 이유이겠다. 어쨌든 전국시대의 글꼴이 다소 외형 변화가 일어나 명확하지는 않았으나, 어느 정도 전해지고 있던 것은 사실이다.

쉬썬이 해당 글꼴을 고문으로 소개하고 있는 사실은 이 글꼴이 보다 고대의 것임을 분명히 해주고 있다. 쉬썬이 당시 주류의 글꼴로 소개하고 있는 소전 자형은 전형적인 사람 인(亻)과 두 이(二)의 결합체이다. 그리고 이 글꼴은 앞서 맨 처음 소개했던 '중산왕 정'의 글꼴, 즉 시(尸)와 이(二)의 결합체에서 다시 변형된 것이다.

현재까지 학계에 보고된 자료를 종합해보면, 동양문화의 키워드로도 볼 수 있는 최초의 인(仁)의 글꼴은 전국시대 죽간 글꼴인 신(身)과 심(心)의 결합체이다. 그 후《설문해자》의 고문을 통해 확인할 수 있듯이, 신(身)이 외형의 유사성에 따라 천(千)과 심(心)의 결합체로 변모했다. 그리고 천(千)은 다시 글꼴의 유사성 때문에 시(尸)로도 바뀌고 있음

을 '중산왕╋정'의 자형을 통해 확인할 수 있다.

여기서 심(心)의 자형은 선의 단순화를 통해 두 이(二) 형태의 선으로 심하게 변형되었는데, 이것이 '중산왕╋정'의 자형과 후대 죽간에서 나타난 죽간의 일부 글꼴(아래 그림), 그리고《설문해자》소전의 글꼴[19]들이다. 결국 글꼴의 변형이 반복되면서 원래의 모습과는 전혀 상관이 없는 시(尸), 인(亻)과 두 이(二) 등의 자소들이 등장하고 서로 결합하면서[20] 한나라 이후 주류의 글자가 된 것이다. 그리고 이 글꼴을 근거로 수많은 인(仁) 관련 문자풀이들이 등장했고, 글자의 원형과는 상관없는 해석이 유교문화 속에서 핵심가치로 자리하게 되었다.

현대 한자 인(仁) 자형의 최초 근거 글꼴
전국시대 청동기 '중산왕╋정(中山王╋鼎)'에 처음으로 등장

전국시대 죽간에 보이는 시(尸)와 이(二)의 결합체로서의 인(仁)의 글꼴
≪청화대학전국죽간(淸華大學戰國竹簡)≫ '제공(祭公)' 편에 보임

동양문화 속에서 인(仁)에 대한 이해는 언제나 도덕의 범주 안에서 진행되었다. 하지만 살펴보았듯이 시대별로 나타나는 새로운 어휘는 당시 사회의 문화적 영향과 단절되어 나타날 수 없다. 부정할 수 없는 역사적 문화적 소산인 것이다. 이러한 분석 태도는 꽤 바람직하다. 인

(仁)을 《논어》 속에서만 볼 경우 얻을 수 없었던 이해, 즉 도덕적 관점에서만의 내면과는 결을 달리하는 새로운 시사점을 얻을 수 있기 때문이다. 물론 죽간의 기록들에서 확인했듯이, 특히 '곽점, 육덕(郭店, 六德) 26'의 '인은 내적인 것이다(仁, 內也)'에서 보았듯이, 인(仁)이 인간 내면의 성정에 주목하고 있음은 의미 있는 역사적 사실이다. 하지만 종법제도의 유지라는 현실적 기능 또한 인에게 주어진 역할이다. 이 점을 소홀히 다루게 되면 인(仁)이 지닌 전모를 파악할 수 없게 된다.

인(仁)이 내적인 것이라는 표현은 인이 외형적인 강제력을 지니고 있지 않음을 드러낸다. 그러나 이 표현은 종법제도 제례의 구속력만으로는 통치가 이루어질 수 없었던 전국시대 천자와 제후 귀족들의 한계를 역으로 드러내는 것이기도 하다. 이제 인(仁)은 종법제도가 유지되도록 해야 하는 새로운 가치로 등장했다. 때문에 새로운 의미를 통해 종법제도의 내실을 유지해야 하는 역할을 맡게 된다. 이런 까닭에 인(仁)은 종법제도의 핵심가치인 효(孝), 그리고 충(忠)과 연결된다.

- 효는 인의 면류관이다. (孝, 仁之冕[21]也.) (郭店, 唐虞之道)
- 인이란 혈친을 가까이 하는 것이다. (仁爲可親也.) (郭店, 尊德義)
- 충성스러움은 인의 열매이다. (忠, 仁之實也.) (郭店, 忠)
- 온순하면서 바르고 충성스러우면서 경건한 것이 인의 최고 경지이다. (慍良而忠敬, 仁之宗也.) (上博, 從政 乙)

인(仁)을 통해 효성, 혈친과의 관계를 강조하는 상황은 이미 효(孝)의 가치가 흐려지고 혈친과의 관계가 소원해졌음을 반증한다. 바꾸어 말하면 종법제도를 지탱해 오던 내면 동기에 변화가 일고 있다는 사실을 반증하는 것이다. 충성에 대한 강조 역시 느슨해진 종법제도에 대한 우려를 담고 있다. 온순함, 충성, 그리고 경건함 역시 과거 종법제도가 정치적 역할을 충분히 감당할 때에는 특별히 강조할 필요가 없는 항목들이었다. 하지만 이들의 가치가 퇴색하면서 전국시대 말기에는 인(仁)이라는 포괄적 가치가 이들을 대체하게 되었다.

사실 전국시대에 등장한 인(仁)의 가치가 문화사적으로 의미 있는 이유는 유교문화와 관련해 유일하게 제례라는 행위와는 직접적인 관련이 없다는 점에서 의미가 있다. 이는 앞서 살펴본 것처럼, 종법제도의 쇠퇴와 함께 제례의 정치적 역할이 약화되는 과정에서 등장한 대체의 가치이기 때문이다. 이러한 정황은 종법제도의 제례가 정치적 퍼포먼스로서의 의미를 잃어가면서 인(仁)으로 수렴되어 가는 상황을 담고 있는 다음의 기록에서도 확인된다.

- 군자가 례를 행하고 그것을 의지해서 인에 거하게 된다. (君子爲豊, 以依於仁.) (上博, 君子爲禮 1)

또 이미 제례가 정치적 효용을 상실하면서 인(仁)의 하층 가치로 전락하고 있는 분위기도 동일 시대의 죽간에 나타난다.

- 례란 적게 해야 인할 수 있게 된다. (豊則寡而爲仁.) (上博, 從政甲 3)

하지만 인(仁)을 예(禮)와 연관해 사용하고 있는 경우는 전국시대 모든 죽간 중에서 위의 단 두 가지에 그치고 있다. 이러한 상황을 통해 우리는 전국시대에 예(禮)의 권위와 가치가 종법제도 내에서 추락하고 있기는 하나, 아직 완전히 인(仁)으로 대체되고 있는 상황은 아님을 감지할 수 있다. 이러한 문화적 맥락에서 《논어》〈팔일(八佾)〉의 다음과 같은 내용을 읽게 되면 이전과는 조금 달라진 해석을 얻게 된다.

• 사람이 인이 없으면 예를 해서 무엇 하겠는가? 사람이 인이 없다면 음악은 해서 무엇 하겠는가? (人而不仁, 如禮何? 人而不仁, 如樂何?)

앞서 살펴보았지만 주대의 예(禮)는 단순한 예의범절의 규범이 아니다. 정치적 의미가 담긴 통치 행위의 일환이었다. 물론 전국시대에 들어서면서 정치적 색채가 흐려지기는 했으나 예(禮)가 서민계층까지 취할 수 있는 행위는 아니었다. 때문에 전국시대 당시 예(禮)를 행하는 계층은 단순한 일반인이 아님은 자명하다. 때문에 《논어》〈팔일〉의 구절을 일반론적인 도덕적 차원에서 해석할 수는 없다. 이렇게 되면 위의 내용은 유명무실한 예(禮)의 집행이 의미 없음을 지적하고 있을 뿐 아니라, 새로운 가치 인(仁)이 구별된 면모를 드러내기 시작한 초기의 정황을 전하고 있는 것으로 보아야 한다.

전국시대라는 문화적 배경을 고려하면서 인(仁)과 예(禮)를 읽어야, 《논어》〈안연〉의 '극기복례(克己復禮)'는 한나라 유가들이 만든 도덕적 측면에서의 해석으로부터 벗어날 수 있다. 전국시대의 문화상을 근거로 한 정치적 맥락에서의 이해를 얻을 수 있게 된다는 말이다. 이제 '극기복례'란 내면의 자아를 극복하는 상황이라기보다, 전국시대에 급

성장하기 시작한 정치세력들 각자가 자기 이익의 도모를 넘어서서 여전히 종법제도의 혈통 제례에 충실해야 하는 것이 인(仁)의 덕목이라는 의미이다. 종법제도의 전통이 쇠락해 가던 시기, 마지막으로 인간적인 심성에 결속을 호소하는 상징으로 인(仁)을 읽어야 한다는 뜻이다.

결국 전국시대의 인(仁)이란 통치망 속에 존재하던 구성원들의 자발적 감성에 호소하면서 정치적 의미를 확보해가던 가치라고 볼 수 있다. 다음의 죽간 내용은 이러한 점에서 매우 가치 있다.

- 요왕과 순왕은, … 천하를 이롭게 했으나 자신을 이롭게 하지는 않았다. 인이 다다라야 할 최고의 경지이다. 때문에 옛 현명한 자, 인한 자, 성인이 이러했다. (堯舜之王, …利天下而弗利也. 仁之至也. 故昔賢仁聖者女22此.) (郭店, 唐虞之道 2)
- 은혜롭게 하지 않으면 백성을 모을 수 없다. 인하지 않은 것이다. (不惠則亡以聚民, 不仁.) (上博, 從政甲 6)
- 우왕이 즉위한 지 3년간 백성을 인으로 인도했다. (禹立三年, 百姓以仁道.) (上博, 緇衣 7)
- 군자는, … 인으로 백성에게 임한다. (君子, …臨民以仁.) (上博, 三德 22)
- 윗사람이 인을 좋아하면 아랫사람이 인하게 된다. (上好仁則下之爲仁也.) (上博, 緇衣 6)

과거 종법제도 내에서의 결속, 즉 혈통을 중심으로 한 정치적 단결이 약해진 상태에서 등장한 인(仁)이 정치적 가치를 대신하려는 시도는 전국시대 사대부들이 사용하던 인장들에서도 잘 드러난다. 다음은 전국시대의 도장들에서 사용되던 인(仁) 관련 기록들이다.

- 충과 인. (忠仁) (璽彙 4507)

- 충과 인과 생각을 지닌 사대부. (忠仁思士) (璽彙 4879)

- 인을 서로 나누면 반드시 좋을 것이다. (交仁必可) (十鐘 3)

- 인을 나누다. (交仁) (十鐘 3,6)[23]

진인(秦印)에 보이는 인(仁)
전국시대 이후 등장한 인(人)과 이(二)의 결합체

한대 마왕퇴(馬王堆)의 인(仁)

위의 내용들은 인(仁)의 가치가 정치적 영역과 분명히 연계되어 있다는 사실을 보여준다. 이는 인(仁)을 단순히 개인적 수양 차원의 도덕적 가치로만 제한해서는 안 된다는 측면에서 문화사적 의미가 있다. 특히 인(仁)을 정치적 충(忠)과 연결하는 상황은 후대 유가사상에서 보기 힘든 부분이다. 이는 후대 유가의 문헌들이 인(仁)을 도덕적 가치로 제한하고 있기에 정치적 덕목인 충(忠)과의 연결을 꺼려했기 때문으로 추정할 수 있다. 특히《논어》에서 무수히 등장하고 있는 인(仁)이 충(忠)과는 거의 연결되지 않는 정황은, 전국시대 당시 존재했던 역사적 사실과 맥락적으로 연결되지 않았다는 뜻이다. 이는 그간 유교의 기원을 다루었던 연구들 가운데 인(仁) 관련 이해에 있어 중대한 결함을 보여주었던 연구가 많았다는 사실을 암시한다.

인(仁)과 성(聖)의 표층과 심층

유가의 가치관 중에서 인(仁)과 함께 핵심적 역할을 하는 것은 성(聖)이다. 흔히 성인(聖人)으로 이해되고 있는 이 이상적 인격은 유가를 넘어 동양문화를 대표하는 이미지로 존재하고 있다. 성인의 인격형은 유가에서 흔히 일컫는 '내성외왕(內聖外王)'의 정치, 즉 성인의 인격과 왕도의 정치를 통해 점차 유가문화의 대표적 가치로 자리하게 되었다. 하지만 '내성외왕(內聖外王)'의 표현은 유가 문헌에 보이지 않으며《장자》〈천하〉에 등장한다.

사실 이 표현은 송대 이전에는 유가에 의해 받아들여지지 않았다. 때문에 흔히 성인의 개념은 유가로부터 비롯된 것이 아니라고 주장하는 경우도 있다. 그러나 유가 문헌에 성(聖)이라는 어휘가 전혀 등장하지 않는 것은 아니다. 《논어》〈술이〉는 공자가 성(聖)에 대해 다음과 같이 언급하고 있음을 알려준다. 그것도 인(仁)과 동시에 언급하고 있어 유가에서의 성(聖)에 대한 의미를 다른 차원에서 살펴볼 필요를 제시한다.

• 공자가 '성과 인의 경지는 내가 어찌 감당하겠는가. 단지 그것을
  실현하는 데 싫증내지 않으며 다른 사람에게 가르치는 데 피곤해
  하지 않으니 그러하다고 말을 할 수는 있을 것이다'라고 말했다.

(子曰, 若聖與仁, 則吾豈敢. 抑爲之不厭, 誨人不倦, 則可謂云爾已矣.)

위에서 필자가 '성과 인의 경지'라고 풀어놓은 부분을 보자. 여기서
성(聖)의 경우 대부분 성인으로 해석하고 있다. 그리고 이 성인은 인(仁)
과 함께 제시되어, 일반적으로 공자가 추구하려던 이상형으로 이해되
고 있다. 그러면 성(聖)이 지닌 의미가 어떠하길래 인(仁)과 함께 공자
에 의해서 제기되었는가 하는 문제는, 인(仁)과 달리 성(聖)은 《논어》에
서 불과 대여섯 차례 등장에 그치고 있기에 더욱 궁금하다. 또 인(仁)
의 경우 《논어》에는 보이지만 주대의 청동기에는 등장하지 않았다. 하
지만 성(聖)의 경우는 《논어》에서의 출현은 적지만 서주, 춘추시대 청
동기 문자에서 자주 등장하고 있어 이와 관련한 자료를 살펴볼 필요가
있다.

'성(聖)'이라는 표현이 유가에서 다루고 있는 성인 또는 그와 유사한
의미 영역을 보여주는 최초의 자료는 서주시대 청동기 문자이다. 다음
의 내용을 보자.

서주시대 '井鐘'의 성(聖)

- 아침과 저녁으로 성스러우며 맑다. (夙夕聖爽) '𤔲鍾'
- 깨우치고 깨우치며 성스럽고 맑다. (憲憲聖爽) '井人𤔲鍾'

서주시대 청동기 문자에 보이는 성(聖)의 글꼴이 지닌 의미를 필자는 일단 가장 기본적인 해석 관점에서 '성스럽다'고 풀었다. 하지만 그 의미가 정확하게 무엇인지를 단정하기는 쉽지 않다. 의미를 짐작하기 위해서는 서주시대 이전의 기록인 상대 갑골문을 참고할 수 있다. 갑골문에 보이는 성(聖)은 서주시대 청동기 '𤔲종(𤔲鍾)'에서 확인할 수 있는 글꼴과 동일하다.

자소를 확인해보면 알 수 있지만, 서로 다른 시대의 이 두 글꼴은 귀이(耳)가 강조된 사람 인(人)과 입 구(口)로 구성되어 있다. 때문에 얼마 전까지만 해도 갑골학자들은 이 글꼴을 들을 청(聽)으로 풀어 쓰고 있었다.[24] 하지만 최근 갑골학계는 이 글꼴을 성(聖)으로 풀고 있다.[25] 다만 성(聖)의 글꼴로 풀어 쓰는 견해[26]는 글꼴의 자소를 고려한 것이므로 그 의미는 여전히 청(聽)의 영역에서 찾아야 한다.

상나라 갑골문의 성(聖)

상나라 갑골문의 성(聖)

성(聖)의 갑골문에서의 쓰임새는 청(聽), 즉 '듣다'의 의미로 사용되었다. 갑골학자 위싱우(于省吾)는 왕이 신하 또는 제후들과의 논의에서 해결책을 얻는 것을 '청치(聽治)'라고 풀고 있다.[27] 하지만 이러한 해석은 문헌 해석에 있어 유교사관의 문제점을 종종 노출시키고 있는 중국학자들의 오류와 맥을 같이 한다. 실제로 갑골문 내용을 보면 왕이 신하 또는 제후들의 의견을 듣고 있는 정황은 보이지 않는다. 우선 다음의 갑골문을 보자.

- … 재난이 있다. (해결책을) 들음이 있을까? (…髸, 有聖?) (합14295)
- 재난이 있다. 장차 (해결책을) 들음이 없을까? (…髸, 亡其聖?) (합 14295)

상대 갑골문에서 재난과 관련한 내용들을 근거로 보면, 여기서 말하는 해결책의 들음이란 신하나 제후로부터가 아니라 앞의 2장과 3장에서 볼 수 있듯이 당시의 조상신이나, 초월적 존재로부터임을 알 수 있다. 즉 성(聖)의 본의는 통치자인 왕이 주변 신하들의 의견을 청취하면서 해결책을 모색한다는 뜻이 아니다. 말을 듣고 있는 사람의 모습을 강조한 성(聖)의 글꼴은, 통치자의 청취가 종교문화적 차원에서 진행되고 있음을 나타내고 있을 뿐이다.

이러한 특성을 서주 청동기 내용 중 '숙석성상(夙夕聖爽)'이나 '헌헌성상(憲憲聖爽)'의 표현에 적용해보면 '아침과 저녁으로 늘 (조상신 또는 하늘의 의견에) 귀를 기울이고 있으며 마음이 맑다' 또는 '깨우치고 깨우치며 늘 (조상신 또는 하늘의 의견에) 귀를 기울이고 있으며 맑다'라고 풀이할 수 있다. 바꾸어 말하면 '성스럽다'의 표현은 '조상신 또는 하늘의 의견에 귀를 기울이다'로 치환이 가능해진다. 이렇게 되면 서주시대 청동기에서 천자의 덕목을 묘사하기 위해 사용하는 성(聖)의 표현은 '성스러운'으로 해석할 수도 있겠으나, '조상신 또는 하늘의 의견에 귀를 기울이는'으로 바꾸어 적용하는 것이 합리적이다. 이것이 시대적 배경과 문화적 맥락에 더 잘 들어맞기 때문이며 표현의 모호함이 자연스럽게 제거된다. 그리고 이러한 결론은 다음의 서주시대 청동기의 내용에 적용해보아도 무리가 없다.

- 나의 '조상신 또는 하늘의 의견에 귀를 기울이던' 조상 어른들. (朕聖祖考) '禹鼎'
- 깨우침이 있고 '조상신 또는 하늘의 의견에 귀를 기울이던' 성왕. (憲聖成王) '史牆盤'

성(聖)이 담고 있던 '조상신 또는 하늘의 의견에 귀를 기울이던' 왕의 덕목, 다시 말해 통치자와 초월적 존재들과의 소통 능력을 강조한 이 표현은 점차 이상적 군주를 의미하는 성인 등의 함축된 이미지로 바뀌어 갔다. 즉 성인이란 후대 유교문화권에서 해석하듯이 단순히 인격이 높은 통치자를 뜻하는 것이 아니라 종교문화적으로 강화된 이미지를 지닌 군주인 것이다. 다시 다음의 서주시대의 청동기를 보자.

- 왕이 (인재를) 사용하는 데 성인 군주의 후손을 잊지 않았다. (王用弗忘聖人之後.) '師望鼎'
- 성인 군주의 후손. (聖孫) '班簋'

여기서 한 가지 유념할 부분은, 성인 또는 그 후손을 의미하는 성손(聖孫)의 어휘가 왕실, 즉 종법제도 내에서의 종교문화적으로 구별된 상태의 통치 계층을 의미하고 있다는 점이다. 이 표현들은 아직 유가에서 추구하고 있는 도덕적 이상형의 측면으로는 사용되지 않았다. 그러면 서주를 이은 춘추시대, 공자가 활동했다고 일컬어지던 시기에는 성(聖)의 의미가 어떠했는가? 춘추시대 역시 서주시대에 형성된 성(聖)의 기본적인 의미 배경, 즉 정치적 종법제도 내에서의 쓰임은 동일하다. 그러나 미묘한 변화가 일어나고 있는데, 우선 다음의 청동기 내용을 보자.

- 성스러운 지혜. (聖智) '齊叔之仲子平鍾'
- 깊은 지혜와 성스러운 무공. (肅哲聖武) '王孫遺者鍾'
- 지혜와 총기 그리고 으뜸의 무공. (哲聖元武) '秦曾伯簠'
- 음식 제물로 황실의 조상과 성스러운 아재비들에게 효 제례를 진행하다. (用享用孝于皇祖聖叔.) '齊鎛'

위의 춘추시대 청동기 내용을 보면, 전체적으로 서주시대와 마찬가지로 성(聖)을 조상신 또는 하늘의 의견에 귀를 기울이던 통치자의 위상을 강조하는 표현으로 받아들인다. 즉 왕실이라는 종법사회 내에서 통용되어 오던 어휘가 분명하지만, 내면적 의미는 단순히 조상신 또는 하늘의 의견에 귀를 기울이던 차원에 머물지 않는다. 대신, 지혜 등과 연결되는 상황에서 읽을 수 있듯이 왕의 인격이나 덕목을 암시하는 차원으로 바뀌고 있다. 하지만 커다란 맥락에서 보면 이들 성(聖)의 표현은 여전히 종교문화적이고 정치적 특성이 강조된 영역에 머물고 있다. 때문에 공자가《논어》에서 언급한 '인격으로서의 성(聖)'의 의미와는 여전히 거리가 있다.

춘추시대를 건너 전국시대에 이르면 성(聖)의 의미 영역이 갑자기 넓어지고 있다. 전국시대에서의 성(聖)의 쓰임새 중 가장 특이한 것은 성씨로 쓰이고 있는 부분인데, 이는 다음과 같은 청동기 기록에 보인다.

- 성趙의 부인 증희무휼. (聖趙之夫人曾姬無邮) '曾姬無邮壺'
- 진나라 경대부 성맹이 창을 만들다. (陳卿聖盟造戈) '陳卿聖盟戈'

그런가 하면 전국시대 청동기에는 숫자가 많지는 않지만 성왕(聖王)의 호칭도 등장하고 있어 성(聖)의 의미가 점차 정치적 영역으로 옮겨가고 있었다.

- 옛 성왕은 현명한 사람을 얻는 데 힘썼다. (夫古之聖王, 務在得賢.) '中山王譽方壺'

글꼴 역시 갑골문 이후의 귀 이(耳)가 강조된 사람 인(人)의 자소와 입구(口)로 구성된 구조가 여전하다.

그러나 전국시대 죽간에서는 성(聖)이 과거에 지녔던 종교문화적 의미에서 탈피하고, 오히려 다양한 의미를 담고 있어 공자가 언급한 성(聖)의 진정한 의미가 무엇인지를 파악하는 데 큰 도움을 준다. 전국시대 죽간에 보이는 성(聖) 관련 기록 중 가장 많은 것은 성인이라는 단어

전국시대 '중산왕 ☖방호(中山王☖方壺)'의 성(聖)

'중산왕 ☖방호(中山王☖方壺)'의 성(聖), 청(聽)으로 가차됨

이다. 다음의 내용들을 보자.

- 성인은 백성을 다스리는 데 백성들의 차원으로 한다. (聖人治民, 民之道也.) (尊德義, 郭店 173)

- 신하 노릇을 하려면 임금의 신하가 되고 도를 행하려면 성인의 도를 행하리라. (臣則君之臣, 道則聖人之道.) (武王踐阼 7.162)

- 나라가 망하려니 성인의 도모를 미워한다. (邦且亡, 亞聖人之謀.) (三德 5.297)

- 오자서라는 사람의 경우는 천하의 성인이다. (及五子胥者, 天下之聖人也.) (鬼神之明 5.316)

- 우왕이 성인의 정치를 3년간 했다. (禹聖正三年.) (容成氏 2.263)

- 진나라의 제후 피는 성인의 자손이다. (晉侯皮聖人子孫.) (東大王泊旱 4.204)

- 군께서는 성인이시고 또한 바르십니다. (君聖人且良.) (東大王泊旱

4.212)

- 성인의 도를 행하다. (行聖人之道.) (孔子見季桓子 6.202)

- 나라가 점괘 속에서 성인을 얻지 못하다. (邦國不得聖於籌中.) (平王與王
  子木 6.271)

이상의 기록을 찬찬히 읽어보면서 확인할 수 있지만, 성인이라는 단
어는 모두 정치적 가치관을 반영하고 있다. 정치적 가치관을 반영한다
는 표현은 결속력이 약해진 종법사회에서 성인이라는 존재가 새로운
정치적 아이콘으로 떠오르고 있음을 의미한다. 하지만 성인은 혈친의
가치관을 강조하고 있는 종법적인 영역에 여전히 머물 수밖에 없다.
특히 성인을 평범한 계층의 백성들과 계층적으로 분리하고 있는 다음
과 같은 기록은 성인 개념의 출현이 후일 유가가 철저하게 계층 분화
적인 입장에 서게 되는 단초가 된다.

- 성인의 성품과 보통 사람의 성품은 태어나면서부터 구별되지 않음
  이 없다. (聖人之性與中人之性, 其生而未又非之節於而也.) (成之聞之, 郭店 168)

'성품은 태어나면서부터 구별되지 않음이 없다'라는 구절은 종법사
회에 이제껏 등장하지 않았던 표현이다. 당시 지배 계층이 존재적 우
월감을 유지하기 위해 성인이라는 우회적 표현을 사용하고 있음을 보
여준다. 물론 이러한 이해는 현재 확인되는 죽간들이 대부분 유가들의
기록물이기 때문에 자연스럽기도 하다. 하지만 전국시대 죽간에 보이
는 도가의 문헌들은 성인이 다른 차원에서도 이해될 수 있음을 보여준

다. 다음의 내용을 보자.

- 때문에 성인은 만물의 자연스러움을 보완해줄 수 있다. (是古[28]聖人
  能輔萬物之自然.) (老子, 甲, 郭店 112)
- 성인은 욕심 부리지 않음을 욕심내야 하며, 얻기 어려운 재물을 귀
  하게 여기지 말아야 한다. (聖人欲不欲, 不貴難得之貨.) (老子, 甲, 郭店 112)
- 성인은 인위적으로 하려 하지 않는다. 때문에 패함이 없다. (聖人無
  爲, 古無敗也.) (老子, 丙, 郭店 121)
- 성인이 일을 할 경우 또한 그 명분에 의지해서 하게 된다. 때문에
  공은 완성되고 몸은 상하지 않게 된다. (聖人之從事也, 亦託其名, 古功成而
  身不傷.) (太一生水, 郭店 125)
- 공퇴무부는 성인을 미워한다.[29] (公退武夫亞聖人.) (競公瘧 6.183)

  성인의 표현이 전국시대의 유가와 도가 문헌에 공존하는 현상은, 성
인의 이미지를 유가와 도가 모두가 별 거부감 없이 사용하고 있다는
사실을 알려준다. 다른 점이 있다면 유가는 종법사회라는 틀 안에서
정치적 의미를 부여하고 있고, 도가는 행위적인 격식과 인식의 틀을
벗어난 상태로서의 초월된 이미지로 받아들이고 있다는 부분이다. 이
러한 관찰은 이제껏 유가와 도가의 사상적 융합이 송대 이후에 일어났
다고 일반적으로 알려져 왔는데, 결국 이 또한 정확치 않다는 것을 보
여준다. 송대 이전의 유가는 도가와 관련된 사상은 물론 술어들도 받
아들이지 않았다고 유교문화를 연구하는 학자들은 이해하고 있었다.[30]
하지만 필자가 살펴본 전국시대의 죽간들은 다른 사실을 보여주고 있

다. 특히 전국시대 죽간 《노자》 '갑본'의 다음과 같은 내용은 성인이
지녀야 할 정치적 처세술을 언급하고 있다.

- 성인이 백성 앞에 설 수 있는 방법이란 몸소 행해 그 뒤를 따르도
  록 하는 것이다. (聖人之在民前也, 以身後之.) (老子, 甲, 郭店 111)

이것은 지금까지 살펴본 것처럼 성인이라는 가치와 표현의 형성 과
정이 종법사회와 밀접한 관계가 있기에 당연히 정치적 분위기를 벗어
날 수 없다. 때문에 아직 유가와 도가의 구분이 명확하지 않았던 전국
시대에 도가가 성인에 대해 언급한 내용이 유가의 가치관과 겹치는 것
은 어쩌면 매우 자연스럽다. 어쨌든 이러한 배경 때문에 노자의 성인
관련 언설에서도 정치적 조언을 들을 수 있다.

하지만 도가의 언설을 담은 죽간의 기록들에서 느낄 수 있듯이 도가
에서 말하는 성인을 곧바로 정치적 범주로 끌어들이기는 쉽지 않다.
이 점은 죽간 속의 유가 기록들이 성인을 정치적 영역에서, 특히 종법
제도의 필요성 때문에 정치적 의미를 부여하는 데 망설이지 않는 경우
와 구별되고 있기 때문이다.

이런 상황에서 《논어》〈술이(述而)〉에 기록된 다음과 같은 공자의 언
급을 들여다 볼 필요가 있다. 이것은 유가에서의 성인의 위상 역시 완
전히 정치적이지만은 않다는 점을 보여준다.

- 공자가 '성인을 나는 만나보지 못했다. 군자의 경우는 (만나는 것
  이) 가능하겠다'고 말했다. (子曰, 聖人, 吾不得而見之矣. 得見君子者, 斯可矣.)

즉, 위의《논어》〈술이〉에 나타난 성인의 의미를 음미해보면, 공자는 정치적 능력과 도덕적 함양을 갖춘 이상적 존재인 군자보다 상위 개념에 속해야 할 것 같다.《논어》속 성인의 의미가 유가 계통의 죽간 기록들이 보여주는 태도보다는 오히려 도가 계통의 죽간 기록들과 맥을 같이 하는 것으로 보는 것이 합리적일 수도 있다. 이 문제는,《논어》에 보이는 공자의 기록이 속한 연대에 어떤 문제가 있을 것이라는 생각과 그에 대한 재검토가 필요할 거라는 의구심을 갖게 한다. 동시에《논어》에 보이는 성인에 대한 인식이 유가들의 독창적 사고에서 비롯되지 않았을 가능성에 대해서도 다시 살펴볼 필요가 있다. 하지만 이들 문제를 이 책에서 다 따질 수는 없는 노릇이므로 여기서는 간단히 문제 제기만 하는 데 그치려 한다.

이상의 내용을 종합해보면, 상나라 때에 만들어진 성(聖)의 의미, 즉 '조상신 또는 하늘의 의견에 귀를 기울이던' 왕 또는 제후의 정치행위를 기반으로 만들어진 이미지가 서주시대에 들어서면서부터 분명 왕의 덕목으로 구체화되고 있다. 이 과정은 당시 종법제도가 추구하는 군주의 절대성과 혼합되면서 다시 성인을 이상적인 정치지도자로 변모시키게 된다. 그 후 춘추시대에 들어서자 성(聖)이라는 추상적 존재는 성인이라는 어휘 안에서 구체적 통치 인물로 변모하게 된다.

그러나 기록을 통해 살펴보았지만, 춘추시대의 성인 관련 기록만으로는《논어》에서 공자가 언급했던 인(仁)과의 연계점을 바로 찾아내기는 힘들다. 오히려 그러한 연결고리는 전국시대에 들어서면서 완성되었다는 점이 확인된다. 특히 전국시대 도가 문헌들에 보이는, 그러니까 도가들이 성인에 대해 풀어놓은 이미지들이 공자가 인(仁)과 함께 언급했던 성(聖)의 내용과 겹치고 있다. 마지막으로 한 가지. 전국시대를 지나 진나라 때의 죽간 기록을 담고 있는《악록서원장진간(嶽麓書院藏秦簡)》이나 진나라 때의 다른 인장들에서도 성(聖)이라는 글자가 보이지 않는 것이 매우 특이하다. 이는 아마도 진나라 때 법가의 성행으로 인한 결과일 가능성이 있다.

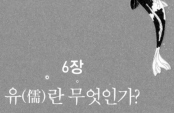

6장
유(儒)란 무엇인가?

인(亻)과 수(需)를 자소로 하는 유(儒)의 자형은 상대 갑골문,

서주와 춘추시대의 청동기, 전국시대의 죽간 어디에도 보이지 않는다.

단지 유(儒)의 초문으로 볼 수 있는 수(需)가 존재하고 있을 뿐이다.

신과 인간을 잇는 통혼자로서의 무(巫)

유교문화의 기원 문제를 탐색하면서 가장 당황스러웠던 과정은 유(儒)의 최초의 의미가 무엇인가를 알아가는 부분이었다. 동양문화 속에서 유가 또는 유교에 대한 논설은 헤아릴 수 없이 많았기에 유(儒)라는 글자의 문화적, 역사적 의미가 무엇인지는 진즉에 명확하게 드러나 있을 것이라 생각했다. 하지만 자료 수집 결과, 유(儒)의 최초 의미에 대한 고증은 미약했고, 대신 유가의 도덕적 가치와 의미에 대한 연구는 상대적으로 풍부했다.

중국 사상 연구의 대가 모우종산(牟宗三)은 '(중국 사상의) 가치의 주체를 세우는 데 있어 유가보다 중요한 것은 없다(수가치지주체樹價值之主體 막약유莫若儒)'라며 유교의 가치를 정의하기도 했는데, 이는 유가의 후대 문화에 대한 영향을 집약한 표현이겠다. 하지만 그는 유(儒)의 본질이 무엇인지에 대해서는 언급하지 않았다. 또 대부분의 연구자들 역시 유가의 본질이 무엇인지에 대해 고찰하지 않았기에 유가에 대한 정확한 유래를 이해하기 쉽지 않다. 일반적으로 유(儒)란 인(亻)과 수(需)와의 합의문자로, 수요가 되는 인재를 의미한다고 생각해왔다. 유가 철학은 근본적으로 실천 철학에서 출발한다'는 류의 해석이 통상적으로 받아들여지고 있다.

이러한 이유가 무엇인가에 대해 필자는 곰곰이 생각해보았다. 우선 이제껏 보던 선진 문헌에 유(儒)의 최초 의미가 무엇인지를 설파한 기록이 없었다. 또 문자의 최초 의미를 추적하는 데 빈번히 사용되는《설문해자》에 실린 설명이 유가의 가치관과는 동떨어진 것이어서,《설문해자》에 가끔씩 존재하는 의미 전달의 오류일 것으로 추정한 나머지 적극적인 분석을 꺼린 것으로 느껴졌다. 동시에 고대문화의 진실을 전달할 수 있는 상대 갑골문이나 서주, 춘추, 전국시대 청동기 문자, 전국시대 죽간들이 발견된 시기가 늦었고 이들 문헌의 정리도 일관되지 않았다. 이토록 파악이 쉽지 않은 상황도 유(儒)의 원래 의미에 대한 연구가 제대로 진행될 수 없었던 이유라고 생각했다.

이런 관점에서 필자는 상대 갑골문이나 서주, 춘추, 전국시대 청동기 문자, 심지어 공자 출현 연대 이후로 받아들여지고 있는 전국시대 죽간들을 샅샅이 살펴보았다. 하지만 유(儒)의 자형은 어디에서도 발견할 수 없었다. 이러한 결과는, 한 글자의 최초 의미를 더듬어가는 문자학의 일반적인 연구 방법 측면에서는 상당히 당혹스러운 것이었다.

때문에 관련 문헌과 자료들을 재삼 검토하게 되었다. 그리고 그 과정에서 유(儒)는 고대사회의 주술사 무(巫)와 연결된 존재임을 마침내 알아낼 수 있었다. 어떤 의미를 담은 문자가 후대에 존재하는 한, 때로 그것이 이전 시대로부터 일관적이고 단순한 글꼴로 연결되지 않는 경우가 있기는 해도, 결국 지나온 문화 속에 맥락적으로는 분명 존재한다는 사실을 확인할 수 있었다. 이것은 동서양을 막론하고 그 동안 진행되어 왔던 유(儒)의 기원 관련 연구를 뛰어넘는 발견이라 하겠다.

이제 6장 '유(儒)란 무엇인가?'에서는 바로 이러한 탐색 과정을 정리해가면서, 글꼴 유(儒)가 어떻게 형성되었으며 어떠한 개념을 내포하고 있는지 살펴보기로 한다.

언급했지만 유(儒)라는 글꼴은 상대 갑골문이나 서주, 춘추, 전국시대 청동기 문자, 심지어 전국시대 죽간들에서도 보이지 않는다. 그 이유는 유(儒)라는 글자에 담겨 있는 의미가 무(巫)라는 글꼴에 의해 표현되었기 때문이다. 물론 선진 문헌 속에서 유(儒) 글꼴과 무(巫) 글꼴을 직접적으로 연결 지어놓은 기록을 찾을 수는 없다. 그렇긴 해도 몇 단계의 연관점들을 이어가면 유(儒)의 최초 의미를 자연스럽게 파악할 수 있다. 하지만 이 연결 과정은 다소 복잡하다. 그 중에서도 상대의 주술사인 무(巫)에 대한 문화적 이해가 선행되어야 주대 청동기 문자와 전국시대 죽간에 등장하는 유(儒)의 초문들을 이해할 수 있게 된다. 그리고 이러한 이해가 선행되어야 한나라 때에 완성되는 유(儒)의 글꼴이 품은 문화적 의미를 귀납적으로 완전하게 파악할 수 있다.

유(儒)와 주술사 무(巫)의 연결을 문헌들이 직접적으로 전하고 있지는 않으나, 나름대로 글꼴의 본래 모습과 최초의 의미를 추적하려고 한 《설문해자》의 다음과 같은 묘사에서 단서를 찾을 수 있다.

• 유는 부드러움이다. 술사들의 명칭이다. (儒, 柔也, 術士之稱.)

위 《설문해자》의 풀이는 두 가지 내용을 담고 있지만, 두 개의 의미를 연결 짓기는 쉽지 않다. 그러나 이 둘은 서로 연결되고 있다. 이와 관련해 설명하기 전에 우선 뒷부분 술사에 대해 살펴보기로 한다. 술사에 대해 먼저 알아야 앞의 부드러움에 대한 의미를 연결 지을 수 있기 때문이다(유(柔), 즉 '부드러움'의 설명과 관련해서는 곧이어 소개되는 '비를 부르는 특정 무(巫)로서의 유(儒)' 부분에서 다시 자세히 다루기로 한다).

술사의 술(術)은 고대문헌에서 방법, 주술 등의 의미로 사용되었다. 몇 가지 예를 들어본다. 《례기》 〈악기(樂記)〉에는 심술(心術)이라는 표현이 나온다.

- 마음을 다루는 방법이 형태로 드러난다. (心術形焉.)

이 내용은 《한서》 〈예악지(禮樂志)〉에도 등장하는데 이를 주해와 함께 살펴보자.

- 마음을 다루는 방법이 형태로 드러난다. 심술이란 마음의 (상황에 대응한) 움직임이다. (心術形焉, 心術, 心之所由也.)

그런가 하면 《후한서》 〈복담전(伏湛傳)〉에도 관련 표현이 나오는데 주해에서는 이를 의료적이고 주술적인 것으로 소개하고 있다.

- 술이란 의술에서의 방법과 점을 치는 기술을 의미한다. (術, 謂醫方卜筮…)

이외에도 술(術)을 도술로 보는 기록들도 문헌에 보이고 있는데, 이는《설문해자》의 술사 표현이 후대의 주술사 어휘와 치환될 수 있는 이유를 뒷받침한다. 그런가 하면《묵자》〈비유(非儒)〉에 등장하는 유사(儒士) 단어가 술사와 비슷한 문화적 배경을 지닌 인물임을 알 수 있다. 묵자가 이들 유사들을 일컬어 '주검을 다루는 상례 전담가'라는 이유로 비난하고 있는 부분이 나온다. 이는 전국시대 제후들이 개별적으로 사(士) 집단을 소유하고 있던 역사적 배경을 고려할 때, 유사의 유(儒)가 제례 등을 담당하던 특정한 술사, 즉 종교문화 속의 구성원인 주술사로 이해되어야 함을 증명한다. 특히《한비자》〈현학(懸學)〉에서 '유가들은 말이나 글로 법을 어지럽히고 있고, 협객들은 무력으로 금도를 범하고 있다(儒以文亂法, 俠以武犯禁)'라고 평한 대목이 나온다. 이 역시, 유사의 유(儒)가 과거로부터 자신들이 지켜오던 무속 문화를 근거로 당시 새롭게 대두되던 법가와 충돌하고 있음을 설명한다 하겠다.

어쨌든 술사와 유사의 표현을 통해 확인할 수 있듯이 유가의 유(儒)를 주술을 다루는 인물로 풀어놓은 고대문헌들의 태도는 도덕적 관점에서 유가를 설명하고 있는 한대 이후의 수많은 유가 문헌들과 대비된다.《설문해자》의 설명은 때로 의미를 짐작하기 힘든 경우들이 있지만 고문자 학자들의 갑골문과 청동기 문자 해석 과정을 통해 검증되곤 한다. 유가의 유(儒)를 술사, 즉 주술사로 본 설명 역시 이러한 경우에 해당된다고 할 수 있다. 때문에 유가의 유(儒)의 연원을 캐내기 위해서는 중국 고대역사 속에서 주술사 문화의 흔적을 찾아볼 필요가 있다.

기록을 통해 확인할 수 있는 최초의 주술사 표현은 무(巫)이며 이는 갑골문에서 확인된다. 갑골문에 보이는 무(巫)의 글꼴 분석에 대해서는 이미 갑골학계에서 정리가 된 사안으로[2] 여기서 다시 반복하지는 않겠다. 단지 무(巫)의 갑골문 글꼴을 무당이 사용하는 도구로 보는 것이 일반적이기는 하지만, 자형이 정확하게 무엇을 상형한 것인가에 대해서는 여전히 약간의 논란이 남아 있다. 이 점에 있어 홍콩의 라오종이(饒宗頤)는 파리 국가도서관에 소장된 멕시코 고문자를 근거로, 무(巫)의 글꼴은 주술사가 마법을 강조하기 위해 사용한 뭔가 반짝이는 도구라고 말했다. 무(巫)의 글꼴이 고대 서방에서 유래했을 가능성이 있다고 하는 주장은 특기할 만하다.[3]

무(巫)의 갑골문

멕시코 고문자 '무(巫)'의 자형

갑골문을 통해 확인되고 있지만, 무(巫)는 상대에 막강한 종교적 권위를 지닌 존재였다. 갑골문에는 '巫曰(주술사 무가 말하기를)(합5648, 5649)[4]' 같은 기록이 '王曰(왕이 말하기를)' 등의 표현과 함께 등장하곤 한다. 이는 주술사인 무(巫)의 권위가 왕들의 정치적 권위와 때로는 대등해지기도 했던 상황을 엿보게 한다. 그런가 하면 무(巫)는 상제, 앞서 2

장과 3장에서 다룬 바 있는 제(帝)에게 제사할 수 있는 특정한 권위를 지니고 있었다. 이 내용을 잠시 살펴보자.

- 주술사 무가 한 마리 개와 한 마리 돼지로 상제에게 지내는 체 제사를 지낼까? (巫帝一犬一豕?) (합20178)
- …주술사 무가 한 마리 개로 상제에게 지내는 체 제사를 지낼까? (…巫帝一犬?) (합20178)

위 기록은 주술사 무(巫)가 상제에게 지내는 특별 제사 체(禘)를 직접 진행하고 있음을 보여준다. 다시 말해 주술사 무(巫)가 제사를 진행하는 주재자의 위치라는 점을 분명하게 드러내는 기록이다. 그런가 하면 주술사 무(巫)는 살아 있으면서도 또 제례 대상이 되는, 신적 존재로도 인식되던 독특한 존재이기도 했다.

- 계사일에 점을 친다. 장차 상제에게 지내는 체 제사를 주술사 무에게 지낼까? (癸巳卜, 其帝于巫?) (합32012)
- …상제에게 지내는 체 제사를 동쪽 (신을 담당하는) 주술사 무에게 지낼까? (…帝東巫?) (합5662)
- 신해일에 점을 친다. 상제에게 지내는 체 제사를 작은 규모로 북쪽 (신을 담당하는) 주술사 무에게 지낼까? (辛亥卜, 小帝北巫?) (합34157)

위 갑골문 내용들은 주술사 무(巫)가 인간이면서도 신적 존재로 자리하고 있음을 보여준다. 특히 주술사 무(巫)가 신과 인간을 잇는 중간자,

즉 통혼자의 역할을 맡고 있는 것을 알 수 있다. 이들 내용들은 주술사 무(巫)가 제사의 대상이 되고 있음을 알려주는 문장들이다. 특히 '합 32012'의 문장에서는 개사 '우(于)'가 사용되어 주술사 무(巫)가 동사 제 (帝)의 간접목적어라는 사실을 분명히 해준다. 어쨌든 상나라 왕실에서 주술사 무(巫)가 신과 인간과의 통혼자로서 종교적 위상이 매우 높았다는 사실을 알게 되었다. 그런가 하면 주술사 무(巫)는 마치 조상신이나 절대신 상제처럼 개별적 신위를 지니고 있기도 했다. 다음의 내용을 보자.

- 계사일에 … 주술사 무가 …를 조용하게…, 흙, 황하, 산악이…? (癸巳, …巫寮…, 土河岳…?) (합31115)
- 계유일에 점을 친다. 주술사 무가 바람을 조용하게 할까? (癸酉卜, 巫寮風?) (합33077)

자연물인 황하, 산악, 흙이 농산물과 관련한 신위를 지녔다는 점은 앞선 장에서 살펴본 바 있다. 하지만 주술사 무(巫) 역시 유사한 신위를 지니고 있다는 사실은 사뭇 흥미롭다. 물론 주술사 무(巫) 자신이 직접적인 신위를 지녔다고 보기보다는 통혼자적 입장에서 신위를 중개하는 역할을 한 것으로 기록되었다고 볼 수도 있겠다. 그러나 어쨌든 주술사인 무(巫)가 인간일 뿐 아니라 동시에 조상신이나 절대신과 같은 영계에 속하는 매우 독특한 존재임을 알게 하는 중요한 기록인 것은 틀림없다. 결국 주술사 무(巫)는 현실 속에서 강력한 정치적, 종교적 존재였고, 심지어 자신 스스로 신격인 존재의 역할까지 담당하고 있는 것이다.

그런가 하면 주술사 무(巫)는 제사의 희생으로 사용되기도 했다. 다음의 갑골문을 보자.

- 갑자일에 점을 치면서 묻는다. 여자를 제물로 쓰는 타 제사에 주술사 무를 쓸까? (甲子卜, 殼貞 : 叏以巫?) (합5658정)
- 묻는다. 여자를 제물로 쓰는 타 제사에 주술사 무를 쓰지 말까? (貞 : 叏不其以巫?) (합5658정)

위의 내용은 주술사 무(巫)의 명칭을 직접적으로 거론하며 제물로 사용하고 있음을 나타내는 기록이다. 주술사 무(巫)를 직접 제물로 사용하는 경우는 원시종교문화 관찰에서 자주 접하기도 하는데, 이는 주술사가 통혼자로서 직접 신위를 지닌 존재를 만나도록 하는 과정이라 하겠다. 갑골문에는 여성 주술사 무(巫)를 제물로 사용하는 다음과 같은 기록도 있다.

- 묻는다. 오늘 병술일에 재[5]라는 이름의 주술사 무녀를 불로 태우면 큰 비가 있을까? (貞 : 今丙戌燎姅, 有從雨?) (합9177)

상대 당시에는 무녀를 제물로 하여 기우제를 지내는 상황이 보편적이었다. 갑골학자 치우시꾸웨이(裘錫圭)는 특히 장애가 있는 사람을 태우는 습속을 소개하기도 했다.[6]

간추려보면 상대 갑골문에 보이는 주술사 무(巫)는 제사의 집행자가 되기도 하고 제사의 대상이 되기도 한다. 한편 구체적인 신위를 갖추었거나, 적어도 신위를 직접 빌어 사용하는 능력까지 갖추고 있었다는 것을 알게 한다. 이러한 현상은 사실 주술사를 뜻하는 무(巫)의 명칭이 하나의 특징을 형상화한 자형이 아니라, 다양한 특성과 영역을 넘나들던 어떤 존재에 대한 통합적인 상징임을 보여준다.

이런 까닭에 후대 문헌 《주례》를 보면 무(巫)가 남자와 여자의 성별을 초월해 통용되고 있었다. 〈춘관(春官)-남무(男巫)〉를 보자.

- 남자 무당은 야외 제사인 망(望)을 주관하고, …질병 등을 몰아낸다. (男巫, 掌望祀…以除疾病.)

이번에는 〈춘관(春官)-여무(女巫)〉의 기록을 보자.

- 여자 무당은 세시 때 악귀를 몰아내는 제사를 관장하고 피를 바르는 제사와 목욕을 관장한다. 가뭄이 들면 비를 부르며 추는 춤 제사를 진행한다. (女巫, 掌歲時祓除釁浴. 旱暵則舞雩.)

이밖에도 후대 문헌에서는 주술사 무(巫)와 관련한 다양한 기록이 많이 있다. 하지만 주술사로서의 무(巫)의 본원적 의미를 살펴보아야 하는 이 책의 성격상 이 정도의 대표적 인용에 그치기로 한다.

어쨌든 여기서 확인할 수 있는 사실은, 상대 갑골문에 보이는 주술사 무(巫)의 자형은 후대 문헌이 전하고 있는 다양한 측면에서의 정의를 이미 포괄적으로 담고 있는 문자적 상징이라는 점이다. 주술사 무

(巫)에 담긴 이렇듯 포괄적인 종교문화적 영역 때문에 관련 기록들에서 주어에 해당하는 자리에 있어야 할 주술사 무(巫)가 생략된 경우가 많다.

이러한 이해는 갑골문에 나타나는 수많은 제례 활동, 예를 들면 전쟁, 의료, 제액(除厄), 농사, 분만 등의 다양한 기록들에서 제례를 집행하는 주체인 주술사 무(巫)가, 즉 문장에서 주어 역할을 해야 할 무(巫)가 거의 생략된 이유를 설명하기도 한다. 이는 특정 상황에서 주어를 드러낼 필요가 있을 경우를 제외하고는 대부분의 점복과 제례가 당연히 주술사 무(巫)에 의해 진행되고 있음을 설명하고 있다.

이런 연장선상에서 보면 후대의 관련 문헌들은 상대 갑골문이 지니고 있던 주술사 무(巫)의 문화적 의미들을 다양한 각도에서 나누어 서술하고 있는 것으로 이해할 수 있다. 다시 말해 갑골문에서의 주술사 무(巫)는 단순한 개인적 성격으로서의 직업적 명칭이 아니라 사회영역 전체를 주술적으로 관리하는 문화적 통칭이 되고 있다.

비를 부르는 특정 무(巫)로서의 유(儒)

상대의 거의 모든 갑골문 텍스트가 점복과 제례 활동을 담은 것이라는 사실은 새삼스레 언급할 필요가 없다. 그리고 그것들을 주관하는 존재가 주술사 무(巫)의 영역에 속하고 있었다는 점은 이미 확인되었다. 하지만 갑골문에는 여전히 다양한 형태로 행해지는 점복과 제례 활동들이 특정 존재들에 의해—물론 이들도 광범위한 측면에서는 주술사 무(巫)의 영역에 포함되겠지만—진행되었던 것도 확인되었다. 이 책에서 다루어야 할 대상은 바로 비를 부르는 특정한 주술사 무(巫)이다.

비를 부르는 특정한 주술사 무(巫)를 살펴보아야 하는 이유는 갑골문으로부터, 주대 청동기, 전국시대 죽간에 이르기까지 유(儒) 글꼴의 내면에 비를 부르는 주술사의 의미가 내포되어 있기 때문이다. 이 문제의 해결을 위해서는 앞서 《설문해자》의 유(儒) 글꼴 해설을 인용하면서 설명을 보류한 '부드러울 유(柔)'에 대한 설명부터 진행할 필요가 있다.

유(儒)를 유(柔)로 풀며 '부드러움'으로 보는 설명은 《설문해자》에서 자주 취하는 동음자의 해석이어서 낯설지는 않다. 문제는 왜 부드러움, 또는 유연함이라는 의미를 취하고 있는지 의문이 생긴다는 점이다. 이에 관해 학문적 정밀성을 갖춘 상태의 분석이나 연구는 보이지 않는다. 단지 한나라 때의 쩡쉬엔(鄭玄)이 주석을 통해 유가의 유(儒)의 의미를 재해석한 부분이 흥미롭다. 고대문헌 참고에 있어 엄정한 태도를 견지하고 있는 뚜완위차이(段玉裁)가 그 내용을 인용하고 있어 참고할 만하다.

• (유가의) 유는 비에 젖는다는 의미이다. 선왕의 도로써 그 자신의 몸을 비에 적시듯이 교화할 수 있다. (儒者, 濡也, 以先王之道, 能濡其身.)

쩡쉬엔이 선왕의 도(道) 운운하는 부분은 한나라 때 유가들의 가치관을 대변한다는 점에서 이해할 수 있다. 중요한 점은 왜 정연한 논리로 경서를 주해했던 그가 유가를 설명하면서 엉뚱하게 '비에 젖는다'는 표현을 쓰며 유(濡) 글자를 사용했는가 하는 점이다. 필자는 이 설명이 단순한 비유에 그치지 않았음을 전체 관련 기록을 검토하면서 알게 되었다. 분석 과정에서 차차 이해하게 되겠지만 유가를 의미하는 유(儒) 글꼴의 최초 의미와 비는 매우 밀접한 관계에 있다.

본격적인 분석에 앞서 후스(호적胡適)의 〈설유(說儒)〉를 보기로 한다. 후스의 〈설유〉는 비록 내용상 오류는 많지만, 한 근대 학자가 유가의 유(儒)와 관련해 이전 문헌들을 정리하면서 나름의 견해를 피력해놓은 글로서 문자학사적인 의미가 큰 책이다. 후스는 단언하기를, 유가의 유(儒)는 상(商) 민족—후스는 은(殷) 민족이라고 표현함—의 교사(敎士) 출신들로, 은례(殷禮)를 종교로 삼았으며 그들의 복식은 은복(殷服), 즉 은나라 때의 복식이라고 말했다.[7] 하지만 이러한 주장은 구체적 문헌으로서의 증거가 결핍된 것이어서 후대 학자들의 인정을 얻지 못하고 만다.

후스는 특히 자신의 〈설유〉 도입부에서 청대 말기의 학자 장타이이엔(章太炎)이 쓴 〈원유(原儒)〉를 인용하였고, 아울러 장타이이엔의 견해는 옳지 않다고 주장한다. 후스가 탐탁지 않게 여긴 가장 중요한 대목은 장타이이엔이 유가의 유(儒)를 무당들과 연계하여 설명한 부분들이다.

장타이이엔에 의하면, 고대 유가들은 물총새(翡翠)의 깃털을 쓰고 기우제를 진행하는 무당들이었다.[8] 장타이이엔이 전국시대 문헌인《장자》의 기록과《설문해자》를 근거로 제시한 무당설을 후스는 매우 못마땅해 했다. 하지만 필자는 문헌들을 고증해가면서 장타이이엔의 해석이 객관적인 사실임을 확인할 수 있었다. 그리고 장타이이엔의 견해는 앞서 한나라 때의 쩡쉬엔이 주장한 내용과도 궤를 같이 하고 있다. 후스는 역사적 사실보다 유가들의 신분과 그에 따른 문화적 이미지를 먼저 고려했던 것이 분명하다.

장타이이엔의 분석은 비록 청동기 문자나 죽간의 자형을 근거로 한 것은 아니었으나, 후대 문헌들에 산재해 있는 유가의 유(儒)의 근원에 대한 문화적 흔적들을 예민하게 포착한 결과이다. 또 비를 구하기 위해 기우제를 지내는 이들 무당이 물가에 사는 물총새의 깃털을 쓰는 모습은, 물을 구하기 위한 의도와 하늘을 날며 땅과 하늘의 중재자 역할을 하는 새의 이미지를 차용한다는 측면에서 원시문화 속 샤먼들의 심리와도 잘 들어맞는다.

물을 얻기 위해 신과 인간의 중재자로서의 새, 특히 물에서 사는 물 총새와 일체감을 이루려는 무당의 행동을 보자. 이는 물질세계의 사물들을 통해 추구하는 이미지의 숨겨진 의미를 정신세계 차원에서 재구성해 가는 신화적 구성[9]과 심층 구조면에서 동일하다. 때문에 장타이이엔이 제시한 해석은 이제 소개할 주대 청동기 문자들과 연결해볼 때 유가의 유(儒)가 감추고 있는 고대문화의 흔적을 밝혀낼 수 있다는 점에서 가치가 있다. 설령 그가 문화인류학적 측면에서의 신화적 구성에 대한 이해가 없었다 할지라도 말이다.

유(儒)의 글꼴이 감추고 있는 종교문화적 측면에서의 상징을 제대로 읽어내기 위해서 우선 하나 알아두어야 할 점이 있다. 상대 갑골문은 물론, 주대의 청동기, 전국시대의 청동기와 죽간 어디에도 인(亻) 변과 수(需)를 자소로 하는 유(儒)의 글꼴은 존재하지 않는다는 것이다. 이러한 상황은 유가 사상이 동양문화를 대표하는 현실에 비추어볼 때 얼른 받아들이기 힘든 부분이다. 때문에 유(儒) 글꼴의 최초 의미를 파악하는 과정은 유(儒) 자형이 형성되어 온 문자학적 연변 과정을 면밀하게 더듬어가는 작업을 통해 이루어질 수밖에 없다. 이 작업에서는 유(儒)의 기본 자소 수(需)가 어떤 흐름 속에서 만들어져 왔고 어떤 문화적 의미를 지니고 있는가를 가장 먼저, 또 중요하게 살펴보아야 한다.

현재까지 수집된 주대 청동기들을 살펴보면, 자소 수(需)는 단 세 번만 등장한다. 서주시대의 '맹궤(孟簋)'에서 한 번, 춘추시대의 '기湨수산과(夆湨需散戈)'와 '수백공부궤(需白公父簋)'에 각각 한 번씩 보인다. 고문자학자들은 주대 청동기 문자에 보이는 이들 자형들을 모두 수(需)로 해

석하고 있다. 자형을 분석해보면 이들 글꼴은 상부에 비 우(雨)가 있고
하부에 사람을 의미하는 큰 대(大)를 기본 자소로 하고 있다.

유(儒)의 기본 자소 수(需) 자형. 청동기 '맹궤(孟簋)'

유(儒)의 기본 자소 수(需) 자형. 청동기 '기漁수산과(叀漁需散戈)'

유(儒)의 기본 자소 수(需) 자형. 청동기 '수백공부궤(需白公父簋)'

장타이이엔이 고대문헌 속에 남아 있는 문화적 흔적들에서 확인했
듯이, 이들 자형을 비와 관계된 사람들로 보는 데에 기본적으로 무리
는 없다.[10] 하지만 이들 청동기 자형에는 '사람 인(亻)' 변이 없어 이를
'수(需)'로 해석하는 것이 보다 합리적이다. 하지만 아직까지 이들 수
(需)의 글꼴에서 유(儒)의 글꼴로 변환해가는 과정을 문자학적 입장에
서 구체적으로 설명한 연구는 없다. 아마도 수(需)라는 초문이 후대에
사람 인(亻) 변을 포함하며 유(儒)라는 후기 형성 문자로 전환하는 과정

이, 문자학적 입장에서는 너무 일반적인 맥락 속에 있기 때문에 중국 학자들이 적극적으로 고석을 진행하지 않았으리라는 이유가 타당할 듯하다. 또 다른 이유는, 유(儒) 글꼴의 최초 의미를 캐내다보면 결국 기우제를 담당하는 무당임이 드러나는 상황이 보인다. 그러니 유가의 가치를 고고한 도덕적 입장에서 파악하고 있는 중화문화권의 분위기 때문에 중국학자들이 부담을 느꼈을 가능성도 있어 보인다. 앞서 후스 가 장타이이엔의 견해를 반박하는 태도에서처럼 이러한 상황은 중화 문화권 학자들의 일반적인 심리를 보여주고 있다.

하지만 문헌들에 담겨 있는 문화적 사실들은 사소해 보이기는 해도 오히려 중요한 근거들이 된다. 우선 수(需)의 글꼴은 '어떤 행위를 하고 있는 사람'을 의미한다. 《주역》에 담긴 다음과 같은 내용을 보자. 〈수 괘(需卦)〉의 일부 내용이다.

• 수는 지역을 경계 짓는 교에 있다. … 수는 모래밭에 있다. … 수는 진흙 속에 있다. (需于郊, …需于沙, …需于泥…)

위의 내용은 수(需)를 사람으로 인식하고 있는, 인간적 존재로 보고 있던 고대사회의 단면을 전달한다는 점에서 참고할 만하다. 이는 수 (需)를 단지 동사나 부사로 이해하는 현재적 관점을 시정할 수 있는 근거가 된다. 동시에 사람이기에 후대에 사람 인(亻)의 자소가 더해져 유 (儒)가 되는 정황을 충분히 뒷받침할 수 있다.

그러나 사실 유(儒)의 초문으로서의 수(需) 글꼴이 유(儒)의 자형으로 변해가는 과정은 그 출발점을 상대 갑골문으로부터 찾을 수 있다. 그리고 앞서 제시한 주대 청동기 글꼴들과 연계해볼 수 있다. 이 확인 과정은 유(儒) 글꼴의 본의를 새롭게 알아낼 수 있다는 점에서 의미가 있다. 때문에 이와 관련한 고석을 잠시 진행하기로 한다.

앞서도 언급했지만 현재까지의 중국 갑골학계 연구 결과만으로는 상대 기록에서 유(儒) 또는 수(需)의 자형으로 확정 지을 수 있는 글꼴을 찾을 수 없다고 봐야 한다. 그러나 필자는 유(儒)의 관련 자형을 수집하고 분석하는 과정에서 갑골문에서도 유(儒)의 초문, 즉 수(需)로 해석할 수 있는 자형이 존재한다고 보았다. 먼저 다음의 갑골문 자형을 보자.

학자들은 위의 갑골문 자형들을 모두 '역(亦)'으로 해석하고 있다. 이는《설문해자》의 다음과 같은 자형 해설에 근거한 것이다.

• 사람의 팔 겨드랑이이다. 큰 대와 양쪽 겨드랑이의 형태를 그린 것이다. (人之臂亦也. 從大, 象兩亦之形.)

이렇게 되면 역의 최초 의미는 겨드랑이가 된다. 하지만 갑골문에서 겨드랑이의 의미는 통하지 않는다. 다음의 갑골문을 보자.

• 貞 : 其亦烈雨? (합6589정)

• 貞 : 不亦烈雨? (합6589정)

위의 내용 중 역(亦)을 겨드랑이로 본다면 해석은 '묻는다. 장차 겨
드랑이를 하면 강한 비가 올까?', '묻는다. 겨드랑이를 하지 않으면 강
한 비가 올까?'가 되는데, 이는 어느 모로 보나 합리적이지 않다. 때문
에 학계에서는 역(亦)을 후대 부사어 '또'로 보기도 한다. 이렇게 되면
해석은 '묻는다. 장차 또 강한 비가 올까?', '묻는다. 강한 비가 또 오지
않을까?'가 되어 합리적인 의미로 읽힌다. 때문에 다음과 같은 갑골문
에도 이러한 해석은 적용될 수 있다.

• 기유일에 비가 왔다. 신해일에도 비가 올까? (己酉雨, 辛亥亦雨?) (합
12487정)

하지만 다음과 같은 갑골문에서 역(亦)이 '또'의 부사어로 사용된다
고 보기에는, 이제 인용할 다음의 갑골문 내용들과 비교해볼 때 다소
무리가 따른다.

• 貞 : 亦卣雨? (합12657정)

• 貞 : 不亦卣雨? (합12658)

위의 내용들은 '유(卣) 지역에 비가 올까?'를 묻는 점복인데, 역(亦)을
부사어 '또'로 볼 경우, 각각 '묻는다. 유 지역에 또 비가 올까?'와 '묻

는다. 유 지역에 비가 또 안 올까?'로 해석할 수 있다. 하지만 여기서 지명인 유(卣)가 부사어 뒤에 위치하는 문장구조는 '비가 올까'를 묻는 일반적인 경우에 맞지 않는다. 다음의 갑골문을 보자.

- 묘일에 강 지역에 반드시 큰 비가 올까? (卯, 惟羌有大雨?) (합26961)
- 다음 날 임일에 왕이 장차 상 지역과 예 지역에 시찰을 가는데 큰 비가 오지 않을까? (翌日壬, 王其省喪, 藝, 不大雨?) (합28973)
- 다음 달에 큰 비가 있을까? (于生月有大雨?) (합38166)
- 기축일에 점을 친다. 오늘 저녁에 큰 비가 올까? (己丑卜, 今夕大雨?) (합27219)

위의 갑골문들은 비와 관계된 내용들로, 공통점은 지역이나 시일이 모두 비 우(雨) 앞에 위치한다는 점이다. 여기서 우(雨)는 때로 동사적으로 때로는 명사적으로 사용되고 있으나 이와 관계없이 장소와 시간이 선행하고 있다는 점이 특징이다. 이외에도 갑골문의 비 우(雨) 관련 텍스트는 거의 예외 없이 장소나 시간이 부사어와 동사 서술어 앞에 존재하고 있었다. 그렇게 볼 때 '합12657정'의 '貞 : 亦卣雨?'와 '합12658'의 '貞 : 不亦卣雨?'의 문장에서 역(亦)을 부사어 '또'로 보는 해석은 갑골문의 일반적인 어법 규칙에 어긋난다.

그렇다면 이 경우 역(亦)은 무엇으로 해석해야 하는가? 필자는 이 경우에 해당 글꼴을 수(需), 즉 유(儒)의 초문으로 읽어야 하며 뜻은 '비를 부르는 기우제를 지내다'로 새겨야 한다고 본다. 그렇다면 '합12657정'과 '합12658'의 내용은 다음과 같이 해석될 수 있다.

- 묻는다. 비를 부르는 기우제를 지내면 유 지역에 비가 올까? (貞: 亦 ☐雨?) (합12657정)

- 묻는다. 비를 부르는 기우제를 지내지 않아도 유 지역에 비가 올 까? (貞: 不亦☐雨?) (합12658)

위의 해석은 갑골문에서 '장차'의 상황을 의미하는 부사어 '기(其)'나 부정부사어 '부(不)' 뒤에는 거의 모든 경우 동사가 자리하는 어법 규칙에도 어긋나지 않는다. 위의 해석은 다음의 갑골문에도 적용될 수 있다.

- 묻는다.. 오늘 저녁에 비를 부르는 기우제를 지내지 않아도 유 지역 에 비가 올까? (貞: 今夕, 不亦☐雨?) (합12659정)

- 오늘 저녁에 비를 부르는 기우제를 지내지 않아도 유 지역에 비가 올까? (今夕, 不亦☐雨?) (합12659정)

여기서 하나 흥미로운 부분은 갑골문에서 역(亦)과 관련한 갑골문 상당 부분이 모두 비 우(雨)와 연결되고 있다는 점이다. 때문에 역(亦)으로 해석되는 자형이 부사어 '또'의 의미로 가차되어 쓰였다는 사실을 인정한다 해도, 역(亦)으로 해석되는 자형이 비와 관련 있다는 점을 고려할 때 역(亦)의 글꼴을 다른 측면에서 볼 수도 있어야 한다.

이번에는 역(亦)으로 해석되고 있는 자형과 관련해 다음의 글꼴을 보자.

이들 글꼴들에 대해 갑골학자들은 적극적으로 해석하지 않는다. 이는 다른 갑골문 텍스트들의 경우에도 마찬가지지만, 학자들의 관심이 특정 어휘에 쏠려 있어 이처럼 의미가 작은 자형 변화에 대해서는 상대적으로 소홀한 때문이라 하겠다. 하지만 이들 글꼴은 자형의 구성면에서 앞서 학자들이 역(亦)으로 해석한, 필자가 유(儒)의 초문 수(需)로 해석한 것들과 본질적으로 차이가 없다. 역(亦)으로 예정한 경우에도 점이 하나인 경우와 둘인 경우를 동일시하고 있음은 갑골문 자형 고석에 있어서의 일반적인 규칙이므로 적용에 무리가 없다. 문자학적인 일반론에 근거하고, 또 문맥의 흐름을 볼 때에도 위의 자형은 유(儒)의 초문 수(需)로 보아야 한다는 것이 필자의 견해이다. 위의 갑골문 자형이 사용된 다음의 갑골문을 보자.

합19866, 역(亦)으로 해석되지만 수(需)로의 해석이 타당함을 보여주는 중요한 갑골문 기록

• …인일에 점을 친다. 왕이 비를 부르는 기우제 수와 ʌ제를 조정에

　게 지낼까? (…寅卜, 王需ʌ祖丁?) (합19866)

위의 갑골문을 보면 수(需)로 해석될 수 있는 자형이 주어와 간접목

적어 '조정(祖丁)' 사이에 자리하고 있다. 이는 수(需)가 문장 안에서 동

사적으로 활용되고 있음을 명확하게 보여준다. 이 자형은 또 다른 갑

골학자들이 역(亦)으로 해석하지도 않고 있는데[11] 이는 아마도 갑골문

전체를 통틀어 '왕+역(王+亦)'의 구문, 다시 말해 '왕이 또한'의 예문이

존재하지 않기 때문으로 추정할 수 있다. 결국 왕(王)에 이어지는 글꼴

을 동사적으로 해석할 수밖에 없으며 이 경우 유일하게 해석될 수 있

는 글꼴은 유(儒)의 초문 수(需)이다.

　지금까지의 고석 과정에서 확인할 수 있었지만, 수(需)의 의미는 앞

서 장타이이엔이 언급한 기우제를 진행하는 무당의 설명과 잘 부합되

며 주대 청동기 문자와도 합리적으로 연결된다. 때문에 갑골문에 보이

는 관련 자형들을 역(亦)으로 해석하는 기존 갑골학자들의 견해보다는

유(儒)의 초문 수(需)로 해석하는 것이 문자학적 맥락에도 부합된다. 역

(亦)으로 보는 경우는 관련 갑골문이 존재하고 있어 후대에 일어난 가

차 현상으로 받아들일 수 있겠다(이와 관련해서는 이 책의 주제와 벗어나기에

더 이상 언급하지 않기로 한다).

　그렇다면 이번에는 해당 갑골문을 역(亦)으로 해석하지 않고 유(儒)의

초문 수(需)로 해석할 경우, 앞서《주역》〈수괘〉의 내용을 통해 확인한

것처럼 '사람으로 볼 수 있는가'의 문제에 대해 분석해보기로 하자. 갑

골문에는 유(儒)의 초문으로 보아야 하는 수(需)가 바로 사람을 가리키

고 있다는 기록이 명백히 존재한다. 다음의 내용을 보자.

- … 작은… 수에게 명령하여 …? (小…呼需…?) (합19643)
- 반드시 수에게 명령하여 서방 신에게 (제사하도록 할까?) (惟需今西?)
  (합8758)

위의 갑골문 중에서 '합19643'은 겸어문의 구조를 갖고 있다. 사역동사 호(呼)가 수(需)를 겸어로 사용하고 있어 수(需)를 사람으로 볼 수 있는 중요한 어법적 근거가 된다. 이어지는 '합8758'에서는 수(需)가 목적어를 도치시키는 개사 유(惟)에 뒤따르고 있고, 이어지는 서(西)가 방향신으로 사용되고 있는 용례를 감안해볼 때[12] 수(需)를 사람으로 보는 것에 무리가 없다. 특히 방향신이 등장하고 있어 무당으로 보아도 무방하다. 이 내용은 앞서 소개했지만 방향신과 제사를 담당하는 주술사 무(巫)가 등장하는 갑골문과 맥락적으로 일치한다. 다시 그 갑골문을 인용하기로 한다.

- …상제에게 지내는 체 제사를 동쪽 (신을 담당하는) 무당에게 지낼까? (…帝東巫?) (합5662)
- 신해일에 점을 친다. 상제에게 지내는 체 제사를 작은 규모로 북쪽 (신을 담당하는) 무당에게 지낼까? (辛亥卜, 小帝北巫?) (합34157)

필자는 수(需)가 사람, 즉 무당일 수 있음을 제례문화적 측면에서 증명하기 위해 위의 갑골문을 사용했지만, 사실 수(需)가 사람이라는 증거는 다음과 같은 갑골문을 통해서도 확인이 가능하다.

- 묻는다. 자수에게 소 한 마리로 축의 제사를 지내며 아버지 갑에게 유의 제사를 진행하도록 명령할까? (貞：呼子需祝一牛侑父甲?) (합672 정)

- 계묘일에 점을 친다. … 법적 배우자 비기에게 자수의 해를 제거해 주도록 어 제사를 지낼까? (癸卯卜, …妣己禦子需?) (합20030)

'자수(子需)' 관련 갑골문

위의 갑골문에 등장한 자수(子需)는 갑골문에 흔히 등장하는 귀족계층 자족(子族)의 일원이다. '자(子)+수(需)'의 구조는 수(需)라는 존재가 자족(子族)에 속해 있다는 것을 보여준다. 결국 수(需)는 사람이며 또한 귀족계층에 속해 있었던 것 같다. 결국 조상의 혼령과 소통하며 제사를 지낼 수도 있는 역할자라는 사실이 갑골문을 통해 확인되고 있는 것이다. 수(需)가 특수한 신분의 사람이라는 걸 알 수 있는 증거는 상대 청동기 종족 문양에서도 확인할 수 있다.

상대의 수(需) 글꼴. '부신정(父辛鼎)'

수(需). 상대 '부신정' 글꼴의 확대형

수(需). 상대 '부신정'(동일 이름의 다른 청동기)의 또 다른 글꼴

위에 제시한 상대 청동기에 보이는 종족 휘장들은 중국학자들이 역
(亦)으로 해석하는 글꼴들과 구조적으로 동일하다. 이미 많은 연구를
통해 확인되었듯이 상대 청동기 속 종족의 휘장은 특정신분의 인물이
나 종족의 우두머리를 회화적으로 표현해놓은 상징들이다. 특히 사람
의 정면형인 대(大)의 경우는 단순히 크다는 의미가 아니라 지도자, 우
두머리의 신분을 상징하는 글꼴이다. 때문에 대(大)를 기본형으로 빗방
울의 이미지를 나타내기 위해 첨가한 점이 더해진 글꼴은 중국학자들
이 역(亦)으로 해석한, 그러나 필자가 수(需)로 해석한 글꼴과 완전히 일
치한다.

청동기 문자 대(大) 글꼴
상대 청동기 '대부신유(大父辛卣)'

이러한 일련의 분석 과정을 종합해볼 때, 갑골문 텍스트 속의 수(需)로 보아야 하는 글꼴은 분명 유(儒)의 초문이 될 수밖에 없다. 또 고대문헌과 문화 속에서 발견했던 초기 유가의 역할과 글꼴을 연결해보면, 유가의 유(儒)는 분명 비와 관련한 특수계층의 인물일 것이다. 이와 관련해 다시 하나의 청동기 기록을 살펴보기로 한다.

앞서 주대 청동기들의 자형들을 소개했지만 서주시대의 '맹궤(孟簋)'에 보이는 수(需)와 춘추시대의 '기逨수산과'에 보이는 수(需) 모두는 특정인물로 등장하고 있다. 먼저 '맹궤(孟簋)'의 내용을 보자.

• 짐의 조상 문고의 도움으로 대신 모공이 신하 중으로 하여금 무와 수를 정벌하도록 파견했다. (朕文考粦毛公遣仲征無需.)

위 내용에 보이는 무(無)는 서주 청동기 '무혜정(舞惠鼎)'에서 주 왕실의 신하로 등장하던 인물이지만 수(需)는 '맹궤(孟簋)'에 단 한 차례 등장하고 있어 그 실체를 파악하기 힘들다. 하지만 같은 주 왕실에 의해 정벌을 당하는 입장을 고려할 때, 무(無)와 함께 왕실에 반기를 들게 되는 인물로는 볼 수 없다.

서주시대 청동기 문자에서 무(無)는 '없다'의 의미로도 사용되지만,

무당들이 추던 주술적인 춤 무(舞)의 최초의 의미를 나타내기도 한다. 무(無)의 글꼴이 후기 형성자인 무(舞)의 초문이라는 점은 문자학적 상식에 속한다. 그 이유는 갑골문에서부터 비롯되었지만 무(無)가 소꼬리 또는 깃털 장식을 들고 춤을 추는 모습의 상형문인지라 그 자체로 무(舞)의 의미를 나타내고 있었기 때문이다.[13] 이런 맥락에서 보면 주 왕실에 의해 제압당하고 있는 인물이 주술적인 춤을 담당하던 무(無)와 기우제를 담당하던 수(需)라는 공통점이 보이며, 이를 통해 주대 왕실에서 벌어진 정치와 종교의 갈등을 읽어낼 수 있다. 물론 이런 정황에 대한 추측은 이 책의 내용과 직접적인 관계가 없긴 하다. 하지만 서주시대에 수(需)가 왕실과 연결된 귀족계층의 존재였다는 사실 확인은 앞서 진행해온 분석과 맥을 같이 하고 있어 이해에 도움이 된다.

춘추시대의 청동기 '기수산과'의 경우는 수산(需散)이라는 인물이 소유했던 창에 새겨진 내용이다. 따라서 이 창의 소유자는, 고대사회 인명의 구성 상황을 근거로 볼 때 수(需)의 신분으로 산(散)이라는 개인적 이름을 지닌 사람임을 알 수 있다.[14] 어쨌든 수(需)가 주대에 특정 신분의 사람임을 확인하는 데는 어려움이 없다.

여기서 또 하나 흥미로운 부분은 지금 소개한 춘추시대 청동기 속의 수(需) 자형과 상대 청동기 속의 자형이 이미지 차원에서 동일한 맥락으로 연결되고 있다는 점이다. 즉 동일한 외형을 갖추고 있는 것이다.

상대 청동기에서는 비 우(雨)를 큰 대(大) 안에서 소화하고 있다. 하지만 큰 대(大)의 모습을 변형시키지는 않았는데, 이는 상대 청동기 문자를 갑골문에 비해 글꼴의 회화성이 도드라지도록 만들려던 특징 때문이다. 반면에 이 글꼴은 춘추시대에 속하고 있지만 앞의 상대 갑골문이나 상대 청동기, 서주시대 청동기 글꼴의 중간 형태를 간직하고 있다. 이는 비 우(雨)의 자소와 사람을 의미하는 대(大)의 구조가 미학적으로 합쳐졌다는 면에서 의미가 크다.

이러한 자형 변화는 고대의 수(需) 글꼴이 사람 인(人) 변을 첨가한 형태의 유(儒)로 전환해가는 과정을 회화적으로 보여주고 있다. 이는 유교문화를 발생학적 측면으로 파악해가는 과정에서 가치가 높다. 춘추시대 청동기에서는 비 우(雨)를 큰 대(大) 위로 위치시켰는데, 이는 주대 청동기 글꼴들에서 자주 보이는 미학적 배치가 구현된 결과이다. 그리고 이러한 배치는 비 우(雨)가 위에, 큰 대(大)가 아래에 위치하는 현대 한자 '수(需)'[15]의 구조와 동일하다. 결국 유(儒)의 초문인 수(需) 글꼴과 가장 가까운 자형은 춘추시대 청동기 '기▨수산과' 글꼴로 볼 수 있다.

춘추시대 수(需), '기▨수산과'

글꼴의 변화 과정이 명확하게 추적된 상태에서 다시 문화적 내면을 들여다보자. 상대 갑골문, 상대 청동기, 주대 청동기 문자 자형 모두에 걸쳐 사람을 나타내는 큰 대(大)의 자소와 비를 의미하는 점과 획들도 일관되게 존재하고 있다. 이러한 현상은 이들 글꼴들이 비를 부르는 주술사 무(巫)의 의미를 간직했다는 걸 증명한다.

이상의 분석을 통해 유(儒)의 초문으로서의 수(需)가 기우제를 책임지는 주술사적 존재였음을 확인할 수 있다. 하지만 이러한 이해는 유가에서 일컬어왔던 유(儒)의 의미와 거리가 있다.《논어》〈옹야(雍也)〉의 기록을 보자.

- 너는 군자로서의 유가 되어라. 소인으로서의 유가 되지 말아라. (女
  爲君子儒, 毋爲小人儒.)

앞서 확인한 갑골문, 청동기의 기록을 토대로 위의 기록을 풀어보자. '군자유(君子儒)'는 '군자적으로 기우제를 지내는 사람'으로, '소인유(小人儒)'는 '소인배적으로 기우제를 지내는 사람'과 같이 매우 어색한 해석만을 얻을 뿐이다. 이런 고민은 유(儒) 자형을 비교적 초기에 등장시키고 있는 문헌《주례》〈대재(大宰)〉의 다음과 같은 내용에서도 반복된다.

- 유는 도로써 백성을 얻는다. (儒以道得民.)

문맥으로 볼 때 위의《주례》〈대재〉의 내용은 이미 동시대라고 추정되는, 지금껏 고증해온 춘추나 전국시대의 자형들을 통해 확인할 수 있는 유(儒)의 본래적 의미와 맞지 않다. 이런 점에서 보면 앞서 뚜안위차이가《설문해자》의 주해를 달면서 인용한 한나라 때의 쩡쉬엔의 견해, 즉 '유는 비에 젖다라는 의미(儒者, 濡也)'의 설명이 오히려 고대의 문화적 실체를 상당 부분 반영한다고 볼 수 있다. 또 최초로 유(儒)의 자형을 선보이고 있는 한나라 때의《설문해자》가 유(儒)의 의미를 술사라고 풀어놓은 내용 역시 오히려 후대 유가들의 윤색이 미치지 않은 순수한 기록으로 볼 수 있다. 이제 이와 관련한 문제를 살펴보자.

　일반적으로 회자되고 있는 신분적 존재로서의 유(儒)의 의미는 언제 어떻게 형성된 것일까? 유(儒)의 자형은 앞서 살펴보았듯이 공자가 생존했다고 알려진 춘추시대에는 보이지 않았다. 그리고 공자 이후의 시기인 전국시대에도 등장하지 않고 있다. 필자가 전국시대의 죽간 기록들을 모두 조사해보았지만 유(儒)의 글꼴은 존재하지 않았다. 이 점은 춘추시대 청동기 내용의 상황과 다르지 않다. 전국시대에도 유(儒)의 초문인 수(需)의 글꼴만을 확인할 수 있을 뿐이다. 게다가 유(儒)의 초문으로서의 수(需)도 현재까지의 자료를 근거로 할 때 불과 서너 곳에서만 확인이 된다.

전국시대 죽간에 보이는 수(需) 글꼴
'금등(金縢)' 편, 《청화대학장전국죽간(清華大學藏戰國竹簡)》

　우선 《청화대학장전국죽간(清華大學藏戰國竹簡)》 '금등(金縢)'에 보이는 글꼴을 보자.[16]

　'금등'은 원래 《상서》 〈주서(周書)〉에 속하는 내용의 하나로 주나라 무왕이 죽자 아들 성왕을 지키기 위해 섭정을 했다는 주공의 이야기를 담고 있다. 때문에 《청화대학장전국죽간》의 '금등'은 《상서》의 내용을 거의 그대로 담고 있어 《상서》의 내용을 고증하는 데 매우 중요한 참고자료로 등장한 셈이다. 물론 지금 이 책에서 《상서》의 내용을 고증할 필요는 없지만, 글꼴 수(需)가 등장하는 다음의 내용은 초기의 의미를 명확하게 드러내고 있는 문헌이 거의 없는 상황에서 유(儒)의 의미를 정확하게 파악할 수 있기에 살펴보아야 한다.

• 管叔及其群兄弟乃流言於邦曰, '公將不利於需子'.

이 내용은 《상서》 원문에 다음과 같이 기록되어 있다.

• 관숙과 그 형제들이 유언비어를 나라에 흘리며, '주공이 장차 (무왕의) 어린 아들에게 이롭게 하지 않을 것이다'라고 했다. (管叔及其群兄弟乃流言於國曰, '公將不利於孺子.')

두 문장을 비교해보니 드러나는 가장 큰 차이 하나는, 《상서》 원문에 '유자(孺子)'로 되어 있는 어휘가 죽간에서는 '수자(需子)'로 되어 있다는 점이다. 죽간을 정리한 고문자학의 대가 리쉐에친(李學勤)은 《상서》 원문을 근거로 죽간 속의 자형 수(需)를 별다른 설명 없이 '젖먹이 유(孺)'로 고쳐 쓰고 있다.[17] 아마도 수(需)를 유(孺)의 가차자로 보고 있는 듯하다.

사실 상고음에서 수(需), 유(孺)는 모두 후부(侯部)에 속하고 있기 때문에, 리쉐에친이 첩운 현상을 근거로 이를 동음자로 처리한 입장은 근거가 있다. 특히 《상서》 '금등'에 보이는 젖먹이 유(孺) 글꼴은 한나라 이후 전해지고 있는 글자로, 주공이 무왕의 아들 성왕을 어린 후계자로 인식하고 있음을 보여주는 내용으로 받아들여졌다. 때문에 리쉐에친 역시 이러한 맥락을 수용했을 것이다.

사실 중국 학계의 이러한 전통적 견해는 《일주서(逸周書)》〈명당(明堂)〉의 '성왕이 승계했으나 유약했다(성왕사成王嗣 유약幼弱)'라는 기록, 그리고 《순자》〈유효(儒效)〉의 '성왕이 어렸다(성왕유成王幼)'라는 내용 때문에 만들어졌을 것이다.

하지만 최근에 학자들은 이와 관련한 내용을 분석하면서 성왕의 나이가 즉위 당시 20세였다는 고증을 제시하기도 했다.[18] 그런가 하면 학자들은 유자(孺子)의 의미가 나이 어린 아들을 의미하는 것이 아니라 종법사회 속에서의 적자(嫡子)를 지칭하는 명칭이며, 단지 친근함을 표시하기 위해 사용하고 있다는 사실을 밝혔다.[19]

유자(孺子)의 의미가 종법사회의 핵심가치를 지닌 존재인 적자라는 견해가 있다. 전국시대에는 '어리다'의 의미를 지닌 유(幼) 자가 보편적으로 사용되고 있어 굳이 유(孺)를 가차해 사용할 필요가 없다는 관찰과도 들어맞는다(유幼는 특히 상대 갑골문과 주대 청동기에서 흔하게 발견된다. 이와 관련한 분석은 이 책의 주제와 어긋나기 때문에 더 이상의 논술은 하지 않겠다). 때문에 전국시대의 언어와 문자 활동을 반영한 죽간 속 '금등'에 보이는 어휘 수자(需子) 역시 동일한 맥락에서 읽을 필요가 있다.

결국 전국시대의 수(需), 다시 말해 유(儒)의 초문인 이 글자는 종법사회 속에서의 적자, 정치적 지도자의 의미를 내포하고 있다는 말이 된다. 그리고 이러한 분석은 주술사적인 성격의 수(需)가 유가들의 문헌에서 통치 계층의 지도자적 존재로 어떻게 변해갔는지의 자초지종을 알게 해주는 중요한 단초가 된다.

그러면 수(需)는 어떻게 적자, 즉 종법제도 내에서의 통치자의 의미를 지니게 된 것일까?

죽간 '금등'에 보이는 수자(需子)는 전국시대에서 유(儒)의 문제를 풀 수 있는 중요한 자료이기는 하지만, 이 어휘가 단 한 차례만 등장하고 있어 충분한 분석을 진행하기 어렵다. 하지만 이제껏 분석해온 유(儒)의 초문으로서의 글꼴 분석을 맥락적으로 해보면 해결이 가능해진다. 즉 죽간 '금등'에 나타난 수(需)의 자형이 나름의 문화적 배경을 담고 있기 때문이다.

우선 자형은 비 우(雨)의 자소와 으뜸 원(元)의 자소로 구성되어 있는데, 이는 앞서 존재했던 수(需)가 큰 대(大)를 자소로 하고 있는 것과 구별된다. 물론 이 으뜸 원(元)은 주술사인 무(巫)를 상징하는 글꼴 큰 대(大)의 변형으로 볼 수 있다. 큰 대(大)와 으뜸 원(元)의 자소 호환은 고문자 발전과정에서 흔히 볼 수 있는 현상이기 때문이다.

그러나 이 글자가 새롭게 즉위하는 왕이라는 신분을 드러내기 위해 사용되었다는 점에서 으뜸 원(元)의 등장에 문화적 의미를 부여할 필요가 있다. 고문자의 수많은 이체자들에서 관찰할 수 있는 자소의 변형은 대부분 왕이나 귀족의 신분을 강조하기 위한 것이다. 문왕을 위해 사용하는 민왕(玟王, 발음이 후대로 오면서 변했음)의 어휘나, 무왕을 위해 따로 만든 무왕(珷王)의 경우에서 보듯이 왕의 신분을 나타내기 위해 임금 왕(王)을 더하고 있다. 이러한 문자학적, 문화적 측면을 고려하면서 죽간 '금등'에 보이는 수(需)의 글꼴을 볼 때 으뜸 원(元)의 자소가 큰 대(大)를 대신하고 있는 이유를 추측할 수 있겠다.

즉 수(需)에서 일반적으로 보이던, 비를 부르는 주술사 무(巫)를 상징하던 큰 대(大) 대신, 왕으로서의 신분을 강조하기 위한 정치적 상징이

전국시대의 수(需) 글꼴에서 원(元)으로 나타난 것이다. 이 과정에서 원(元)의 자소를 지닌 수(需)는, 대(大)의 자소를 지닌 수(需)가 본래 지니고 있던 주술적 측면에서의 권위와 귀족으로서의 특권적 위상이 결합하면서 새로운 차원의 정치적 인격을 담는 글자로 발전해갔다. 그리고 이러한 추정은 앞서 유자(孺子)가 종법사회에서의 적자를 의미한다는 사실과 잘 들어맞는다.

이러한 사실을 보완해주는 참고자료는 죽간 '금등'의 수(需)와 결합되어 있는 자(子)이다. 자(子)는 상나라 때의 귀족집단인 자족(子族)으로부터 기인한 신분 상징의 표시문자로, 앞에 오는 글자는 그 인물의 성씨가 된다. 하지만 죽간 '금등'에 나타난 인물은 희(姬)씨 성을 지닌 주족의 후예이기 때문에 성이 수(需)일 수 없다. 때문에 죽간 '금등'에 보이는 수자(需子)의 자(子)는 군자(君子)의 경우와 같이 이들의 신분이 귀족성을 지니고 있음을 나타내기 위한 장치로 이해해야 한다.

이번에는 《상해박물관장전국초죽서》 속의 '용성씨(容成氏)' 중 일부 내용을 보자.

• 난쟁이가 화살을 만들었다. (救需爲矢.)

주수(救需)의 의미에 대해 '용성씨'의 고석을 담당한 리링(이령李零)은 이 어휘가 《국어》〈진어(晉語) 4〉에 나오는 주유(侏儒)라고 풀고 있다.[20] 주유(侏儒)는 전국시대 문헌에 자주 등장하는 난쟁이의 의미를 지닌 어휘로서 리링의 이 해석은 무리가 없다. 여기서 유(儒)가 왜 난쟁이와 같은 부정적 의미를 나타내는 데 사용되었는지 명확하게 알 수는 없다.

그러나《관자》〈소광(小匡)〉 등에서는 주유(侏儒)를 창우(倡優), 즉 무속 춤을 추는 광대 또는 악사로 묘사하며 이들이 왕실귀족들의 놀이에 참여하기도 했다고 기록했다. 때문에 주술사 무(巫)의 문화를 이어 받고 있는 고대 수(需)들의 속성이 전국시대 문화상을 전하고 있는《국어》〈진어〉에 기록된 수(需)에 반영된 것으로 보아야 한다.

이번에는《상해박물관장전국초죽서》속 '주역'의 한 부분을 보자.

> •64. 비에 젖으나 옷과 (비를 막을) 누더기가 있다. (六四, 需又衣繁.) 上博
>
> 3. 213

'주역'의 고석을 맡은 푸마오주오(濮茅左)는 여기에서 수(需)를 유(濡)로 발음해야 한다고 밝히고 있다.[21] 수(需)를 유(濡)로 보는 견해는 앞서《설문해자》등의 경우에서 이미 다룬 바 있지만, 이 경우 역시 수(需)가 유(儒)의 가차자로 읽힐 수 있음을 증명한다 하겠다. 왜냐하면 수(需), 유(儒), 유(濡)는 상고음에서 모두 후음(侯音)에 속하고 있어 통용될 수 있기 때문이다.

상대와 서주시대, 춘추시대를 지나는 동안 주술사적인 성격을 지녔던 수(需)가 전국시대에 들어서면서 정치적 존재로 변해가는 과정은 전국시대에 사용되고 있던 당시의 화폐를 통해서도 확인할 수 있다. 바로 전국시대 화폐에 보이는 수(需)[22]를 통해서다. 현재 확인된 전국시대 화폐에 등장하는 수(需) 글꼴은 단 한 차례만 등장한다. 당시의 화폐 '공수포(空首布)'에서 볼 수 있는데, 단 하나의 글자가 한 차례 등장하고 있어 그 의미를 정확하게 파악하기 힘들다.

당시 화폐에 쓰이는 글자들은 대부분 지명 또는 화폐의 종류, 또는 길상어(吉相語)인 점을 고려할 때, 수(需)는 일단 화폐의 종류는 아니다. 또 지명 또한 해당 사항이 없기에 길상어로 볼 수도 있을 것이다. 만일에 수(需)가 길상어의 영역에서 활용된 것이라면 그 가능성은 귀족계층의 정치적 의미, 즉 고귀함이나 귀중함 등과 연결 지을 수 있을 것이다. 이 경우에는 '금등'의 수자(需子)가 종법사회의 핵심 존재인 적자로 이해되고 있는 상황을 고려할 수 있다.

전국시대 화폐 속의 수(需) 글꼴. '화계(貨系)'

전국 죽간 속 빙(冫) 변이 있는 수(需) 글꼴

전국 죽간 속 금(金) 변이 있는 수(需) 글꼴

종합을 해보자. 인(亻)과 수(需)를 자소로 하는 유(儒)의 자형은 상대 갑골문, 서주와 춘추시대의 청동기, 전국시대의 죽간 어디에도 보이지 않는다. 단지 유(儒)의 초문으로 볼 수 있는 수(需)가 존재하고 있을 뿐이다.

수(需)의 의미는 초기에는 비를 부르는 주술사 신분으로 사용되었는데, 물론 왕실 등 종법사회 내에서의 귀족계층에 속해 있었다. 후대에 종교문화적 의미가 탈색되었지만 여전히 종법사회의 정치적 영역에 머물면서, 적자의 의미를 간직한 채 귀족계층을 대표하는 상징으로 사용되었다. 때로는 음악과 춤을 동원해 비를 구하는 주술사로서의 무(巫)의 속성을 담고 있기에 전국시대에는 주유(侏儒)의 어휘로 전환되기도 했었다.

결국 유(儒)는 주술사라는 종교문화적 특성을 바탕으로, 그러한 문화를 추구하는 문화집단으로 발전해왔기에 마침내 유가라는 명칭으로 불리게 되었던 것이다. 그런가 하면 이 책에서와 같이 고대문자와 기록을 이용하지는 않았으나 이와 관련해 한 가지 흥미로운 연구가 있다. 후대 문헌을 분석하면서 귀족사회에 속한 제사와 의례를 담당하던 무(巫) 계층이 종법사회가 무너지면서 각 제후국이나 민간으로 흩어졌는데, 이 집단이 바로 유(儒)라는 결론을 얻은 경우[23]이다. 이제 그 집단으로서 유가의 의미에 대해서는 이어지는 주제인 '군자(君子), 문화 권력으로서의 유(儒)' 부분에서 좀 더 살펴보기로 한다.

한대 《설문해자》의 유(儒)

한대 마왕퇴(馬王堆)의 유(儒)

마지막으로, 유(儒)의 초문으로서의 수(需)는 진시황 통일 시기의 문헌에도 보이지 않는다.[24] 이는 진시황 때의 분서갱유로 인해 유가들이 축출된 때문으로 볼 수 있다. 결국 고문자 자료들을 통해 확인해 보았듯이 초문 수(需)에 사람 인(亻) 변이 붙는 유(儒) 글꼴이 최초로 출현한 시기는, 《설문해자》의 자형과 한나라 때의 마왕퇴(馬王堆)의 글꼴을 근거로, 결국 한나라 시기라고 결론을 내릴 수 있다. 그리고 이 자형은 초문 수(需)가 담고 있던 수많은 문화적 요소들을 후대로 전하는 역할을 하고 있다. 《설문해자》 속의 유(儒)의 자형과 함께 제시된 '유는 부드러움이다. 술사들의 명칭이다(儒儒, 유야柔也, 술사지칭術士之稱)'라는 해석은 비를 부르는 주술사 무(巫)의 이미지로부터 형성되어 온 유(儒)의 이미지를 함축적으로 전하는 뚜렷한 예이다.

군자(君子), 문화 권력으로서의 유(儒)

유가의 수많은 문헌과 해설서들이 유(儒)라는 글자 자체에 대한 의미를 명확하게 정의해놓지 못했던 이유는 앞서 살펴본 것처럼 자료의 미비함 때문이라 하겠다. 그런데 이 책을 쓰면서 지속되는 또 다른 의문 하나는, 《논어》 안에서 왜 유(儒)가 불과 단 한 차례만 언급되었는가 하는 점이다. 유가 사상의 핵심 문헌인 《논어》에서조차 충분히 언급되지 않은 유(儒)가 어떻게 동양사상의 핵심어로 자리 잡을 수 있는 것일까?

사실 유(儒)의 명칭은 유가 자신들이 스스로를 지칭하기 위해 만든 것이 아니다. 왜냐하면 유(儒)의 명칭을 최초로 확인할 수 있는 문헌, 다시 말해 현재 우리가 이해하고 있는 유가들의 특성을 지닌 집단을 지칭하는 것을 최초로 확인할 수 있는 문헌이 《논어》가 아니기 때문이다. 바로 《묵자》, 즉 유가 집단을 비난하던 묵가들의 기록 〈비유(非儒)〉에 처음 등장한다는 사실이다.

묵가들은 당시 유가 집단들을 '유사(儒士)'로 표현하며, 이들을 상례를 전담한다는 이유로 비난하고 있다. 전국시대 제후들이 개별적으로 소유하던 사(士) 집단 중에서 제례 등을 담당하던 특정한 술사 집단들을 유사(儒士)로 지칭하고 있는 것이다. 그런가 하면 법가 문헌인 《한비자》〈현학(懸學)〉에서는 '유가들은 말이나 글로 법을 어지럽히고 있다(儒以文亂法)'라고 평하고 있다. 결국 유(儒)의 명칭은 유가들이 자신들을 특정하기 위해 만든 것이 아니다. 앞에서 살펴본 것처럼 당시 수(需)라는 존재로, 단지 무속 문화의 분위기 속에서 귀족계층의 세력과 가치를 계승해가던 집단에 대한 이름일 뿐이다.

묵가 등이 그저 비난의 의도를 담아 사용하기는 했으나 유(儒)라는 명칭—물론 당시에는 수(需)를 사용했을 것— 자체가 묵가들이 비난을 위해 따로 만든 것이 아니었기에 유가들이 지속적으로 자신들을 지칭하는 명칭으로 받아들였을 것이다. 특히 유(儒)는 앞서도 언급했지만 왕실과 귀족사회에 속한 제사와 의례를 담당하던 무(巫) 계층이었다. 그 후 종법 사회가 무너지면서 이들이 각 제후국이나 민간으로 흩어지게 되는데 이들의 명칭이 바로 유사(儒士)였다는 연구[25]가 있다. 그리고 보면 당시에는 유(儒)의 명칭이 일반적으로 받아들여지고 있었던 것 같다. 어쨌든 유(儒)라는 표현을 받아들인 최초의 유가 인물은 공자였다. 《논어》〈옹야(雍也)〉의 기록을 보자.

- 너는 군자로서의 유가 되어라. 소인으로서의 유가 되지 말라. (女爲君子儒, 毋爲小人儒.)

《논어》에서 유(儒) 표현이 단 한 차례 공자에 의해 받아들여진 것을 보게 되는 대목이다. 언급되는 횟수로만 보아도 당시 유가들이 유(儒)의 명칭을 받아들이기는 했으나 그리 적극적이지는 않았다는 것을 보여준다. 이러한 사실은 공자 이후 문헌인《맹자》〈진심(盡心)〉편에서 맹자가 묵가들과의 논쟁을 진행하는 장면에서 확인된다. 자신들의 정체성을 특정하는 장면에서만 유(儒)라고 표현하고 있기 때문이다. 이러한 점은 전국시대 후기 제나라 지역에서 등장한 사상가 순자가《순자》〈유효(儒效)〉에서 자신들을 일컬어 스스로 '대유(大儒)'로 표현하고 있는 부분에서도 드러난다. 즉 순자가 유(儒)라는 어휘에 대한 세간의 평가를 껄끄럽게 인식하고 있음을 역으로 보여주고 있다. 이러한 정황들은 또 한대 이후 문헌들이 유(儒) 글자의 반복적 사용을 통해 유가 가치의 영역을 확대해가는 모습과 대조된다.

그러면 공자가 사용한 유(儒)의 의미는 구체적으로 무엇이었을까? 앞서 살펴본 것처럼 유(儒)는 무속 문화를 계승하는 집단으로서의 의미와, 종법사회 속 귀족계층으로서의 존재라는 의미 영역을 형성하고 있었다. 그런데 공자가 언급한《논어》에서 유(儒)는 정작 무엇을 말하고 있는 것인가? 혹은 당시 문화 속에서 어떠한 의미를 지향하고 있었던 것일까? 이 문제의 해답을 찾기 위해서는 공자가 유(儒)와 함께 사용하고 있는 '군자(君子)'라는 어휘를 분석하는 것에서부터 시작될 수 있다.

군자의 어휘는《논어》에서 100회 이상 등장하는, 어떤 면으로 보면《논어》의 핵심 내용이다. 때문에 한 차례 등장하는 유(儒)가 이 핵심 내용과 연결되어 있다는 점은 시사하는 바가 크다.《논어》속 군자의 의미는 크게 두 가지 영역으로 나누어 생각할 수 있다. 하나는 정치적 영역에서의 군자로 군신을 함께 논할 때의 경우가 해당된다. 다른 하나는 도덕적 인격체인 경우로 군자와 소인을 함께 논할 때이다.

유가의 기원을 살피려는 시도들은 대부분 군자론을 두고 '군자는 내적 자질이 구별되는 도덕의 실천 주체'라는 측면에서 다루고 있는 것이 일반적이다. 유교문화의 기원을 탐색했던 김승혜는, 군자란 한 마디로 '된 사람'이며, 정리를 하면 천부적인 덕을 일상생활 속에서 닦아 인을 이룬 인격자라고 설명하고 있다.[26] 그런가 하면 기존의 군자에 대한 정의가 유가의 일방적인 논리에 의해 왜곡되었다는 전제 하에 전국시대 죽간 기록들을 참고하며 새로운 분석을 제시한 위즈훼이(유지혜俞志慧)도 있다. 그는 군자란 인격과 사회적 책임을 다하려 한 통일체라고 풀이하고 있다.[27]

하지만 동양문화라는 맥락을 고려해볼 때 군자에 대한 이러한 가치 부여는 주대 전체를 관통해 흐른 종법사회의 문화적 특성을 고려하지 않은 것이기에 객관성을 충분히 담지 못했다. 특히《논어》에서도 이미 군신관계를 언급하는 구절이 많은 점을 고려해보아도 그러하다.

때문에 이제 이 책에서는 군자의 연원을 상대 갑골문과 주대 청동기 기록, 전국시대 죽간들을 분석하는 과정을 통해 보다 내실 있게 살펴보고자 한다. 군자라는 의미가 형성되어 온 과정에 대한 정밀한 탐구는, 공자에 의해서 군자의 가치와 등치되고 있는 유(儒)의 의미를 보다 입체적으로 드러내줄 것이다.

군자의 어휘에서 핵심이 되는 부분은 '군(君)'이다. 이 글자는 일찍이 상나라 갑골문에서 볼 수 있다. 군(君)의 글꼴은 손에 횃불, 또는 지휘 막대를 든 손과 입 구(口)가 결합되어 고대사회 족장의 의미를 나타내고 있다. 이에 대한 갑골학계의 견해는 일치된 상태다.

갑골문 군(君)

그런데 특이하게도 갑골문에서 군(君)은 거의 대부분 복수의 형태로 사용되고 있다. 단독적으로 사용되는 군(君)은 현재까지는 발견되지 않았으며 모두 다군(多君), 즉 다수의 족장이라는 의미로 사용되고 있다. 다음의 갑골문을 보자.

- 신사일에 점을 치면서 정인 ꠔ이/가 묻는다. 여러 족장들이 말을 하지 않는데, 내가 (조상신) 경에게 도움을 구하는 제사 유를 지내면서 도움을 구하는 제사 개와 축을 진행할까? (辛巳卜, ꠔ貞 : 多君弗言, 余 其侑于庚侑祝?) (합24132)

- … 정인 대가 묻는다. 여러 족장들이… 冊, … 冊 제사를 …? …월에. (…大貞 : 多君…冊冊惟…? …月) (합24133)

- 정유일에 점을 치면서 정인 ꠔ가 묻는다. 여러 족장들이 말하기를 조가 사슴류의 동물 ꠔ을/를 가지고 온다고 한다. 왕이 말하기를 내가 장차…? (丁酉卜, ꠔ貞 : 多君曰, 來帚以ꠔ, 王曰余其…?) (합24134)

- 신미일에 왕이 점을 치며 말한다. …내가 여러 족장에게 반이 점을 쳤는데 불길함이 있다고 말할까? (辛未王卜曰, …余告多君曰, 般卜有祟?) (합24135)

위의 내용에서 볼 수 있듯이 족장의 의미를 지닌 군(君)들은 주로 왕과 함께 관련 사안들을 논의하는 지위를 확보하고 있었다. '여러 족장들이 말하기를 조가 사슴류의 동물 麇을(를) 가지고 온다고 한다(합 24134)'의 표현에서는 왕과 군(君)과의 일방적 관계라기보다는 거의 수평적 형태의 의견 교환이 엿보인다. 그런가 하면 '내가 여러 족장에게 반이 점을 쳤는데 불길함이 있다고 말할까(합24135)'의 기록에서는 왕이 모든 사안을 숨기지 않고 군(君)들과 협의하려는 태도를 읽을 수 있다.

왕과 군(君)의 관계는 같은 맥락의 문자인 윤(尹)의 기록을 통해 다시 확인이 가능하다. 문자의 발전과정을 놓고 볼 때 군(君)의 초문은 윤(尹)인데, 상대 갑골문에서는 두 개의 문자가 동시에 존재하고 있다. 의미 또한 거의 비슷한 영역에서 사용되었던 것으로 확인된다. 다음의 갑골문을 보자.

- 족장에게 대규모로 경작지를 만들도록 명령할까? (令尹作大田?) (합9472 정)
- 계해일에 묻는다. 세 명의 족장이 서쪽으로 출발할까? (癸亥貞 : 三尹 卽于西?) (합32895)
- 갑오일에 묻는다. 장차 여러 족장에게 왕의 침궁을 만들도록 명령 할까? (甲午貞 : 其令多尹作王寢?) (합32980)
- 묻는다. 왕이 장차 여러 족장에게 말을 할 것인데 순조로울까? (貞 : 王其有曰多尹, 若?) (합5611정)

위의 윤(尹) 관련 갑골문을 군(君) 관련 갑골문과 비교해보면, 윤(尹)과 군(君)이 동일한 맥락에서 사용되었던 것을 알 수 있다. 또 윤(尹)과 군(君)이 족장의 역할을 하는 정치적인 존재이긴 하지만, 여전히 상 왕에게 복속된 존재였던 것도 확인하게 된다. 하지만 '왕이 장차 여러 족장에게 말을 할 것인데 순조로울까(합5611정)'의 내용에서 읽을 수 있듯이 군(君)과 왕의 관계가 일방적이지는 않았다. 즉 상호의존적이면서도 협조적인 분위기를 유지하고 있음이 기록을 통해 확인된다.

상대 갑골문을 통해 확인되는, 비교적 수평적 태도를 유지하고 있던 군(君)과 왕의 관계는 종법제도를 통해 정치적 힘을 유지해가고 있던 주대에 들어서면서 커다란 변화를 보인다. 왜냐하면 서주시대에 군(君)은 천자를 대신하는 명칭을 구성하는 표현으로 사용되고 있었기 때문이다. 먼저 다음의 서주시대 청동기 기록을 보자.

- 장차 아침과 저녁에 이를(제기를) 사용하여 황군에게 효도의 제사를 진행하다. (其夙夜用享孝于皇君.) '숙악부궤(叔鄂父簋)'

위의 내용은 주나라 천자가 주 왕실의 조상을 황군(皇君)으로 부르고 있는 특이한 내용이다. 따라서 조상 왕의 명칭을 황군으로 표기하고 있는 이유를 조금 살펴볼 필요가 있다. 종법제도가 시행되면서 현직 통치자의 정치적 명칭은 천자(天子)가 되었다. 그리고 왕이라는 명칭은 복속되어 있는 지방 제후국들의 통치자를 지칭하고 있었다. 이런 상황에서 조상 왕들을, 이미 시호(諡號)가 있긴 하지만 객관적인 차원에서 부를 호칭이 마땅치 않았기에 통치자의 위상을 내포하고 있는 군(君)의 명칭을 사용한 것으로 보인다. 하지만 군(君) 하나만으로는 격이 낮아

왕보다 격이 높은 황(皇)을 첨가해 새로운 이미지를 만들어낸 것으로 보인다.

그런가 하면 군(君)은 또 현존하는 천자를 대신하는 별칭으로도 사용되었다. '정인정(征人鼎)'의 내용을 보자.

- 천군께서 동이를 정벌한 군사들에게 근 지역의 조개 화폐를 상으로 주었다. (天君賞辟征人斤貝.)

즉 천자를 대신해 천군(天君)의 명칭을 사용하면서 군(君)이 지니고 있는 통치자, 영도자의 이미지를 계승하고 있다. 서주시대에 보이는 또 하나의 군(君) 관련 명칭은 군왕(君王)이다. '숙방부작보(叔邦父作簠)'의 내용을 먼저 보자.

- 숙나라의 족장이 제기 보를 만들었다. … (제기를) 사용하며 군왕을 따를 것이다. (叔邦父作簠, … 用從君王.)

청동기 내용 속의 숙(叔)나라 족장이 구체적으로 누구인지 확인이 어렵고, 또 지칭하는 군왕이 주나라 천자인지 아니면 지방 제후국의 왕을 지칭하는지 명확하게 특정하기는 곤란하다. 그러나 서주시대에 군(君)이라는 글자가 정치적 영역에 속한 존재임을 확인하기는 어렵지 않다. 한편, 서주시대에 군(君)은 왕 아래에 복속된 지역 정치지도자를 의미하기도 했다. '군부궤개(君夫簋蓋)'의 내용을 보자.

• 왕이 군부에게 명령하여 이르기를. (王命君夫曰.)

　위의 내용은 상나라 때의 군(君)과 왕의 관계처럼, 서주시대에도 왕
과 군(君)이 상하 관계를 유지하고 있음을 보여준다. 하지만 상나라 시
기와 비교해볼 때, 주대 종법제도의 특성상 군(君)이 여전히 정치적 영
역에 속해 있기는 하지만 왕에게 보다 일방적으로 복속된 존재로 파악
되고 있다. 여기서 특기할 만한 부분은 왕에게 복속된 상태에서의 군
(君)을, 뒤에 부(夫)를 붙여 동일한 서주시대에 사용되던 황군이나 천군,
군왕의 이름과 구별해 놓았다는 점이다. 이러한 장치는 유가에서 중요
한 위상을 차지하고 있는 군자의 명칭과 그 의미를 파악하는 데 매우
중요한 시사점을 제공한다.

　군(君)과 자(子)로 이루어진 명칭은 서주시대에도 보이지 않는다. 하
지만 청동기 '교군자✿보(交君子✿簠)'의 기록 중에는 군(君)과 자(子)가 함
께 연결되어 있기에 오해할 수도 있는 부분이 있다. 아직 이를 두고 언
급한 연구자는 아무도 없지만 향후 관련연구가 가능할 수 있도록 청동
기 원문과 함께 내용을 소개한다.

군자(君子) 명칭으로 오해할 수 있는 내용이 담긴 서주시대 청동기 '교군자✿보(交君子✿簠)'

• 교나라 통치자 자🐝이(가) 보물과 같은 제기 보를 만들었다. 장수하며 만년이 지나도록 영원히 보물처럼 사용할 것이다. (交君子🐝肇作寶盨. 眉壽萬年永寶用.)

위의 내용에서는 교라는 지역을 통치하는 정치지도자 자🐝(子🐝)가 등장하고 있다. 물론 이 내용을 '군자/🐝'(이)라고 끊어 읽을 수도 있겠으나, 이는 서주시대 전체 청동기 문장의 맥락에서 벗어난다. 특히 서주시대를 통틀어 '군/자/🐝'의 배치는 단 두 번 등장할 뿐인데 공교롭게도 모두 교 지역의 통치자 '자🐝(子🐝)'를(을) 지칭하고 있다. 때문에 이 구문을 '군자/🐝 🐝'(으)로 보는 것에는 무리가 있다. 특히 잠시 후 전국시대 청동기 내용을 다룰 때에도 이와 유사한 정황을 만나게 되는데, 그 내용 역시 '군자+이름'이 아닌 '군, 자+이름'의 구조이기에 참고할 수 있다.

이제껏 살펴왔지만 서주시대의 군(君)이 정치적 위상을 지닌 존재임에는 틀림없다. 하지만 통치자의 신분에 따라 때로 황(皇), 천(天), 왕(王), 부(夫) 등의 접두어와 접미어를 붙이며 신분과 위상을 조절해가고 있는 당시의 조어 규칙을 확인할 수 있다. 그러나 아직 군자(君子)의 어휘는 등장하지 않고 있다.

이번에는 앞서 상대 갑골문에서처럼 서주시대에도 윤(尹)이 군(君)과 유사한 맥락에서 사용되고 있는 상황을 살펴보기로 한다. 서주시대에 보이는 윤(尹)은 이전 상대 때처럼 여전히 정치적 영역에서의 의미 전달이라는 측면에서는 동일하지만 신분과 지위가 다소 차이를 보인다. '초궤(楚簋)'의 기록을 보자.

- (궁실 사관) 내사 윤씨가 책에 왕명을 기록하다. (內史尹氏冊命.)

이번에는 '삼년사태궤(三年師兌簋)'를 보자.

- 왕이 윤씨에게 장수 태를 위해 (왕명을 담은) 책을 작성하도록 명하
  다. (王呼尹氏冊師兌.)

서주시대의 윤(尹)이 상나라 시대와 가장 크게 다른 점은, 서주시대
에는 완전히 왕에게 복속된 신하의 개념으로 사용되고 있다는 점이다.
이 부분은 같은 서주시대의 군(君)과도 구별된다 하겠다. 즉 군(尹)은 여
전히 한 지역을 통치하는 통치자의 의미를 내포하고 있는 반면에 윤
(尹)은 왕실에 종속된 신하의 수준을 유지하고 있기 때문이다. 하지만
윤(尹)을 부르는 명칭에 씨(氏)가 첨가된 것에서도 알 수 있듯이 이들
윤(尹)은 여전히 씨족이나 종족을 대표하는 신분을 유지하고 있었던 것
같다. 특히 '윤길격(尹姞鬲)'에 보이는 다음과 같은 내용은 윤(尹)이 단순
한 행정적 기능만을 위해 발탁된 신하가 아니라 왕실과 정치적 연계를
위해 선정된 씨족들임을 보여준다.

- 왕이 윤인 길의 종실에 갔다. (王格于尹姞宗室.)

잠시 정리를 해보면, 서주시대에 군(君)과 윤(尹)은 이전 시대의 정치
적 맥락 속에서 유사한 영역에 속해 있기는 하지만 쓰임새에 있어서는
상나라 때와 달리 신분과 위상이 달랐던 것이다.

여기서 한 가지, 지금 군(君)과 윤(尹)의 의미 차이에 대해 다소 번잡하게 다루고 있는 상황에 대해 독자들이 조금 의아하게 생각할 수도 있겠다. 그러나 이제 뒤에서 전국시대의 군자의 의미를 다루게 될 때 윤자(尹子)라고 하는, 이제껏 유교문화를 다루며 단 한 번도 소개된 적이 없는 명칭을 분석해야 하기 때문이다. 왜냐하면 군자에 대해 이제껏 소개된 적이 없는 의미를 캐내기 위해서는 윤자(尹子)라는 낯선 어휘를 다루지 않을 수 없고, 그 전제로서 군(君)과 윤(尹)의 파악이 크게 참고가 될 것이기 때문이다.

그러면 서주시대를 이은 춘추시대에서의 군(君)은 어떠한 의미를 지니고 있었을까? 특히 춘추시대는 공자가 활동했던 시기로 알려져 있기에 살펴보아야 한다. 춘추시대의 청동기 내용을 하나하나 살펴보고 나서, 필자는 군(君)이 기본적으로 서주시대와 동일한 의미 영역에서 활용되었던 것을 알게 되었다. 즉 군(君)에는 정치지도자라는 기본적 의미가 담겨 있었는데, 신분에 따라 접두어와 접미어가 붙으면서 신분의 내용이 변화하고 있었다. 이와 관련해서 풍부한 내용으로 춘추시대의 문화상을 잘 전달하고 있는 청동기 '숙이종(叔夷鍾)'을 보자.

- 짐의 위대한 황군이 내린 커다란 명을 감히 받들어 찬양하지 않을 수 없다. … 마음으로 (현재의) 군공이 내린 빛을 받아들인다. (弗敢不對揚朕辟皇君之賜休命. … 膺受君公之賜光.)

주나라 왕실의 조상을 황군(皇君)으로 부르는 표현은 앞서 서주시대 청동기 '숙악부궤(叔鄂父簋)'의 '황군에게 효도의 제사를 진행하다(효우황

군孝于皇君)'의 내용에서 확인한 바 있다. 특히 황군은 조상 왕에 대한 극존칭으로 서주시대와 마찬가지로 춘추시대에도 군(君)의 정치적 위상이 대단히 높았던 것을 알 수 있다. 이 황군(皇君)의 명칭은 역시 춘추시대 문헌인 《후마맹서(侯馬盟書)》에서 오군(吾君)[28]으로 표기되고 있다. 여기서의 오군(吾君) 역시 주나라 왕실의 조상 왕을 높여 부르는 명칭으로 황군(皇君)과 동일하다.

춘추시대 《후마맹서(侯馬盟書)》 속의 '오군(吾君)'

그런데 춘추시대에는 앞서 보이지 않던 군(君) 관련 명칭이 하나 더 등장하고 있는데 바로 군공(君公)이다. 문장 내용을 통해 볼 때, 군공(君公)은 현재 주 왕실의 천자를 말하고 있기에 춘추시대의 군 역시 천자를 일컫는 명칭이 분명하다. 단지 공(公)은 앞의 조상 왕 황군과의 구별을 위한 접미어일 뿐이다. 이러한 구조는 앞서 서주시대에서 볼 수 있었던 군왕(君王)과 동일하다.

결국 군(君)은 종법사회 내에서 최고의 정치적 위상을 지닌 존재였던 것이다. 하지만 천자의 경우는 단순하게 군(君)으로만 표기하지 않았는

데, 그 이유는 때로 군(君)은 지역 제후를 뜻하는 경우도 있었기 때문이다. 춘추시대에 속하는 청동기 '황군맹정(黃君盟鼎)'의 내용을 보자.

- 황 지역의 통치자 맹이 이동 때에 사용하는 제기를 만들었다. (黃君盟作行器.)

위 청동기 기록을 보면, 춘추시대에 단순히 군(君)으로만 표기할 경우 이는 천자가 아닌 제후국의 통치자를 의미했다. 군(君)의 단순 표기가 제후국의 통치자를 뜻하는 상황은 유사한 글자 윤(尹)의 용법과도 일맥상통한다. '윤소숙정(尹小叔鼎)'의 내용을 보자.

- 통치자 소숙이 방울 달린 청동 솥을 만들었다. (尹小叔作鑾鼎.)

군(君)의 정치적 위상이 통치 영역별로 분화되고는 있으나 춘추시대에도 절대적 정치적 존재의 상징으로 사용되고 있는 점은 변함없다. 이러한 문화적 흐름은 전국시대에서도 커다란 변화 없이 반복된다. 전국시대의 군(君)의 위상이 어떠한지를 파악할 수 있는 자료로는 유명한 '중산왕壺호'를 활용할 수 있다.

이 기록에는 중산국에 속해 있는 상방(相邦)[29]이 당시 종법제도에 걸맞지 않는 이웃 연나라의 정치 상황을 고발하는 내용이 담겨 있다. 그런데 이 청동기에는 군(君)과 관련한 명칭이 반복해서 나오고 있어 전국시대 군(君)의 의미를 파악하는 데 중요하다. 내용을 보기로 하자. 그런데 설명을 명확히 진행하기 위해 번역문에서는 군(君)을 임금이나 통치자로 번역하지 않고 그대로 군(君)으로 사용하기로 한다.

> • 연나라의 옛 군 자쾌와 새로운 군 자지[30]는 (주나라의) 제례와 의례
> 를 사용하지 않고 순리를 분별하지 못해 결국 나라가 망했고 몸은
> 죽었다. (燕故君子噲, 新君子之, 不用禮儀, 不辨逆順. 故邦亡身死.)

내용에서 보듯이 연나라, 즉 제후국의 통치자를 군(君)으로 부르고 있다. 이는 춘추시대에 아무런 접두어나 접미어 없는 군(君)이 제후국의 통치자를 나타내는 것과 같은 배경을 지니는 것이다. 특히 연나라의 죄상[31]을 열거하는 가운데 사용된 군(君)의 명칭은 이 글자가 이미 제후 등의 정치적 존재를 나타내는 단순한 이름일 것이라 예상하게 한다. 이러한 생각은 이어지는 다음과 같은 내용에서 다시 확인된다.

> • 군과 신의 지위를 정하다. (定君臣之位.)

임금 군(君)이 신하를 나타내는 신하 신(臣)과 대비적으로 사용되는 예는 이 경우가 처음이다. 이는 전국시대의 군(君)이 앞서 지녔던 정치 지도자에 대한 극존칭의 의미가 상당히 탈색된 상태의 명칭으로 변모했음을 알 수 있다. 동일한 청동기 안에서 확인할 수 있는 이들 군(君)의 쓰임새는 전국시대에 군(君)이 정치적 위상을 지니기는 했으나 상대적으로 보편화된 의미로 사용되기 시작했을 거라 추측하게 만든다.

전국시대에 보이는 군(君) 의미의 변화는, 유가에서 언급하는 군자의 내면세계가 무엇을 담고 있는지를 심도 있게 파악하는 데 도움을 줄

수 있기에 세심한 관찰이 필요하다. 이러한 흐름 속에서 전국시대 청동기에 보이는 공윤(攻尹)과 집윤(集尹)의 기록에는 전국시대 당시 군(君)의 명칭이 일반화되어 가고 있는 정황이 상세히 담겨 있다. 전국시대에 유행하던 절(節)의 하나인 '악군계주절(鄂君啓舟節)'의 내용을 보기로 한다.

• 대공윤 수가 왕명으로 여러 윤들을 모집하며 명하기를… 악 지역의 군 계의 관부를 위해 청동 부절을 만들라 했다. (大攻尹脽台王命命集尹, … 爲鄂君啓之府鑄金節.)

전국시대에 보이는 공윤(攻尹)은 일종의 무관벼슬로, 당시 우공윤(右攻尹), 좌공윤(左攻尹) 등의 벼슬 명칭도 사용되었다. '악군계주절'에 보이는 대공윤(大攻尹)은 무관을 통괄하던 고급 관리이다. 군(君)과 함께 동일한 의미로 활용되던 윤(尹)이 병무 행정관리자의 의미로 사용되고 있는 현상은 전국시대 당시 군(君)이 일반적인 정치적 지도자의 의미로 변화한 것과 같은 측면에서 이해할 수 있다. 특히 윤(尹)들을 소집하여 명을 내린다는 의미의 '집윤(集尹)'이라는 표현은 이들 윤(尹)이 다수이며 왕명에 의해 함께 소집되는 대상이라는 점을 보여준다. 이러한 정황은 전국시대의 군(君)이 이전 세대와 비교했을 때 훨씬 일반화된 상태에서의 정치적 존재로 변모했음을 짐작하게 한다. 이러한 상황은 전국시대의 호부(虎符) 중 하나인 '두호부(杜虎符)'에서도 찾을 수 있다.

• 반드시 군의 호부가 맞아야 한다. (必會君符.)

전국시대에서 보편적으로 사용되던 호부에 등장한 군(君)은 더 이상 천자이거나 천자의 조상 왕의 개념이 아니다. 일상 속의 제후들이 지닌 정치적 위상을 투사하면서 일반화되어 있다. 물론 군(君)은 여전히 통치계층에 속해 있어 피지배 계층과 분리될 수밖에 없으나 그 정치적 위상이 보다 일상 속으로 분명히 수렴되었다.

전국시대의 이러한 시대적 배경 속에서 등장한 것이 바로 군자의 명칭이다. 《논어》〈옹야(雍也)〉에 보이는 군자의 명칭이 춘추시대에 활동했다고 알려진 공자에 의해 직접 표현된 것으로 나타나고 있다. 하지만 서주는 물론 춘추시대, 그리고 전국시대의 청동기 기록에서는 확인할 수가 없다.

군(君)과 자(子)의 합성어를 찾을 수 있는 최초의 기록은 전국시대의 죽간이다. 특히 전국시대의 죽간에는 군(君)이 단독으로 사용되기도 하지만 합성어 군자로 사용되기도 하는데, 그 쓰임새가 구별되어 유교문화권에서 일반적으로 쓰여왔던 군자의 의미를 명확히 이해하는 것이 중요하다. 이제 이와 관련한 내용을 살펴보자.

전국시대 죽간을 살펴보면 군(君)을 사용하는 경우와 군자를 사용하는 문헌은 서로 구별되며 일반적으로 혼용하고 있지 않다. 이러한 쓰임새에 대해 군자의 의미를 명확하게 파악하고자 하는 이 책의 입장에서 세밀하게 검토해야 할 필요성을 느낀다.

전국시대 죽간 중 《곽점초묘죽간(郭店楚墓竹簡)》의 〈치의(緇衣)〉에서는 군(君)과 군자의 표현이 함께 수록되어 있다. 더구나 각각의 경우, 표현하고자 하는 의미가 명확하게 구분되어 군자의 의미 영역을 파악하는 데 커다란 도움을 주고 있다. 먼저 군(君)으로만 표기되는 죽간의 내용들을 보기로 한다.

- 군은 그 신하를 의심하지 않고 신하는 그 군이 미혹되도록 하지 않는다. (君不疑其臣, 臣不惑於君.) '郭店, 緇衣'
- 군신의 의. (君臣之義) '郭店, 成之聞之'

　죽간의 내용들을 검토해보면, 한 글자 군(君)으로만 표기되는 경우 특이하게도 신하 신(臣)을 대비시키며 사용되고 있다. 이는 앞서 살펴보았던 것처럼 군이 종법사회 내에서 정치지도자라는 신분을 지녔다는 사실을 나타내고 있기 때문이다. 이러한 상황은 죽간뿐 아니라 전국시대의 청동기 '중산왕譽호'에서 군신을 상하와 대비하며 남긴 기록에서도 확인할 수 있다. 군신이 상하 관계인 것은 당연하다 하겠으나, 이 시기 군(君)이 신(臣)과 대비되면서 종법사회 내에서 상하의 위상 중 상의 위치에 있음을 실록을 통해 확인하는 것은 의미가 있다. 물론 이 경우 군(君)은 군신이라는 좁은 정치 영역에서의 관계로 국한되기도 한다. 하지만 군(君)은 또한 백성과의 대비적 관계를 형성하고 있기도 하다. 다음의 내용을 보자.

- 백성은 군으로 마음을 삼고, 군은 백성을 몸으로 삼는다. (民以君爲心, 君以民爲體.) '郭店, 緇衣'

　내용에서 보는 것처럼 이번에는 군(君)이 백성들과 직접적인 대비 관계에 속하면서 군(君)의 위상과 책무가 제시되고 있다. 이 경우는 앞서 군신 관계와 달리 군(君)의 위상과 의미 영역이 다스리는 백성 전체로 확대된다. 하지만 여기에서도 상하의 관계는 여전히 유지되고 있는 듯하다. 그런데 군(君)이 신하 신(臣)과 대비되든 백성 민(民)과 대비되든 군(君)이 스스로의 위상을 함부로 허물어서는 안 된다는 경계가 전국시대 죽간에 보인다.

- 군은 소인과 커다란 일을 도모하지 않는다. (君不與少謨大.)[32] '郭店, 緇衣'

이 표현은 《논어》에서 자주 볼 수 있는 군자와 소인의 대비를 연상시킨다. 하지만 군자의 표현이 주로 도덕적인 측면에서의 존재를 강조하는 데 사용되었던 측면을 떠올려보라. 죽간에 보이는 군(君)과 소인의 대비와 금지의 표현은 군(君)의 정치적 위상 속의 상하구조가 전국시대에 뿌리 내리고 있었음을 알게 해준다. 한 가지, 전국시대 죽간에는 때로 군(君)을 군왕으로 부르는 경우도 있다. 그런가 하면 군(君)과 신(臣)의 상하구조는 부(父)와 자(子)라는 가족관계에 대비되면서, 군(君)의 의미가 단순히 정치적 영역에만 머물렀던 것은 아니었음을 보여준다. 다음의 기록을 보자.

- 안으로 부, 자, 남편을 세운다면 밖으로 군, 신, 아내를 세운다.[33] (內立父, 子, 夫也. 外立君, 臣, 婦也.) '郭店, 六德'

군신의 관계가 부자관계로 수렴되는 전국시대의 이러한 가치관은 유가가 추구하는 가치관 그 자체이다. 흔히 국가를 '가족의 투사

(projection of family)'라고 일컫는 유가의 특성이 다시 한 번 확인되고 있다 하겠다. 정치 영역에 속한 군의 위상이 가족의 범주로 치환될 수 있는 의식구조는 이전 시대에 비해 쇠퇴하기는 했으나 종법사회의 영향력이 여전히 당시 사회 문화의 주류였다고 말해주는 듯하다.

단독적인 어휘로 사용되면서 정치적 내면을 특색으로 드러내던 군은 점차 도덕적 덕목을 지닌 지도자의 의미로 변모하게 되는데, 이렇게 해서 등장한 어휘가 군자이다. 다음의 기록을 보자.

- 백성이란 반드시 부부, 부자, 군신을 갖게 된다. 군자는 이 여섯 가지에 밝아야 한다. (生民斯必又夫婦, 父子, 君臣, 君子明乎此六者.) '郭店, 六德'

위의 죽간은 군자라는 어휘가 전국시대에 비로소 등장하고 있음을 나타내고 있기에 언어학적인 가치도 있지만[34], 군과 군자의 어휘가 동시에 등장하면서 두 단어의 쓰임새가 어떻게 달라지고 있는지를 보여준다. 이러한 측면에서 위의 죽간은 문화학적으로도 귀중한 자료가 된다. 어쨌든 위의 기록을 통해 전국시대에 등장한 군자라는 표현은 단순한 정치적 위상을 상징하는 군(君)의 어휘가 지닌 의미의 한계를 넘어, 나아가 도덕적, 인격적 측면에서의 존재를 나타내기 위해 사용되었다.

전국시대의 군자라는 표현이 새로운 도덕적, 인격적 차원의 의미 영역을 전달하기 위해 만들어졌다는 이러한 이해는 유가에서 중시하는 이상적 인간상인 군자가 어떠한 배경에서 어떻게 형성되었는가를 명확히 할 수 있다는 점에서 중요하다. 왜냐하면 그 동안 유가의 군자에 대한 이해는 군자라는 이미지를 하나의 이상적 상징으로 설정한 뒤 그에 대한 다양한 설명을 해왔기 때문이다. 하지만 〈곽점-육덕〉의 기록을 근거로, 적어도 군자라는 아바타적인 이미지로서의 존재가 아니라 정치지도자라는 실체로부터 변화되어 온 실체적 상징이라는 점을 말할 수 있게 되었다.

군자가 정치지도자라는 실체로부터 전환된 또 하나의 실체라는 점은 전국시대 죽간에 보이는 다음과 같은 기록들을 통해 다시 한 번 확인할 수 있다.

- 군자는 백성들 위에 있지만 백성들의 중심(마음)을 쥐어야 하며 불평하는 백성들을 끌어야 한다. 그럼에도 백성들이 복종하지 않는다면, 그것은 군자의 수치이다. (君子才民之上, 執民之中, 絧設百姓, 而民不備安, 氏君子之恥也.)[35] '上博, 季康子問於孔子'
- 군자가 밭을 비옥하게 하면 백성들은 편안해지고 마음이 악한 백성도 불만을 토로하지 않는다. (君子田肥, 民則安, 邪民不鼓.) '上博, 季康子問於孔子'
- 군자가 백성을 다스리는 데 있어 몸이 따르도록 하기 위해 선함으로 그들을 앞서 이끈다. (君子之立民也, 身備善以先之.)[36] '郭店, 成之聞之'

내용에서 잘 드러나 있듯이 군자는 분명 정치지도자이다. 하지만 단순히 군신관계나 군민의 상하관계에서의 위상이 아니라 백성의 삶을 이끌어야 하는 책임감이 부여된 인격체가 되었다.

전국시대에 군자라는 명칭이 군과 분리되어 새롭게 등장한 이유에 대한 연구는 없으나, 전국시대의 언어와 문자 활동이 이전에 비해 세분화되고 정교해지던 문화적 배경에서 이유를 찾을 수 있을 것이다. 즉 군(君)의 의미가 정치적 영역에 머물고 있어 도덕적 영역에서의 새로운 의미를 표출하기 위해 자(子)를 더한 것으로 추정해볼 수 있다. 물론 이는 제자백가로서의 자(子)의 사용, 즉 특정 가치를 추구하는 존재에 대한 미칭으로서의 의미와는 구별된다. 때문에 정치적 존재로서 군자의 덕목이 점차 개인 인격의 함양 차원으로 격상되는 시대 역시 전국시대였다는 점이 확인된 셈이다.

군자의 덕목이 개인 인격의 함양 차원으로 전환되었던 것은 사실이다. 하지만 단순히 이상과 도덕적 의미만을 추구하는 '도덕적 존재(ethical being)'가 아니라, 여전히 정치적 책무를 다하기 위한 마음가짐과 행동지침을 규율로 삼고 있다는 점이 전국시대 죽간을 통해 확인된다. 다음의 내용들은 현재까지 발굴된 전국시대 죽간에서 발췌한 것이다. 비교적 중요한 군자의 덕목 부분이므로 유교문화 발전의 전모를 파악하는 데 더없이 중요하다 하겠다.

- 말할 수 있으나 행할 수 없는 일을 군자는 말하지 않는다. 행할 수 있으나 말할 수 없는 일을 군자는 행하지 않는다. (可言不可行, 君子弗言. 可行不可言, 君子弗行.) '郭店, 緇衣'
- 군자의 친구 삼기에는 행동 규범이 있다. 무엇을 싫어하는 것에도 방법이 있다. (君子之友也又行, 其亞又方.)[37] '郭店, 緇衣'
- 군자가 마음속에 근심이 없으면 마음속의 지혜도 없다. (君子亡中心之憂則亡中心之智.) '郭店, 五行'

- 사가 군자의 도에 마음을 둔 경우를 지사라고 일컫는다. (士又志於君子道胃之志士.)[38] '郭店, 五行'

- 군자는 매일 힘써 노력하려는 뜻이 있어야 한다. (君子日有茲茲之志.) '嶽麓, 爲吏治官及黔首'

- 오늘날의 군자는 기뻐하지도 즐기지도 않는다.[39] (今夫君子, 不喜不藥.)[40] '淸華, 耆夜'

- 군자는 말에 신중해야 하지만 일에는 머뭇거리지 말아야 한다(과감해야 한다). (君子愼言而不愼事.) '上博, 從政, 甲'

- 군자가 (일을) 즐거워하면 정치가 바르게 된다. (君子藥則治正.)[41] '上博, 從政, 甲'

- 군자는 (때로 어떤 일은) 강행해야 한다. (君子强行.) '上博, 從政, 乙'

- 군자는 선한 말을 들으면 그것으로써 고쳐야 한다. (君子聞善言以改.) '上博, 從政, 乙'

- 군자가 뜻을 가지면 반드시 전심으로 하는 마음을 가져야 한다. (君子執志必又夫注注之心.)[42] '上博, 性情論'

이상에서 살펴본 것처럼, 전국시대 죽간을 근거로 군(君)의 위상과 군자로서의 도덕적 가치 추구와 관련한 발전과정의 전모를 이해해야 한다. 그 동안 동양사상을 다루는 저술들을 보자면, 도덕적인 인간이라면 마땅히 지녀야 할 이상적 이미지처럼 군자를 다루어왔다. 하지만 알고 보면 이러한 태도는 역사적 실상으로부터 격리된 것이다.

전국시대에 군자라는 어휘의 등장과 그 의미의 내면을 이해함과 동시에 문헌학적인 측면에서 중요하게 다루어야 할 부분이 또 있다. 바로 윤자(尹子)의 기록이다. 앞서 주대 청동기 기록들을 통해 군(君)과 윤(尹)이 동일한 의미를 지닌 채 문자 활용에 있어서 호환되고 있음을 확인한 바 있다. 그런 맥락에서 전국시대 죽간 역시 군자의 표현 대신 때로 윤자의 어휘를 혼용하고 있는 현상을 보인다. 실제로 의미에 있어서도 아무런 차이가 없다. 특이한 점이라면, 군자의 표현은 합문의 형태가 아닌 경우보다 많음을 알 수 있는데, 윤자의 경우는 거의 모두 합문 형태를 이루고 있다. 한 가지, 전국시대 죽간에 때로 '명윤(命尹)'이라는 표현이 등장하는데, 이는 전국시대 초나라의 고위관직인 영윤(令尹)의 변형 표기이다.[43] 아래 그림에 참고로 제시한다.

군자와 관련해 지적해두어야 할 사실이 있다. 군자와 관련한 죽간 기록들은 원시유교의 문화적 초기 형태를 보여주고 있다는 측면에서 마땅히 중요하게 다루어져야 한다. 하지만 군자라는 표현이 유가의 전용어가 아닐 수도 있다는 가능성도 염두에 두어야 한다. 자료가 많지는 않으나 다음에 나오는 진(秦)나라 때의 죽간은 새로운 문제를 제시하고 있다.

전국시대 죽간에 보이는 '군자(君子)' 합문

전국시대 죽간에 보이는 '윤자(尹子)' 합문

전국시대 죽간에 보이는 '군자(君子)'

- 백성들의 군이라면 은혜를 베풀어야 하고 백성들의 신하라면 충성
  해야 한다. (爲人君則惠, 爲人臣忠.) '嶽麓, 爲吏治官及黔首'

  진대는 유가의 영향력이 상실된 시대로, 기록들 역시 거의 전해지지
않는 것으로 현재까지 파악되고 있다. 하지만 최근 시기가 판정된 위
의《악록서원장진죽간》내용은 진대의 사회상을 전하고 있다는 점에
서 의미가 있다. 여기에서 군(君)의 표현은 앞서 다른 죽간의 내용과 흡
사하다. 물론 신(臣)과 대비되어 등장하고 있어 단순히 정치적 측면에
서만 해석할 수도 있다. 하지만 백성의 의미를 지니고 있는 인군(人君),
인신(人臣)의 표현이라는 점에서 군자라는 어휘가 담고 있는 의미와 맥
락적으로 동일하게 해석할 수 있다.
  또 하나, 진나라 때의 중요한 기록인 '석고문(石鼓文)'에도 군자의 어
휘가 다음과 같이 등장하고 있다.

- 군자가 사냥을 하고 있다. (君子員⁴⁴獵)

군자가 사냥을 하고 있다는 표현은 군자라는 표현이 특정한 도덕적 이상의 인격을 상징하고 있는 것이 아니라, 단순히 하나의 정치적 신분으로 받아들여지고 있음을 보여준다. 이러한 정황은 유가 세력이 사라진 상황에서 나타났다는 점에서―향후 관련자료의 보완을 통해 연구가 지속되어야 하겠으나―군자의 표현을 유가의 영역에만 국한하는 것이 옳은 것인가에 대한 단정은 조심스럽게 진행될 필요가 있다.

유교는 문화의 산물이다

유교는 어느 한 인물, 지금까지 언급되어 왔던 공자로부터 시작되지 않았다. 유교는 마치 공기와도 같은 거대한 문화적 흐름 속에서 서서히 형성되어 온 하나의 이데올로기이다. 이 책은 이러한 결론을, 앞서 1장 '유교문화의 기원을 어떻게 살펴보아야 할까?'라는 질문에 답하기 위해 상대 갑골문을 출발로 서주, 춘추, 전국시대의 청동기 명문들과 전국시대 죽간들의 기록들을 면밀히 분석해 얻을 수 있었다.

종합해보면, 유교의 뿌리는 원시종교의 출발선에서부터 더듬어낼 수 있었다. 자연과 인간과의 싸움과 교감 속에서 저절로 형성될 수밖에 없는 거대한 존재에 대한 경외감, 타 종족들 간의 쟁투 속에서 선별해갈 수밖에 없었던 친족 조상들에 대한 애착이 혼합되면서 정치적으로 정비된 가치와 규칙, 그리고 의례의 통합체가 유교문화이다.

앞서 언급했듯이 유교는 공자가 만들어낸 것이 아니다. 그래서 이 책은 유교 연구가 흔히 공자를 둘러싸고 진행시킨 논의의 틀을 사용하지 않았다. 공자를 기정사실화 해놓고 진행하는 분석은, 그 분석의 대상 자체마저 해체시킬 때 얻을 수 있는 객관성에 대한 근원적 포기이기 때문이다. 때문에 이 책은 《논어》는 물론이고, 기존의 선진 문헌들을 1차 사료로 사용하지 않고, 역사적 윤문이 불가능한 1차 사료들, 즉 갑골문, 청동기 명문, 죽간의 기록들을 주요 참고자료로 활용하였다. 물론 인용하는 문헌들은 각각이 지닌 역사의 내면을 꼼꼼히 들여다보며 고증했다. 그 과정에서 이제껏 밝혀지지 않았던 사실들이 드러나게 되었다. 이제 책에서 다룬 주요 사실들을 요약하면서 연구의 한 매듭을 짓기로 한다.

먼저 1장 '유교문화의 기원을 어떻게 살펴보아야 할까?'에서는 유교의 기원을 공자로부터 시작해야 한다는 학계의 주류 개념이, 중국학자들을 중심으로 새롭게 등장하고 있는 연구 결과에 의해 심각하게 도전받고 있는 상황을 언급하면서 새로운 분석 패러다임을 제시했다. 하지만 이 말은 중국 학계의 새로운 연구 태도를 전적으로 수긍한다는 뜻은 아니었다. 중국 학계에는 유교의 연원을 공자가 아닌 서주시대의 주공(周公)으로부터 찾아야 한다는 주장들이 등장하고 있다. 그러나 이러한 태도는 유교의 뿌리를 공자 한 사람,《논어》한 권으로부터 찾으려고 하던 기존의 입장과 태도 면에서 크게 다르지 않은, 또 하나의 신화를 만들려는 중화적 세계관의 우회 전술일 뿐이다. 문화란 오랜 시간 다양한 사건 속에서 숙성되어 온 통합적 결정체임을 분명히 알고 있는 한, 이제는 중화의 세계관이 만들어낸 단순한 문화 도식에서 빠져나와야 한다는 필요성에 대해 언급했다.

이를 위해 1장에서는 유교문화의 기원 문제를 다루는 데 있어,《논어》등 경학 문헌을 주요 텍스트로 삼아 풀지 않아야 한다는 필요성을 객관적으로 제시했다. 그 과정에서 상대 갑골문과 서주, 춘추, 전국시대의 청동기 기록 그리고 전국시대, 진대의 죽간 등 실록을 통합적 및 귀납적으로 다루며 살펴보려는 의도가 어떤 당위성을 갖는지 설명했다. 이 과정에서 현재까지의 한국, 중국, 일본, 미국 등의 연구를 살펴보았다.

이와 아울러 이 책에서 텍스트로 사용한 상대 갑골문, 서주 및 춘추, 전국시대의 청동기 문자와 명문, 그리고 전국시대와 진대 죽간들이 역사적, 문헌사적으로 어떤 가치가 있으며 어떻게 활용해야 하는지 설명했다.

2장 '대자연과 조상신, 혼잡으로 존재하다'에서는 자신들을 둘러싼 자연 속에 내재된 신(immanent god)이 존재하고 있다고 믿는 원시사회 구성원들을 이야기했다. 이런 분위기는 중국의 고대문헌들에서도 확인할 수 있어 《국어》〈초어〉 등에 보이는 기술에서도 확인할 수 있었다. 2장은 이러한 맥락을 염두에 두면서, 상대 갑골문에 투사된 다신(多神) 숭배(polytheism)의 면면을 살폈다. 즉 상대 초기의 동식물 토템 의식을 청동기의 문양, 이른바 도철(饕餮) 등을 통해 살폈고, 갑골문에 수록된 일(日), 월(月), 성(星), 홍(虹), 운(雲), 뢰(雷), 풍(風) 등의 자연물들에 대한 숭배 상황을 들여다보았다. 또 하(河), 악(岳), 토(土) 등 매우 강력하면서도 구체적인 신위를 지니고 있는 자연물에 대해서도 분석했다.

이 과정에서 특히 황하는 단순한 자연숭배물의 차원을 넘어선 '근본적인 존재(Ultimate Reality)로서의 분리된 신(deus otiosus)'의 이미지로 받아들여지고 있었음을 확인할 수 있었다. 또 황하가 상대 초기에 다른 숭배대상들과 달리 고조(高祖), 즉 '위대한 조상'의 이미지까지 겸비하고 있는 점을 확인했다. 또 흙의 신이 후대에 영계를 의미하는 시(示)와 흙신의 이름인 토(土)가 합쳐지면서 후일 종법제도의 핵심요소인 사(社)로 탈바꿈하는 과정을 자세히 살폈다.

또 상대 사회구성원들이 꾸준히 '근본적인 존재로서의 분리된 신'을 추구하는 과정에서 제(帝), 즉 상제라는 이미지를 만들어냈던 것도 확인하였다. 하지만 의미론적으로는 인간이 만들어낼 수 있는 '근본적인 존재로서의 분리된 신'이고 궁극적 실체의 신으로 이해되고 있던 상제가, 놀랍게도 혈통을 기반으로 한 조상숭배의식에 의해 도태되는 역사적 사실을 포착해냈다.

상제를 절대신의 영역으로부터 분리해낸 왕 조갑은 자연숭배물이나 상제를 제거함과 동시에 선왕 무정이 숭배하던 선공(先公) 계열의 조상들 역시 제례 대상에서 빼버렸다. 이 조치는 왕실의 순수혈통을 정치적 이유로 강화시켰다는 의미에서 조상숭배가 이데올로기의 영역으로 전환되는 역사적 사건이 된다.

3장 '상족(商族)의 조상, 절대신이 되다'에서는 조상에게 신격(divinity)을 부여하는 조상숭배의식이 단순히 긴 시간의 흐름 속에서, 그저 점진적으로 하나의 문화로 진화되어 온 것이 아니라고 이야기한다. 오히려 숭배의식은 상 왕실의 정치적 필요와 독특한 우주론적 배경 속에서 제례 혁명(revolution)을 통해 형성된 이데올로기라는 점을 집중 조명했다.

제례 혁명을 통해 확보된 직계혈족들은 총 6명의 선공과 37명의 선왕이었다. 이들을 제례 순서에 따라 정리하면 다음과 같다.

- 선공 : 기(夒), 시(兜), 토(土), 계(季), 왕해(王亥), 왕항(王恒)
- 선왕 : 상갑(上甲), 보을(報乙), 보병(報丙), 보정(報丁), 시임(示壬), 시계(示癸), 대을(大乙), 대정(大丁), 외병(外丙), 남임(南壬), 대갑(大甲), 호조정(虎祖丁), 대경(大庚), 소갑(小甲), 옹기(雍己), 대무(大戊), 중정(中丁), 외임(外壬), 전갑(戔甲), 조을(祖乙), 조신(祖辛), 호갑(虎甲), 남경(南庚), 조정(祖丁), 강갑(羌甲), 반경(般庚), 소신(小辛), 소을(小乙), 무정(武丁), 조경(祖庚), 조갑(祖甲), 강조정(康祖丁), 조신(祖辛), 무을(武乙), 문무정(文武丁), 부을(父乙), 제신(帝辛)

이들 조상들은 조갑이 만든 다섯 종류의 제사, 이른바 오종제사의 대상이 되었다. 다섯 종류의 제사는 다음과 같다.

- 익(翌) : 조류의 깃털을 들고 춤을 추며 진행하는 제례

- 제(祭) : 육류를 제물로 진행하는 제례

- 출 : 곡물을 제물로 진행하는 제례

- 팽(彡) : 악기를 사용하는 제례

- 협(劦) : 제, 팽 등과 함께 진행되는 종합 제례

이들 오종제사는 조갑에 의해 선별된 상 왕실 조상신들에 대해 현실정치와 연결되면서 하나의 현실적, 문화적 기제로 활용되고 있었다. 조갑이 다섯 가지 종류의 제사를 선별해 상 왕실의 혈족 제사와 연결해놓았던 이유는, 상제와 연계된 오방의 우주관을 근거로 형성되어 전해져 온 5의 이미지가 다섯 종류의 제사를 통해 1년이라는 시간의 순환 속에서 끊임없이 반복되도록 하려 했기 때문이었다. 다시 말해 우주의 영원성을 확보하려는 우주적 차원의 사고가 바탕에 깔려 있는 것이다. 문화적 관성을 통해 전해져 온 상 왕실의 오방이라는 우주관을 제례라는 사회적 행위를 통해 반복적으로 지속시키려는 조갑의 의도였던 것이다. 이러한 태도는 바로 다양한 문화권의 신화 속에서 어렵지 않게 만나게 되는 현상, 즉 자신들의 삶을 우주의 기본적 리듬과 무한히 반복시키려는 노력과 정확하게 들어맞는다.

조상의 제사를 역법을 통해 우주적 차원으로 격상시키려던 조갑의 종교문화적 의도는 훗날 주 왕실이 조상과 하늘 천을 연결시키는 종법

제도를 완성시키는 데 문화적 기초를 제공했다. 이러한 이해는 유교문화의 기원을 주대 종법제도에서 찾아왔던 기존의 연구문화에 심각한 오류가 있었음을 밝혀낸다는 점에서 특기할 만하다.

3장에서는 또 왕의 여성 배우자들 역시 직계혈족의 조상들과 마찬가지로 제사 대상이 되고 있는 상황을 다루었다. 특히 이들 배우자의 신위가 남성 조상들의 신위 영역과 겹치지 않는 점이 특이하다. 이는 상대 당시 상 왕실에서의 남성 조상과 배우자의 주술적 분업이 비교적 분명하게 이루어지고 있는 것을 보여준다.

또 유교문화의 뼈대를 형성하고 있는 독특한 기축 관계, 즉 부자관계의 내용을 살펴보았다. 이 과정에서 유교문화에서 강조되고 있는 친족관계, 특히 부자관계의 중요성이 일찍이 상대 갑골문에 기록되어 있음을 확인했다. 특히 상대의 부자관계는 왕의 정치적 통솔 행위와 밀접한 관계에 있었다. 또 갑골문의 부자관계 기록들을 통해 확인했던 중요한 점 하나는 정치적, 경제적, 사회적 의미에서 아들과 딸의 관계가 보이지 않는다는 점이었다. 이는 여성 배우자가 제사의 대상이 되는 주술적 상황과 구별된다. 여성의 역할과 위상이 제한된 차별적 사회구조를 확인한 것이다. 현실세계 속에 존재했던 유교문화 속의 남녀차별의 시원을 어디서 찾아야 하는가 하는 문제를 풀어가는 데 있어 의미심장한 단서로 남게 된다.

4장 '주족(周族)의 조상, 정치의 중심에 서다'에는 상 왕실에서 주 왕실로 통치의 주체가 바뀌던 역사적 상황을, 이때가 유교문화의 외형적 틀이 완성되고 있는 시대라는 측면에서, 단순한 정치세력의 교체가 아니라는 점을 문화사적인 각도에서 분석했다. 지금까지의 연구는 이 시기를 정치세력의 교체기로만 보았다. 정치적 주도세력이 일종의 제로섬 과정을 거쳐 단층적으로 자리를 맞바꾼 것으로 이해했다. 하지만 갑골문과 청동기 기록은 다른 사실을 전하고 있다. 당시 상나라를 정복한 것은 주나라였지만, 주 왕실의 정치를 안정시킬 수 있었던 정치적 노하우들은 상 왕실이 오랜 세월 유지해왔던 문화와 가치관으로부터 빌어 왔기 때문이다. 즉 단층적인 종족 교체가 아니라 두 개의 문화권이 느슨한 연계 속에서 세력 교체를 이룬 것이었다.

당시 문화적으로 열등했던 주 왕실은 상 왕실의 후예들을 주 왕실에 복속시켜 통치의 한 축을 담당하도록 했다. 이런 내용을 서주시대의 청동기 '신진유' 등을 근거로 제시했다. 또 주 왕실이 후일 중원을 새롭게 통치해가는 과정에서 채택했던 봉건제도의 아이디어를 상나라의 혈통 관련 의식과 제도에서 얻었다는 점을 설명했다. 즉 주나라의 봉건제도를 안착시킨 종법제도의 근본 아이디어는 바로 상나라의 조상숭배의식에서 비롯된 것이었다.

유교문화의 핵심이 되어버린 혈연중심의 가치관은 종법제도라는 가

상의 회로 속에서 봉건제도라는 정치현실로 구체화되었다. 상 왕실이나 주 왕실 모두 조상신 숭배라는 혈통문화를 종교문화적 에토스(ethos)로 지니고 있었다. 그러나 주 왕실은 종법을 제도화해가는 과정속에서 정치적 장치인 봉건제도를 만들어냈다는 점에서 상 왕실의 경우와 비교가 된다.

특히 4장에서는 주대 청동기 어휘들의 등장 빈도수 통계를 제시했는데, 부(父)의 빈도수가 당시 상용되던 어휘들 중에서 가장 높았다. 이는 서주시대 종법제도의 무게중심이 조상과의 혈통적 연계라는 정신세계에 놓여 있었음을 드러내는 증거로 보았다.

주 왕실의 천명사상은 역사학계의 상식이다. 그런데 4장에서는 주나라 때 등장한 천(天)에 대한 분석을 일반 문헌이 아닌 서주시대 청동기를 근거로 진행했고, 기존의 분석들과 일치하지 않는 결과를 얻었다. 특히 주나라에 등장한 천(天)의 최초 기록을《상서》〈주고(酒誥)〉에서 찾고 있는 학계의 상식과 달리, 주대 청동기 '대우정'에서 확인했다. 또 주나라 때에 등장한 천(天), 또는 천명사상이 상나라 때 존재하던 천(天), 즉 상나라의 위상을 강화하기 위해 사용된 한정어로서의 천(天)으로부터 확대된 파생의 아이디어임을 알아냈다.

그런가 하면, 주대에 등장한 효(孝) 글꼴에 인간 내면에 존재하는 원형으로서의 부모에 대한 애정과 보살핌이 투사된 것이 아니라는 점을 확인했다. 때문에 주나라의 종법제도에서의 효(孝)는 순수한 인간 내면에 존재하는 원형으로서의 부모에 대한 애정이 아니라 남성 혈통의 계승을 염두에 둔 정치적 장치로 읽어야 한다. 유가에서 강조하는 효(孝)는 인간이 본능적으로 지니고 있는 가족애적인 도덕성(familial ethic)이 아니라 종(宗)을 핵심가치로 하는 제도, 즉 종법제도가 봉건제도라는 정치 기제 안에서 효과적으로 작동할 수 있도록 하기 위해 도입된 가치이다.

예(禮) 역시 이러한 맥락에서 관찰할 때 내면의 세계를 보다 객관적으로 파악할 수 있었다. 우선 예(禮)는 악기의 한 종류인 례(豊)를 초문으로 만들어진 글자이다. 초문 례(豊)는 상대에는 제례 때 사용하던 악기의 명칭으로 왕의 하사품이었으나, 주대로 접어들면서 점차 제례의 명칭으로 전환되었고 마침내 왕실의 혈족 제사에 국한되지 않고 외부로 의미가 확대된 행사로서의 제례로 변모했다. 그리고 이러한 과정에서 초문 례(豊)는 점차 의미가 증폭되고 확대 재생산되면서 '예로서 천하를 다스리다(예치천하禮治天下)'의 관념으로까지 발전했다. 주대의 이러한 성장 과정 속에서 례(豊)는 인간의 삶과 관련한 모든 가치와 행동을 제어하는 차원으로까지 변모하게 되었다. 유교문화 속에 존재하는 제례의 관리학이 이렇게 완성되었음을 4장에서 확인했다.

5장은 주대의 실록인 청동기 명문을 통해 인(仁)의 의미를 추적해보는 과정이다. 유교의 기원을 이야기할 때 '공자와 인(仁)' 이 두 가지는 매우 중요한 요소이다. 특히 인(仁)의 의미를 탐색하는 데 있어서 《논어》의 기록들은 절대적이다. 하지만 충격적이게도, 공자가 생존했었다고 알려진 춘추시대의 청동기 그 어디에서도 인(仁)의 기록을 찾을 수 없다. 물론 인(仁)의 글꼴조차 발견되지 않는다. 춘추시대뿐 아니라 주대 청동기를 통틀어 인(仁)은 단 한 차례만 등장한다. 그 주대 청동기는 '중산왕壘정'으로 전국시대 말기의 것이다.

청동기에 나타난 인(仁)의 글꼴은 주검 시(尸)와 이(二)의 자소로 결합된 형태이다. 이것은 전국시대 죽간에 보이는 인(仁)의 최초 글꼴, 즉 신(身)과 심(心)의 자소가 결합된 형태의 변형이다. 현대 한자 인(仁)의 글꼴은 전국시대 청동기와 죽간에 나타난 두 개의 글꼴이 반복적으로 변형된 결과임을 증명해 보였다. 즉 원래의 모습과는 전혀 상관이 없는 시(尸), 인(亻)과 두 이(二) 등의 자소들이 등장하고 서로 결합하면서 한나라 이후 주류의 글자가 되었다. 그리고 이 글꼴을 근거로 수많은 인(仁) 관련 문자풀이들이 등장했고, 글자의 원형과는 상관없는 해석이 유교문화 속에서 핵심가치로 자리하게 되었다.

그리고 이 둘은 《논어》에서 흔히 확인할 수 있었던 인(仁)과 전혀 다르다. 전국시대의 인(仁)의 정의는, 우선 외부적 강제력과 차별되는 개인의 성정과 내면의식에 연결되어 있다는 점이 특징이다. 이 표현은 종법제도 제례의 구속력만으로는 통치가 이루어질 수 없었던 전국시대 천자와 제후 귀족들의 한계를 역으로 드러내고 있다. 즉 인(仁)은 외형적인 제도 등만으로 지탱할 수 없어 무너져가는 종법제도를 유지시켜야 하는, 도덕이라는 새로운 콘텐츠를 통해 정치적 역할을 수행해내야 하는 가치인 셈이다. 다시 말해 인(仁)의 의미는 커다란 맥락에서 볼 때 종법제도라는 정치적 영역 안에 머물고 있다.

특히 죽간에서 인(仁)을 정치적 충(忠)과 연결하는 상황은 후대 유가 사상에서 보기 힘든 부분이었다. 이는 후대 유가의 문헌들이 인(仁)을 도덕적 가치로 제한하고 있기에 정치적 덕목인 충(忠)과의 연결이 어려웠던 때문으로 추정된다. 특히 《논어》에서 인(仁)이 충(忠)과는 거의 연결되지 않고 있다. 이러한 정황은 전국시대 당시 존재했던 역사적 사실과 맥락적으로 전혀 연결되지 않는다. 이는 유교의 기원을 다루는 연구들이 지녀왔던 인(仁) 관련 이해에 중대한 결함이 내포되어 있음을 암시한다.

5장에서는 또 유가의 가치관 중에서 인(仁)과 함께 핵심적 역할을 한 성(聖)도 분석했다. 흔히 성인(聖人)으로 이해되고 있는 이 이상적 인격은 유가를 넘어 동양문화를 대표하는 이미지로 존재하고 있다. 성인의 인격형은 유가에서 흔히 일컫는 '내성외왕(內聖外王)'의 정치, 즉 성인의 인격과 왕도의 정치를 통해 점차 유가문화의 대표적 가치로 자리하게 되었다. 성(聖)은 《논어》에서의 출현은 적지만 서주, 춘추시대 청동기 문자에서 자주 등장한다.

성(聖)의 본의는 통치자인 왕이 주변 신하들의 의견을 청취하면서 해결책을 모색한다는 뜻이 아니다. 말을 듣고 있는 사람의 모습을 강조한 성(聖)의 글꼴은, 통치자가 귀 기울이는 것이 종교문화적 차원에서 진행되고 있음을 나타낸다. 성(聖)이 담고 있던 '조상신 또는 하늘의 의견에 귀를 기울이던' 왕의 덕목, 다시 말해 통치자와 초월적 존재들과의 소통 능력을 강조한 이 표현은 점차 이상적 군주를 의미하는 성인과 같이 함축된 이미지로 바뀌어갔다.

즉 성인이란 후대 유교문화권에서 해석하듯이 단순히 인격이 높은 통치자를 뜻하는 것이 아니라 종교문화적으로 강화된 이미지를 지닌 군주였다. 때문에 성인은 발생학적으로 평범한 계층의 백성들과 계층적으로 분리되었기에 후일 유가가 철저하게 계층 분화적인 입장에 서게 되는 단초로 작용하게 되었다.

6장에서는 유(儒)라는 글자를 발생학적인 차원에서 세밀하게 검토했다. 일반적인 생각과 달리 《논어》에서도 유(儒)의 표현은 단 한 차례만 등장한다. 그리고 놀랍게도 유(儒) 글꼴은 상대 갑골문이나 서주, 춘추, 전국시대 청동기 문자, 심지어 전국시대 죽간들에서도 보이지 않는다. 인(亻) 변과 수(需)를 자소로 하는 유(儒)의 글꼴은 종교문화적 측면에서의 상징을 감추고 있는데, 이는 상대 갑골문은 물론, 주대의 청동기, 전국시대의 청동기와 죽간 어디에서도 찾아볼 수 없다. 하지만 필자는 현존하는 문헌들 모두를 조사했고 그 결과 유(儒)라는 글자의 연원을 학계 최초로 분석해냈다.

유(儒) 글꼴에 대한 정의는, 《설문해자》에서 '유(柔)' 글자로 풀면서 '부드러움'이라고 한 설명과 한나라 때의 쩡쉬엔(鄭玄)이 주석, 뚜완위차이(段玉裁)의 주해, 또 고대문헌을 근거로 확인한 장타이이엔(章太炎)의 비와 관계된 주술사 추정들을 근거로 할 때 결국 비를 부르는 주술사로 볼 수 있다.

기록을 통해 확인할 수 있는 최초의 주술사 표현은 무(巫)로서, 이는 갑골문에 보인다. 그리고 상대 갑골문에 나타나는 무(巫)의 문화적 의미들을 다양한 각도에서 살펴보면, 무(巫)는 단순한 개인적 성격으로서의 직업적 명칭이 아니라 당시 사회영역 전체를 주술적으로 관리하는 문화적 통칭이었다.

상대 갑골문과 청동기에는 특별히 비를 관리하는 주술사의 모습이 보이는데, 대(大)를 기본형으로 빗방울의 이미지를 나타내기 위해 몸에 점을 첨가한 글꼴이 그것이다. 이를 중국학자들은 역(亦)으로 해석하고 있으나 사실 이는 수(需)이다. 대(大)를 기본형으로 빗방울의 이미지를 나타내기 위해 몸에 점을 첨가한 글꼴, 즉 자소 수(需)는 주대 청동기에 단 세 번 등장한다. 서주시대의 '맹궤(孟簋)'에서 한 번, 춘추시대의 '기漢수산과(耋漢需散戈)'와 '수백공부궤(需白公父簋)'에 각각 한 번씩 보인다. 고문자 학자들은 주대 청동기 문자에 보이는 이들 자형들을 모두 수(需)로 해석하고 있다. 자형을 분석해보면, 이들 글꼴은 상부에 비 우(雨)가 있고 하부에 사람을 의미하는 큰 대(大)를 기본 자소로 두고 있다. 이는 바로 상대 갑골문에 보이는, 중국학자들이 역(亦)으로 해석한 글꼴이며, 필자는 이를 수(需)로 해석했다. 이것이 문자학적인 변환 궤적에 정확하게 들어맞기 때문이다.

특히 춘추시대 청동기 '기漢수산과'의 수(需) 글꼴은 상대 청동기 속의 자형과 이미지 차원에서 동일한 맥락 속에서 연결되고 있다. 글꼴의 변화 과정이 명확하게 추적된 상태에서 다시 문화적 내면을 들여다보면, 상대 갑골문, 상대 청동기, 주대 청동기 문자 자형 모두에 걸쳐 사람을 나타내는 큰 대(大)의 자소와 비를 의미하는 점과 획들도 일관되게 존재한다. 기존의 문헌들이 설명할 수 없었던, 수(需)가 지니고 있는 비 우(雨)와 큰 대(大)의 자소의 연원을 상대 갑골문, 상대 청동기, 주대 청동기가 밝혀냈다.

전국시대의 죽간 기록 모두에도 유(儒)의 글꼴은 존재하지 않는다. 춘추시대 청동기 내용의 상황과 다르지 않다. 즉 전국시대에도 유(儒)의 초문인 수(需)의 글꼴만을 확인할 수 있을 뿐이다. 그것도 불과 서너

곳에만 등장한다. 그 중에서 《청화대학장전국죽간(淸華大學藏戰國竹簡)》의 '금등(金縢)' 편에 보이는 글꼴이 크게 참고할 만하다.

종합해보면 유(儒)는 강우를 전문적으로 다루는 주술사로, 최초의 글꼴은 사람과 비의 두 가지 이미지가 결합된 형태이다. 즉 비 우(雨)와 큰 대(大, 而로 글꼴이 변화됨)의 자소를 지닌 수(需)가 그 최초의 형태이다. 그리고 이 글꼴은 전국시대까지 사용되었다. 사람 인(亻)이 결합된 글꼴은 한나라 때 《설문해자》의 자형과 한나라 때의 마왕퇴(馬王堆)의 글꼴을 근거로 따져보니 마침내 한나라 시기에 나타났음을 필자는 증명했다. 모든 후기 형성자들이 그러하듯이 수(需)가 잃어버린 사람의 이미지를 자소 인(亻)으로 보완하고 있는 것이다.

6장에서는 문자학적인 측면에서 유(儒)의 발생과 변환 과정을 추적한 외에, 유(儒)가 지녔던 신(神)과 귀(鬼), 인간을 잇는 통혼자 역할에 대해서도 살폈다. 또 문화 권력의 존재로 훗날 군자(君子)와 연결되는 유(儒)의 위상에 대해서도 분석했다.

이 책은 기존의 유교기원 연구와 전혀 다른 방식으로 분석을 시도한 결과물이다. 이전의 분석과 다른 방식이 가능했던 이유는, 가장 최근까지 축적된 1차 사료들, 즉 갑골문, 서주 · 춘추전국시대의 청동기 명문, 전국시대 죽간들을 활용할 수 있었기 때문이다. 가장 큰 연구 성과는 다음의 세 가지로 요약할 수 있다.

첫째, 유교는 공자에 의해 창시된 것이 아니라 원시 동양사회의 종교문화적 흐름을 타고 변해온 문화적 연변의 결과임을 학계 최초로 밝힌다.

둘째, 《논어》에서 빈번하게 언급되고 있는 유교문화 속 최고의 가치였던 인(仁)의 글꼴은 상대 갑골문, 서주·춘추 청동기 어디에서도 발견되지 않았다는 점도 학계 최초로 밝힌다. 단지 전국시대 청동기에 단 한 차례 등장할 뿐이고, 전국시대 죽간에도 등장하고 있다. 하지만 전국시대 청동기와 죽간에 등장하는 글꼴은 현재 사용되고 있는 인(仁)의 글꼴과 자소가 다르고 쓰임새도 구별된다. 이는 한나라 이후 유가들의 인(仁)에 대한 해석이 고대문화의 발전과정과 일치하지 않았다는 점을 증명하는 것이다. 따라서 한나라 유가들의 관념에 근거해 진행되어 온 유교문헌의 해석들은 전면 재검토되어야 한다.

셋째, 유(儒)의 글꼴은 상대 갑골문, 서주·춘추·전국시대 청동기, 그리고 전국시대 죽간 어디에서도 발견되지 않는다. 그리고 지금까지 한국은 물론 중국, 일본, 서방의 학계에서도 유(儒)라는 글자의 발생과 변환 과정에 대해 연구한 바가 없다. 이 책은 유(儒)가 전문적으로 비를 부르는 고대의 주술사로서, 최초의 글꼴은 사람과 비의 이미지를 지니고 있었으며 점차 수(需)와 인(亻)의 자소가 결합된 형태로 전환되었음을 학계 최초로 밝히는 바이다.

유교문화의 기원 탐색을 통해 얻은 이상의 결과들은 물론 새로운 의미를 확보하기도 했지만, 또한 새로운 연구를 가능케 하는 과제로서의 역할도 하게 될 것이다.

주

1장.   1) 조지프 캠벨, 이진구 옮김,《원시 신화-신의 가면I》, 서울 : 까치,
2003, 17쪽.

2) 啓良,〈周公才是中國文化的先祖〉《湘潭大學學報》, 2009, 제33권 제3기, 85
쪽. 이와 같은 주장의 선구자는 楊向奎로, '주공이 없었으면 유가의
역사 연원은 없었을 것이며, 유가가 없었다면 중국의 전통 문명은
아마도 다른 형태의 것이었을 것이다'라는 啓良의 주장을 지지하고
있다(楊向奎,《宗周社會與禮樂文明》, 北京 : 人民出版社, 1997, 141쪽 참조).

2장.   1) 니체가 일찍이 지적했던 분석적 접근. 신학, 신화, 도덕철학의 형이
상학적 위선으로부터의 탈피에 대해 강조했다(조지프 캠벨, 이진구 옮
김,《원시신화》, 서울 : 까치, 2003, 29-31쪽 참조). 이러한 분석 태도는 동
양 유교문화의 근원을 탐색하는 데 필요한 원시의 사고와 상징들을
읽고 분석해가는 과정에서도 동일하게 적용되어야 하는 가치이다.

2) 필자가 神威를 잃어가고 있다고 한 표현은, 토템의식이 형성되는 초
기 단계의 경우, 인간과 주변환경 사이에 그저 단순한 관계 형성만이
존재할 뿐 사회적, 문화적인 집단의식 속에서의 숭배와 경외감이 형
성되지 못하고 있는 상황을 염두에 둔 것이다(The Origin and Function of
Religion, *Journal for the Scientific Study of Religion*, Dec79, Vol. 18, pp. 379-380 참조).

3) 陳邦福,《殷契辨疑》, 영인 복사본, 1929, 3쪽.

4) 갑골문에서 점복이 진행될 때에는 'ト'이라는 문자가 사용된다. 이
글자는《周禮》〈春官〉에서 언급한 '作龜', 즉 불을 붙인 막대를 거북이
나 소의 견갑골의 안쪽에 파인 鑽鑿에 집어넣어 반대편에 균열을 만
드는 과정을 설명하고 있다. 이때는 해당 점복 내용을 묻는 貞의 행
위, 즉《周禮》에서 언급한 '命龜'가 진행된 후이다. 따라서 갑골문의
'간지+ト+貞人+貞'의 내용 전개는 전체의 점복 과정과 순서상으로

바뀌어 있는 형태이다. 이 책에서는 '점을 치다'의 의미를 살려 번역하기로 한다.

5) '합11485'의 갑골문 텍스트 안에 보이는 '聞'을 '듣다' '들리다'로 해석하며 보고의 의미로 보는 학자들도 있으나, 최근에는 '昏'의 가차자로 보는 견해가 우세하다.

6) 윤이흠, 〈신관의 유형〉, 《신화와 역사》, 서울 : 서울대학교 종교문제연구소, 2003, 10쪽 참조.

7) 갑골문에서 '高祖'라는 표현은 약 다섯 군데 등장한다. 이 중에서 '高祖'가 단독적으로 사용되는 경우가 두 번 있다. 필자가 '위대한 조상'으로 번역하였듯이 관형어적인 용법으로 사용되는 텍스트는 인용 내용 외에 '高祖王亥'의 텍스트(합30447)도 해당된다. 인용한 텍스트는 '高祖, 河'로 끊을 수도 있겠으나 문례가 없고 '高祖王亥'의 용례가 있어 '高祖河'로 붙여 읽는다. 그러나 혹시 '高祖, 河'로 끊어 읽어야 한다 해도, 황하가 다른 강물들과 구별되는 존재임을 나타내고 있음을 이해하는 데에는 커다란 차이가 없다.

8) 여기서의 '見'은 '現'으로 해석되어야 한다. 주어는 앞부분에 위치한 '산림천곡구릉(山林川谷丘陵)'이기 때문이다.

9) 조지프 캠벨, 이진구 옮김, 《원시신화》, 서울 : 까치, 2003, 102쪽.

10) 이들 내용과 관련해서 다음의 중국, 일본, 서양의 대표적 문헌들을 참고했다.

> 胡厚宣, 〈殷代之巫神崇拜〉, 《甲骨學商史論叢初集 : 上》, 河北 : 河北教育出版社, 2002/ 林巳奈夫, 《中國文明の誕生》, 東京 : 吉川弘文館, 1995/ Keightley, David N. *Source of Chinese Tradition*. New York : Columbia University Press, 1999/ Mahlon, Reihman, Gregory, *Constructing Confucius*. Austin: Unpublished doctoral dissertation, University of Texas, 2001.

11) 《甲骨文合集》을 통틀어 상제 관련 내용은 모두 157개나 확인할 수 있었는데, 그 중에서 '上帝'의 표기를 한 경우는 불과 4회, 그리고 상대 청동기 '二祀邲其卣'에 한 번 나옴으로써 도합 5회만 출현하고 있다. 나머지는 모두 '帝'로 쓰였다.

12) 선공이란 상 왕실의 조상신 중에서 혈연관계가 없는 제사 대상을 말한다. 이와 반대로 선왕은 상 왕실과 직접적인 혈연관계를 유지하고 있는 조상들을 의미한다.

13) 赤塚忠, 《中國古代の宗敎と文化》, 東京 : 角川, 昭和 52, 299~304쪽.

14) 갑골문에서 '史'는 기록을 담당한 관리의 명칭으로 볼 수 있다. 여기서는 신하로 해석한다.

3장.   1) 무정 이전의 인물이 갑골문 기록에도 보인다는 학설이 존재하기도 하지만 학계의 정론으로는 인식되지 않는다. 또 이 문제는 이 책의 주제와도 관련이 적으므로 더 이상 다루지 않기로 한다.

2) 학자들은 최근의 고고학적 발굴과 갑골문, 문헌 기록을 토대로 무정의 사망 시기를 B.C 1193년으로 추정하고 있다. 夏商周斷代工程專家組, 《夏商周斷代工程1996~2000年階段成果報告》, 北京, 世界圖書出版, 2000, 88쪽.

3) 《상서》 〈무일〉에는 '舊爲小人'으로 되어 있으나 가차자로 바꾼 상황이다.

4) 엘리아스 카네티, 강두식·박병덕 옮김, 《군중과 권력》, 서울 : 바다출판사, 2010, 124쪽.

5) 《史記》 〈殷本紀〉에는 報丁, 報乙, 報丙의 순서로 되어 있으나 王國維에 의해 바로 잡혔다(김경일, 《갑골문 이야기》, 서울 : 바다출판사, 1999, 139~140쪽 및 본문그림 참조).

6) 종법제도에 대해 학계는 일반적으로 주대에 봉건정치가 시작되면서

종법제도가 출발한 것으로 보고 있다. 하지만 왕위의 장자계승 문화는 이 책에서 설명하고 있듯이 이미 상대 갑골문을 통해 확인할 수 있다(이 부분은 주대 종법제도의 시원을 다루게 되는 4장에서 자세히 설명하기로 한다).

7) Michael Nylan, *Toward an Archaeology of Writing, Text and Ritual in Early China*, University of Washington, 2005, p.32.

8) 낸시 헤더웨이 지음, 신현승 옮김,《세계신화사전》, 서울 : 세종서적, 2007, 205-208쪽.

9) 제1기 때의 갑골문에 '貞 : 父乙帝…?'(을956)의 기록이 보인다. 그러나 기록이 완전치 않아 이를 무정이 아버지 小乙에게 帝 명칭을 더한 것으로 볼 수도 있고 그렇지 않을 수도 있다. 하지만 제1기 때에 단 한 차례, 그것도 완전치 못한 이 기록을 근거로 제1기 때로부터 '조상 시호+帝'의 명칭이 시작되었다고 보기에는 무리가 있다. 또 종교문화적 흐름을 비교해보아도 맥락적으로 받아들이기 힘들다.

10) C. G. Jung, 〈*On the Nature of the Psyche*〉, 서울대학교 종교문제연구소, 《신화와 역사》, 서울 : 서울대학교출판부, 2004, 79쪽에서 재인용.

11) 조지프 캠벨, 홍윤희 옮김,《신화의 이미지》, 서울 : 살림, 2006, 174-180쪽.

12) 오종제사가 제2기에 등장하고 있음을 맨 처음 발견한 사람은 董作賓이다. 그리고 陳夢家 역시 같은 연구 결과를 발표하게 된다. 또 하나 흥미로운 것은 독립된 연구를 하고 있던 일본인 島邦男 역시 무정 이후 나타나는 제례의 변화에 대해 의견을 발표하게 된다. 이러한 사실들은 오종제사 연구를 체계화시킨 許進雄의 논문을 통해 확인할 수 있다(〈殷卜辭中五種祭祀的硏究〉《國立臺灣大學文史叢刊》, 臺灣大學, 中華民國五十七年 참조).

13) 여기에 해당되는 갑골문은 董作賓의 5기 시대구분 기준으로 보면 제

1기, 왕으로는 무정 시기에 해당되지만, 정인들의 글꼴을 기준으로 재분류할 때는 무정 시기에 가장 활약이 많았던 정인 賓을 들어 '賓組'로 표현할 수도 있다.

14) 于省吾, 《甲骨文字詁林》, 北京 : 中華書局, 1996, 3380쪽

15) 이상의 순서는 오종제사를 맨 처음 발견했던 董作賓의 제자 許進雄의 《殷卜辭中五種祭祀的硏究》(臺灣 : 國立臺灣大學, 1968)에서 제시되었다. 그 후 이 오종제사를 周祭로 명명하며 연구에 뛰어들었던 常玉之의 《商代周祭制度》(北京 : 中國社會科學出版社, 1987)도 동일한 순서를 얻어냈다. 필자 역시 관련 논문을 쓰며 분석한 결과 이 두 학자의 관찰에 문제가 없음을 확인했으며, 이 책을 서술하는 과정에서 다시 한 번 확인한다.

16) 唐이 을축일에 해당된 것은 당의 또 다른 시호가 大乙이기 때문이다.

17) 현재 이 글꼴에 대한 고석은 깊이 있게 진행되지 못하고 있다.

18) 쿠르트 휘브너, 이규영 옮김, 《신화의 진실》, 서울 : 민음사, 1991, 48-88쪽 참조.

19) 이러한 견해는 신화를 제의(祭儀)사회학적 측면에서 해석하려던 독일의 만하르트(W. Manhard), 영국의 스미스(W. R. Smith), 특히 프랑스의 뒤르켐(E. Durkheim)이나 모스(M. Mauss) 등의 해석학과 함께 통합적으로 이해할 수 있다.

20) 조지프 캠벨, 이진구 옮김, 《원시 신화-신의 가면1》, 서울 : 까치글방, 2003, 174쪽.

21) 董作賓은 당시의 1년은 365.25일, 즉 365일과 1/4일로 구성되어 있었다고 주장하고 있다(〈殷曆譜〉《董作賓先生全集乙》, 臺灣 : 藝文, 民國30年, 上篇 卷三, 14쪽 참조). 제1기 때의 갑골문에 '十三月'의 기록이 존재하고, 大月로 불리는 한 달은 30일, 小月로 불리는 한 달은 29일이지만, 이것이 일 년 안에 몇 번 존재하고 있는지를 빈틈없이 보여줄 수 있는 갑

골문 자료는 아직 없다. 그러나 은역(殷曆)에 대한 새로운 연구결과를 보이고 있는 常玉之는 현재로서는 단정 지을 수 없다는 견해를 제시하며 360일에서 370일 사이가 될 것으로 추정하고 있다.

22) 비(妣)로 예정하는 글꼴 속에서 比의 음을 위해 사용된 것으로 갑골학계가 보고 있는 글꼴에 대해서, 필자는 이 글꼴을 匙의 초문으로 보아야 한다는 견해를 갖고 있다. 이 문제는 이 책의 전체 주제와 직접적인 관계가 없어 일단은 갑골학계의 일반적인 견해를 따르기로 한다. 그러나 향후 연구를 통해 밝힐 계획이 있기에 언급해둔다.

23) 상대 갑골문에서 子와 관련한 기록 중에 아들이 아닐 수도 있는 자료가 보이는데, 이와 관련해서는 개별 논문을 통해 논의를 제기할 계획이다. 여기서는 갑골학계의 일반론을 따라 아들로 보기로 한다.

24) 미르치아 엘리아데, 이재실 옮김, 《이미지와 상징-주술적, 종교적 상징체계에 관한 시론》, 서울 : 까치글방, 1998, 55쪽.

25) 林澐, 〈從武丁時代的幾種 '子卜辭' 試論商代的家族形態〉《古文字研究I》, 北京 : 中華書局, 322쪽.

26) 男의 자형이 갑골문에서 발견되고는 있으나 그 의미가 무엇인지는 관련 기록이 부족해 정확하게 파악되지 않는다. 즉 자형은 男으로 바꿀 수 있지만 그 의미가 정확하게 남자인지에 대해서는 갑골학계가 정론을 내지 못하고 있다.

4장. 1) 명문의 내용 중 핵심 부분만을 스캔해 소개한다.

2) 夏商周斷代工程專家組, 《夏商周斷代工程1996-2000年階段成果報告》, 北京, 世界圖書出版, 2000, 49쪽. 이 책에서 해당연도를 사용한다는 것이 해당연도에 대한 완전한 동의를 의미하는 것은 아니다. 현재까지의 연구 결과 중 가장 최근의 자료이기에 사용했을 뿐이다.

3) 이 책의 성격상 당시 함께 존재했던 東夷 세력에 대한 언급은 생략하기로 한다.

4) 朱鳳瀚,《商周家族形態硏究》, 天津 : 古籍出版社, 2004, 279쪽.

5)《荀子》〈儒效篇〉에서는 '주공이 71개의 나라를 세웠다(周公, …立七十一國)'고 기록하고 있다.《左傳》〈昭公28年〉에는 '무왕이 상을 정복한 후 형제의 나라가 15개, 동성 姬性의 나라가 40개였다(武王克商, …其兄弟之國十有五人, 姬姓之國者四十人)'라는 기록이 있다.

6) 朱鳳瀚,《商周家族形態硏究》, 天津 ; 古籍出版社, 2004, 285쪽.

7)《尙書》〈牧書〉에는 '무왕의 전투용 마차 300대(武王戎車三百兩)'라는 기록이 있다. 이것은 상나라 유물로 발굴된 수십 대의 청동마차에 비해 월등한 숫자이다. 물론 王貴民은 갑골문 '삼십 마리의 말(三十馬 :《合集》500正)'의 기록을 토대로 상나라 때에 전차는 30대가 기본 편제라고 밝히면서, 100대 300대로 편제되어 있을 가능성으로 추정하고 있다. (〈就殷墟甲骨文所見試說'司馬'職名的起源〉《甲骨文與殷商史》, 上海 : 上海古籍出版社, 1983, 177쪽)

8) Martin Kern, *Text and Ritual in Early China*, Seattle and London : University of Washington Press, 2005, p.125 참조.

9) 張再興,《西周金文文字系統論》, 上海 : 華東師範大學出版社, 2004, 10쪽.

10) 張再興,《西周金文文字系統論》, 上海 : 華東師範大學出版社, 2004, 11쪽.

11) 張再興,《西周金文文字系統論》, 上海 : 華東師範大學出版社, 2004, 12쪽.

12) 張再興,《西周金文文字系統論》, 上海 : 華東師範大學出版社, 2004, 18쪽.

13) 張再興,《西周金文文字系統論》, 上海 : 華東師範大學出版社, 2004, 10쪽. 주로 초문인 且로 사용되고 있다.

14) 張再興,《西周金文文字系統論》, 上海 : 華東師範大學出版社, 2004, 10쪽.

15) 존 킹 페어뱅크, 중국사연구회 번역,《新中國史》, 서울 : 까치, 55쪽.

16) 김승혜,《유교의 뿌리를 찾아서》, 서울 : 지식의 풍경, 2001, 66쪽.

17) 朱丁,〈從上帝到天命的信仰變遷〉《重慶師院學報》, 2002, 1期.

18) 合22454 '하늘에 개를…?(…犬于天?)' 기록 참조.

19) 조지프 캠벨, 이진구 옮김,《원시신화-신의 가면I》, 서울 : 까치글방, 2003, 173쪽.

20) 이 부분은 제5기에 보이는 다른 갑골문 텍스트 중 유사한 내용을 지니고 있는 경우와 비교해볼 때 '亡尤, 寧?'이 생략된 것으로 추정된다.

21) 갑골문에서 羊은 짐승의 뜻 외에 종족의 명칭 또는 지명으로도 사용된다. 하지만 본 인용문은 내용이 훼손되어 정확한 상황을 알 수 없다(于省吾,《甲骨文字詁林》, 北京 : 中華書局, 1996, 1537쪽).

22) '公宮' 중에서 公은 조상 왕을 의미하며 宮은 제례를 진행하는 종묘를 뜻한다. 상대 후반기에만 나타나는 독특한 어휘다(于省吾,《甲骨文字詁林》, 北京 : 中華書局, 1996, 3360쪽).

23) 趙誠은 衣를 협력의 의미로 보고 있으나, 饒宗頤는 상 왕실이 조상 왕을 함께 모아 진행하는 상족 전용제사로 보고 있다. 이런 견해 차이는 趙誠이 인용한 갑골문은 초기의 것들인 반면 饒宗頤의 인용문은 후기의 것들이기 때문이다. 본문의 내용을 근거로 할 때 饒宗頤의 견해가 더 합리적이다(于省吾,《甲骨文字詁林》, 北京 : 中華書局, 1996, 1908-1909쪽).

24) 제3기 때의 갑골문으로 '(누군가)에게… 위대한 상나라가 …(생략되어 알 수 없는 내용)?(于…大商? : 합28103)'라는 기록이 하나 있다. 大와 商이 연결되어 있기는 하나 邑이 생략되어 있을 뿐 아니라 내용도 불완전해 분석을 진행할 수 없다.

25) '今田巫九龠'는 갑골문에서 다른 어휘의 첨가 없이 고정적으로 사용되는 특이 구문이다. 이 구문은 상 왕실의 존망을 위협하던 동이, 즉 人方 등 강대 부족과의 전쟁 때 동원되던 지역 영계 전담 무당 아홉 명의 저주 제사 행위의 모습을 담고 있는 기록이다. 그 해당 예문은 다

음과 같다. '… 묻는다. 오늘 ▨(저주의 제사 등을 진행)하는 아홉 무당
이 ⿰(의미를 알 수 없음)을 진행하는데, 상 왕인 내가 북을 사용한 彡의
제례를 지내며…? …人方을 정벌하는 데 도움을 얻도록 할까? 하늘
과 땅에게 제사를 지내면 상 왕인 내가 보호를 받을까? …가장 큰 행
정구역 상에 화가 없을까? ▨지역에서(…貞 : 今日巫九⿰, 惟余⿰…?…求…戔
人方? 上下于燎示, 受余祐? …于大邑商無禍? 在▨, 합36507).' (김경일, 〈갑골문 '巫
九'와 《竹書紀年》 등에 보이는 '九夷'와의 관계 연구〉 《中國學論叢》 第十輯, 2000,
1-26쪽 참조)

26) '上下于⿰示'의 어휘는 제5기 갑골문에 자주 등장한다. '⿰'에 대한 의
미가 불분명해 전체 내용이 무엇인지를 명확히 확정 지을 수 없다.
단지 하늘과 땅의 신령을 의미하는 '上下', 제단을 의미하는 '示'와 함
께 연결된 점으로 미루어 특별한 제사 대상임을 짐작할 수 있다(于
省吳, 《甲骨文字詁林》, 北京 : 中華書局, 1996, 1064쪽 참조).

27) '惟⿰令邑'의 내용에는 '정벌'에 해당되는 동사가 없지만 바로 앞의
'余征三封方'에서 '征'이 사용되었기 때문에 반복을 피하기 위해 생략
되었다. 번역에서는 그 문맥의 의미를 살렸다.

28) 엘리아스 카네티, 강두식 · 박병덕 옮김, 《군중과 권력》, 서울 : 바다
출판사, 2010, 379쪽.

29) 高明, 《古文字類編》, 서울 : 동문선, 인쇄본, 52쪽.

30) 갑골문 연구의 대표적 공구서인 姚孝遂主編의 《殷墟甲骨刻辭類纂》(北京
: 中華書局, 1989)나 于省吾가 편집한 《甲骨文字詁林》(北京: 中華書局, 1996)은
문제의 글자를 수록하지 않았다.

31) 曹錦炎, 沈建華編著, 《甲骨文校釋總集》, 上海 : 上海辭書出版社, 2006, 卷19,
6841쪽.

32) 한나라 때의 황제들 시호에는 孝를 넣은 것이 많다. 孝惠, 孝文, 孝景,
孝武, 孝昭 등이다.

33) Masaru Ikezawa, 〈*The Philosophy of Filiality in Ancient China–Ideological Development of Ancestor Worship in the Zhanguo Period*〉, Dissertation of University of British Columbia, 1994, p.2.

34) 이승환, 《유교 담론의 지형학》, 서울 : 푸른숲, 2002, 95-98쪽.

35) 馮友蘭, 박성규 옮김, 《중국철학사》, 서울 : 까치, 1999, 64-78쪽.

36) '풍'으로 읽기도 하나 문자 발전과정에서는 례(禮)의 초문으로 보고 있으므로 '례'로 읽기로 한다.

37) 《說文解字》는 '禮를 행하는 그릇(行禮之器也)'으로 풀고 있다.

38) 于省吾, 《甲骨文字詁林》, 北京 : 中華書局, 1996, 2788쪽.

39) 앞서 인용했던 '臣辰卣'의 기록에는 '왕이 종주에서 큰 음악 제례를 열었으며 왕궁을 나서 호경에 머물던 해이다. 5월 보름이 지난 신유일에 왕이 사상과 사황을 성주로 보내 백성들에게 돼지를 잡아주고 술과 화폐를 하사했다(惟王大龢于宗周. 出館鎬京年. 在五月既望辛酉. 王令士上衆史黃殷于成周, 禮百姓豚衆賞卣鬯貝)'라는 내용이 있다. 여기서 백성의 어휘가 나오는데 이는 오늘날의 백성(people)의 개념이 아니라 성주에 거주하는 상나라 귀족들임을 밝힌 바 있다.

40) 王貴民, 《商周制度考信》, 臺灣 : 明文書局, 1989, 191쪽.

41) 질베르 뒤랑 지음, 진형준 옮김, 《상상계의 인류학적 구조들》, 서울 : 문학동네, 2007, 438쪽.

42) 서주시대 청동기에 사용된 문자의 빈도수를 측정한 수치에 의하면 永은 전체 2837개의 문자 중에서 10위에 올라 있다(張再興, 《서주금문문자계통론(西周金文文字系統論)》, 上海 : 華東師大, 2004, 9-10쪽 참조).

43) 이전 춘추시대의 청동기에서 때로 '子子孫' '子孫孫' 등의 변형된 표현이 이미 등장하기 시작했다.

5장.　　1) 蔡元培, 〈孔子〉,《20世紀儒學研究大系》, 北京：中華書局, 2003, 24쪽.

2) 馮友蘭, 박성규 옮김,《중국철학사》, 서울：까치, 1999, 112쪽.

3) 馮友蘭, 박성규 옮김,《중국철학사》, 서울：까치, 1999, 117쪽.

4) Aihe Wang,《Cosmology and Political Culture in Early China》, New York：Cambridge University Press, 2000, p.189.

5) Mahlon, Reihman, Gregory, 〈Constructing Confucius-Western Philosophical Interpretations of Confucianism From Malebranche to Hegel〉, Austin：Unpublished doctoral dissertation, University of Texas, 2001. p.55.

6) 김승혜,《유교의 뿌리를 찾아서》, 서울：지식의 풍경, 2001, 139쪽.

7) 李澤厚, 〈孔子再評價〉,《20世紀儒學研究大系》, 北京：中華書局, 2003, 614-615쪽.

8) Mahlon, Reihman, Gregory, 〈Constructing Confucius-Western Philosophical Interpretations of Confucianism From Malebranche to Hegel〉, Austin：Unpublished doctoral dissertation, University of Texas, 2001. p.55.

9) 김경일,《이야기 동양사상》, 서울：바다출판사, 2009, 114쪽.

10) 김승혜,《유교의 뿌리를 찾아서》, 서울：지식의 풍경, 2001, 140쪽.

11) 김승혜,《유교의 뿌리를 찾아서》, 서울：지식의 풍경, 2001, 142-143쪽.

12) 노나라 襄公 22년은 B.C.551년으로 춘추 후기에 해당된다. 이밖에 Gregory Mahlon Reihman이 지은 박사학위논문 〈Constructing Confucius-Western Philosophical Interpretations of Confucianism From Malebranche to Hegel(Austin：Unpublished doctoral dissertation, University of Texas, 2001. p.35)〉도 참조할 수 있다.

13) 華東師範大學中國文學研究與應用中心,《金文引得, 三冊》(廣西：廣西教育出版社, 2002)에 수록된 상대 금문 4450개, 서주 금문 4889개, 춘추시대 금문 995개, 전국시대 금문 1257개 등의 내용을 조사한 결과이다.

14) 출토 이후 전국시대 관련 연구를 새로운 차원으로 이끌고 있는 죽

간 자료들이 많이 있다. 그중 유교문화와 관련한 새로운 자료들을 풍부하게 보유하고 있는《郭店楚墓竹簡》(荊門市博物館, 北京 : 文物出版社, 1998)과《上海博物館藏戰國楚竹書, 1-7》(馬承源, 上海 : 上海古籍出版社, 2001-2008),《淸華大學藏戰國竹簡》(李學勤, 上海 : 中西書局, 2010),《嶽麓書院藏秦簡》(朱漢民, 陳松長 主編, 上海 : 上海辭書出版社, 2010) 등을 분석에 사용했다.

15)《上海博物館藏戰國楚竹書, 1-8》이 수록하고 있는 죽간의 편성 연대는 전국시대 말기로 분석되고 있다(馬承源, 上海 : 上海古籍出版社, 2001-2008, 卷1, 2쪽).《郭店楚墓竹簡》이 수록하고 있는 죽간은 730여 개로 모두 전국시대 중기에서 말기로 향하는 시대의 것으로 분석되고 있다(荊門市博物館, 北京 : 文物出版社, 1998, 1쪽). 또《淸華大學藏戰國竹簡》(李學勤, 上海 : 中西書局, 2010),《嶽麓書院藏秦簡》(朱漢民, 陳松長 主編, 上海 : 上海辭書出版社, 2010) 등을 분석에 사용했다.

16) 貝塚茂樹, 윤혜영 편역,《中國史》, 서울 : 홍익사, 1986, 90쪽.

17) 朱鳳瀚,《商周家族形態硏究》, 天津 : 古籍出版社, 2004, 570쪽.

18) 필자는 身과 心의 결합체인 전국시대 죽간 글꼴에서, 身은 仁의 음을 나타내는 성부의 역할로 볼 수도 있다고 생각한다. 身과 仁은 상고음에서 모두 眞韻에 속해 첩운 규칙에 의해 서로 호환된다.

19)《설문해자》는 전국시대의 죽간을 분명 참고했다. 이 점은 쉬썬이 서문에서 고문《논어》를 보았다고 기술한 부분을 통해서, 또 고문으로 직접 제시한 글꼴이 죽간의 것과 닮아 있는 사실을 통해 확인이 가능하다.

20) 주대의 청동기 문자에서 시(尸)는 때로 인(人)과 그 외형과 음운학적 관련성으로 인해 호환되곤 하는데 지금의 상황 역시 같은 맥락에서 이해할 수 있다. 上古音에서 人의 경우 운모는 眞韻, 성모는 日紐, 성조는 평성에 해당되며, 尸의 경우 운모는 脂韻, 성모는 書紐, 성조는 평성에 해당된다. 眞韻과 脂韻은 王力의 11類 29韻 古韻說에 의하면 제7

류에 속하게 되면서 이른바 陰陽對轉의 관계가 형성되므로 가차의 조건이 된다.

21) 冕의 가차자이다.

22) 如의 가차자이다.

23) 이상 네 개의 내용은 《戰國古文字典》(何琳儀, 北京 : 中華書局, 1996, 下冊, 1134-1135쪽)에서 참고했다.

24) 姚孝遂主編, 《殷墟甲骨刻辭類纂》, 北京 : 中華書局, 1989, 237쪽.

25) 曹錦炎, 沈建華編著, 《甲骨文校釋總集》, 上海 : 上海辭書出版社, 2006, 五, 1701쪽.

26) 글꼴의 의미와 상관없이 자소만을 근거로 한자화하는 과정, 즉 隸定이 이루어진 글꼴은 현대 한자의 의미와 연결되지 않는 경우도 자주 발생한다.

27) 于省吾, 《甲骨文字詁林》, 北京 : 中華書局, 1996, 658-659쪽.

28) 古는 故의 가차자로 사용되고 있다. 荊門市博物館, 《郭店楚墓竹簡》, 北京 : 文物出版社, 1998, 112쪽. 이하 다른 문구의 古가 故로 가차되는 상황은 각주를 생략한다.

29) 亞는 惡의 가차자로 사용되고 있다. 馬承源, 《上海博物館藏戰國楚竹書》, 上海 : 上海古籍出版社, 2006, 689쪽.

30) 程潮, 〈儒家'內聖外王'的原流及內含新探〉《嘉應大學學報》, 1997, 제2기, 6쪽.

6장.　　1) 동서사상과 윤리교재편찬 연구회, 《동서사상과 윤리》, 서울 : 학문사, 1997, 184쪽.

　　　　2) 陳夢家, 〈商代的神話與巫術〉, 《燕京學報》, 第20期, 民國25年. 535쪽/ 加藤常賢, 〈中國古代的宗敎と思想〉, 《中國古代文化の研究》, 東京 : 二松學舍大學出版部, 1980. 48-57쪽/ 林巳奈夫, 《中國古代の神巫》, 東方學報, 第38期,

1967, 211–218쪽.

3) 饒宗頤,《符號, 初文與字母-漢字樹》, 香港 : 商務印書館, 1998, 88쪽.

4) 饒宗頤는 '巫曰'을 '筮曰' 즉 '산대 가지의 점괘가 말하기를'이라는 의
　미로 풀고 있다(《甲骨文通檢》總4冊, 香港 : 中文大學, 1989–1995, 40–41쪽 참
　조). 그러나 많은 학자들은 이 학설에 대해 유보적인 입장을 취한다.

5) 𡥈의 글꼴이 女와 才의 字素로 구성되어 있음을 고려해 이 책에서는
　잠시 '재'로 음역한다.

6) 裴錫圭, 〈說卜辭的焚巫尪與作土龍〉《古文字論集》, 北京 : 中華書局, 1992,
　216–226쪽.

7) 胡適, 〈說儒〉,《20世紀儒學硏究大系》, 北京 : 中華書局, 2003, 79–145쪽.

8) 章太炎, 〈原儒〉,《20世紀儒學硏究大系》, 北京 : 中華書局, 2003, 80쪽에서
　재인용.

9) 조지프 캠벨, 홍윤희 옮김,《신화의 이미지》, 서울 : 살림출판사,
　2006, 269–270쪽 참조.

10) 자형 속의 雨字素를 성부로 볼 수도 있을 것이다. 상고음에서 雨는
　魚部에 속하고, 需는 侯部에 속한다. 상고음 연구를 체계화시킨 顧炎
　武가 상고음을 10부로 정리했을 때는 侯部가 존재하지 않았다. 그 후
　江永과 段玉裁가 侯部를 독립시키면서 魚部와 侯部는 나뉘게 되며, 音
　韻學界에서 일반적으로 받아들이는 상황이 되었다(이재돈,《中國語 音韻
　學》, 서울 : 살림, 1994, 206–208쪽 참조). 하지만 갑골문에서 상고음이 때
　로 通轉되는 현상도 발견되고 있다(김애영,《갑골문 자형 및 音韻 연구》,
　265–266쪽 참조). 때문에 우(雨) 자소가 수(需)의 음을 나타내기 위한
　성부로 사용되었을 가능성을 완전히 배제할 수는 없다. 하지만 글꼴
　의 변환 과정과 관련 내용들을 종합해볼 때 글꼴을 회의로 보는 것
　이 합리적이라 하겠다.

11) 최근 갑골학계의 연구 결과를 반영하고 있는《甲骨文校釋總集》에서

는 이 글꼴을 '물결 汱'로 예정하고 있을 뿐 의미에 대해서는 언급이 없다(曹錦炎, 沈建華編著, 上海 : 上海辭書出版社, 2006, 2291쪽). 이는 글꼴을 근 거로 한 예정일 뿐으로 전반적인 용례를 근거로 한 것은 아니어서 참 고하기 힘들다. 설사 '물결'의 의미로 이해한다 해도 제사의 명칭이 고, 물과 관계된 글자이므로 본문의 맥락과 크게 벗어나지는 않는다.

12) '…서방 신이 반드시 우리 상 왕실에게 화를 내릴까?(…惟西方禍我)(合 33093)'의 텍스트 참조. 이와 관련해 영국의 갑골학자 Allan은, 상대 의 점복문화는 우주적 모형 안에서 진행되는 종교적 교류와 교감행 위라고 설명한다(Sarah Allan, 汪濤 譯, 《龜之迷-Myth, Art, and Cosmos in Early China》, 成都 : 四川人民出版社, 1992, 124-126쪽 참조). 이와 아울러 '계묘일 에 점을 친다. 정인 궁이 묻는다. 서쪽으로 가도록 명령할까?(癸卯卜, 亘貞 : 呼往西) (合8756)'의 기록도 참조할 수 있다.

13) 서주 청동기의 문장들을 보면 無는 가차되어 '없다'의 의미로도 사 용되고 있다.

14) '需白公父簋'의 銘文은 '需粱'으로 곡물인 糯와 粱의 가차자로 사용되 고 있다.

15) 이(而)는 큰 대(大)의 변형 글꼴이다.

16) 李學勤 主編, 《淸華大學藏戰國竹簡》, 上海 : 中西書局, 2010, 248쪽.

17) 李學勤 主編, 《淸華大學藏戰國竹簡》, 上海 : 中西書局, 2010, 158쪽.

18) 屈萬里, 《尙書集釋》, 臺灣 : 聯經出版社, 1986, 131쪽

19) 金倉, 〈從周公攝政的爭論說到歷史考證〉, 《吉林大學社會科學學報》, 2002, 제 3기, 103쪽.

20) 馬承源, 《上海博物館藏戰國楚竹書》, 上海 : 上海古籍出版社, 二, 2002. 251쪽.

21) 馬承源, 《上海博物館藏戰國楚竹書》, 上海 : 上海古籍出版社, 三, 2002. 213쪽.

22) 뒤에 나오는 그림들에서 보듯이 전국시대 죽간에는 氵과 金 변으로 구성된 자형은 있으나 人 변으로 구성된 儒는 등장하지 않았다.

23) 田文敏,〈儒, 儒術與儒學考〉《遼寧教育學院學報》, 2002, 19卷, 第5期, 24쪽.

24) 즉 당시의 도장 글씨를 수집한《秦印文字彙編》에는 儒, 需가 보이지 않는다(許雄志,《秦印文字彙編》, 鄭州 : 河南美術出版社, 2001 참조).

25) 田文敏,〈儒, 儒術與儒學考〉《遼寧教育學院學報》, 2002, 19卷, 第5期, 24쪽.

26) 김승혜,《유교의 뿌리를 찾아서》, 서울 : 지식의 풍경, 2001, 124-131쪽.

27) 俞志慧,《君子儒與詩敎》, 北京 : 新華書店, 2005, 11쪽.

28) 원형의 글꼴 중 吾는 虍와 魚의 字素로 구성되어 있으며 좀로 예정하는 데 이설이 없다.

29) 한나라 때의 相國, 즉 재상에 해당되는 벼슬이다.

30) 원문 속의 '燕故君子儈, 新君子之'는 '燕/故君/子儈, 新君/子之'로 끊어 읽어야 한다. 앞서 춘추시대의 청동기에서 '君子☆'의 구문을 '君/子☆'로 끊어 읽어야 하는 상황과 동일하다. 연나라의 군왕 子儈와 子之의 명칭은《史記》·〈燕召公世家〉에 등장하는 이름을 근거로 정리되고 있다(張政烺,〈中山王☆壺〉《古文字研究》, 第1輯, 215쪽 참조).

31) 구체적으로는 연나라의 임금 자쾌가 신하인 자지에게 왕위를 선양했는데 이것은 당시 종법의 규례에 벗어나는 정치적 사건으로 중산왕이 이를 고발하고 있는 내용이다.

32) 少는 小의 가차자로 사용되고 있다(荊門市博物館,《郭店楚墓竹簡》, 北京 : 文物出版社, 1998, 130쪽 참조).

33) 전국시대의 문자 사용 중, 立은 때로 位의 뜻을 나타내기도 한다. 이렇게 될 경우 번역은 '내면적 위상이 부, 자, 남편이라면 외면적 위상은 군, 신, 아내가 해당된다'로 진행할 수도 있을 것이다.

34) 이 말은〈郭店-六德〉을 '군자'라는 어휘가 최초로 등장한 문헌으로 볼 수 있다는 뜻은 아니다. 현재 전국시대 죽간의 시대별 선후 관계가 고증이 되어 있지 않기에 그저 전국시대에 君子의 어휘가 맨처음 출현했다고 보는 것이 타당하다.

35) 才는 在, 備는 服, 安은 어조사 焉, 氏는 是의 가차자로 사용되었다(馬承源,《上海博物館藏戰國楚竹書》, 上海 : 上海古籍出版社, 2005, 五, 204쪽 참조).

36) 備는 服의 가차자로 사용되고 있다(荊門市博物館,《郭店楚墓竹簡》, 北京 : 文物出版社, 1998, 167쪽 참조).

37) 又는 有, 亞는 惡의 가차자로 사용되고 있다(荊門市博物館,《郭店楚墓竹簡》, 北京 : 文物出版社, 1998, 131쪽 참조).

38) 又는 有, 胃는 謂로 가차되어 사용되고 있다(荊門市博物館,《郭店楚墓竹簡》, 北京 : 文物出版社, 1998, 149쪽 참조).

39) 맥락이 다소 특이하게 느껴지는 이 부분은 주나라 무왕 8년에 인근의 黎國을 정벌하고 동맹국 君들과 연회를 하는 장면이 담겨 있다. 동맹국 君들이 지나치게 경직되어 있음을 풍자하는 내용이다.

40) 藥은 樂의 가차자로 사용되고 있다(李學勤,《清華大學藏戰國竹簡》, 上海 : 中西書局, 2010, 150쪽 참조).

41) 藥은 樂의 가차자로 사용되고 있다(馬承源,《上海博物館藏戰國楚竹書》, 上海 : 上海古籍出版社, 2002, 二, 229쪽 참조).

42) 又는 有의 가차자로 사용되고 있다(馬承源,《上海博物館藏戰國楚竹書》, 上海 : 上海古籍出版社, 2002, 二, 261쪽 참조).

43) 馬承源,《上海博物館藏戰國楚竹書》, 上海 : 上海古籍出版社, 2004, 四, 214쪽.

44) 여기서의 '員'은 어조사로, 특정 의미를 지니고 있지 않다.

고문자 관련 공구서 및 참고문헌

常玉之,《商代周祭制度》, 北京：中國社會科學出版社, 1987

陳夢家,《殷虛卜辭綜述》, 臺灣：大通書局, 1971

崔永東,《兩周金文虛詞集釋》, 北京：中華書局, 1994

戴家祥,《金文大字典》, 北京：學林出版社, 1995

董作賓,《董作賓先生全集》, 臺灣：藝文, 民國30年

方述鑫 等編,《甲骨金文字典》, 成都：巴蜀書社, 1993

郭大順 · 張星德,《東北文化與幽燕文明》, 南京：江蘇教育出版社, 2005

郭沫若等,《甲骨文合集》, 北京：中國社會科學院歷史研究所, 1982 (약어：합)

何琳儀,《戰國文字通論》, 北京：中華書局, 1989

華東師範大學中國文學研究與應用中心,《金文引得》(三冊), 廣西：廣西教育出版社, 2002

胡厚宣,《甲骨學商史論叢初集：上 · 下》, 河北：河北教育出版社, 2002

黃天樹,《殷虛王卜辭的分類與斷代》, 北京大 博士學位論文, 臺灣：文津出版社, 1991

荊門市博物館,《郭店楚墓竹簡》, 北京：文物出版社, 1998 (약어：郭店)

勞思光,《中國哲學史》, 香港：香港中文大學, 1980, 3版

李珍華, 周長楫,《漢字古今音表》, 北京：中華書局, 1993.

林澐,〈從子組卜辭試論商代家族研究〉,《古代史研究》第1輯, 北京：中華書局, 1979

劉志基 等,《金文今譯類檢》, 廣西：廣西教育出版社, 2003

　　　　《金文資料庫》, 廣西：廣西教育出版社, 2003

劉堯漢,《中國文明源頭新探》, 雲南：雲南人民出版社, 1993

李孝定,《甲骨文字集釋》, 臺灣：中央研究院 歷史語言研究所, 1982

馬承源,《上海博物館藏戰國楚竹書》, 上海：上海古籍出版社, 2001－2005 (약어：上博)

屈萬里,《尚書集釋》, 臺灣：聯經出版社, 民國75

饒宗頤,《甲骨文通檢》總4冊, 香港 : 中文大學, 1989-1995

容庚,《金文編》, 北京 : 中華書局, 1994 4次 (簡稱: 金)

沈培,《殷墟甲骨卜辭語序研究》, 臺灣 : 文津出版社, 1992

孫海波,《甲骨文編》, 北京 : 中華書局, 1989

王宇信,《西周甲骨探論》

吳璵註釋,《新譯尚書讀本》, 臺灣 : 三民書局, 民國72

夏商周斷代工程專家組,《夏商周斷代工程1996-2000年階段成果報告》, 北京, 世界圖書出版, 2000

許進雄,《殷卜辭中五種祭祀的研究》, 臺灣 : 國立臺灣大學, 1968

徐中舒,《甲骨文字典》, 四川 : 四川出版社, 1990

姚孝遂 · 肖丁合著,《小屯南地甲骨考釋》, 北京 : 中華書局, 1985

姚孝遂主編,《殷墟甲骨刻辭類纂》, 北京 : 中華書局, 1989

姚孝遂主編,《殷虛甲骨刻辭摹釋總集》, 吉林 : 吉林大學古籍研究所叢刊之五, 1988

楊升南,《商代經濟史》, 貴州 : 貴州人民出版社, 1992

楊升南, 王宇信,《甲骨學一百年》, 北京 : 社會科學文獻出版社, 1999

于省吾,《甲骨文字詁林》, 北京 : 中華書局, 1996

張再興,《西周金文文字系統論》, 上海 : 華東師大, 2004

張世超 等,《金文形義通解》, 北京 : 中文出版社, 1996

張玉金,《甲骨文虛詞詞典》, 北京 : 中華書局, 1994

種柏生,《殷商卜辭地理論叢》, 臺灣 : 藝文印書館, 民國78

中國社會科學院 考古研究所,《小屯南地甲骨》, 北京 : 中華書局, 1983 (약어 : 둔남)

周法高,《金文詁林》, 香港 : 香港中文大學, 1974

　　《金文詁林補》, 臺灣 : 中央研究院, 1982

朱漢民,《岳麓書院藏秦竹簡》, 上海 : 上海辭書出版社, 2010 (약어 : 岳麓)

朱歧祥,《殷墟甲骨文字通釋考》, 臺灣 : 文史哲, 1989

가노 나오키, 오이환 옮김,《中國哲學史》, 서울 : 을유, 1991

김승혜,《원시유교(原始儒敎)》, 서울 : 민음사, 1990

　　　《유교의 뿌리를 찾아서》, 서울 : 지식의 풍경, 2001

김충열,《중국철학사》, 서울 : 예문, 1994

미르치아 엘리아데, 이재실 옮김,《이미지와 상징-주술적, 종교적 상징체계에
관한 시론》, 서울 : 까치글방, 1998

서울대학교 종교문제연구소,《신화와 역사》, 서울 : 서울대학교출판부, 2004

신항식,《롤랑 바르트의 기호학》, 서울 : 문학과 경계사, 2003

신현숙, 박인철 공저,《기호, 텍스트, 그리고 삶》, 서울 : 월인, 2006

조지프 캠벨, 이진구 옮김,《동양신화-신의 가면Ⅱ》, 서울 : 까치글방, 1999

　　　　　이진구 옮김,《원시신화-신의 가면I》, 서울 : 까치글방, 2003

　　　　　홍윤희 옮김,《신화의 이미지》, 서울 : 살림출판사, 2006

질베르 뒤랑, 유평근 옮김,《신화비평과 신화분석》, 서울 : 살림, 1998

馮友蘭, 박성규 옮김,《중국철학사》, 서울 : 까치, 1999

쿠르트 휘브너, 이규영 옮김,《신화의 진실》, 서울 : 민음사, 1991

하야시 미나오, 박봉주 옮김,《중국 고대의 神》, 서울 : 영림카디널, 2004

Fan, Dainian and Robert S. Cohen. *Chinese Studies in the History and Philosophy of
Science and Technology*. Boston : Kluwer Academic Publishers, 1996.

Keightley, David N. *Source of Chinese Tradition*. New York : Columbia University Press, 1999.

Kern, Martin. *Text and Ritual in Early China*. Seattle : University of Washington Press, 2005.

Lewis, Mark Edward. *The Construction of Space in Early China*. Albany : The State University of New York, 2006.

Mahlon, Reihman, Gregory. *Constructing Confucius*. Austin : Unpublished doctoral dissertation, University of Texas, 2001.

Masaru, Ikezawa. *The Philosophy of Filiality in Ancient China*. Vancouver : Unpublished doctoral dissertation, University of British Columbia, 1994.

Qin, Zhou. *Cosmic order and Moral Autonomy*. Boston : Unpublished doctoral dissertation, Harvard University, 2000.

Thorp, Robert L. *China in the Early Bronze Age*. Philadelphia : University of Pennsylvania Press, 2006.

Wang, Aihe. *Cosmology and Political Culture in Early China*. Cambridge : University of Cambridge Press, 2000.

白川靜, 《甲骨金文學論集》, 京都 : 朋友書店, 1996

島邦南, 《殷墟卜辭研究》, 東京 : 汲古書院, 2004

林巳奈夫, 《中國文明の誕生》, 東京 : 吉川弘文館, 1995

福井重雅, 《漢代儒家の史的研究》, 東京 : 汲古書院, 2005

岡村秀典, 《中國古代王權と祭祀》, 東京 : 學生社, 2005

藤原正纂, 《孔子全集》, 東京 : 岩波書店, 2001

簡帛硏究 http://www.jianbo.org/

簡帛硏究中心 http://www.bsm.org.cn/

유교 탄생의 비밀

초판 1쇄 발행 | 2013년 3월 15일

지은이 김경일
책임편집 강희재 | 아트디렉터 정계수 | 디자인 박은진, 장혜림

펴낸곳 바다출판사 | 발행인 김인호
주소 서울시 마포구 서교동 398-1 창평빌딩 3층 | 전화 322-3885(편집), 322-3575(마케팅부)
팩스 322-3858 | E-mail badabooks@gmail.com | 홈페이지 www.badabooks.co.kr
출판등록일 1996년 5월 8일 | 등록번호 제10-1288호

ISBN 978-89-5561-660-6 03150

이 저서는 2008년 정부(교육과학기술부)의 재원으로 한국학술진흥재단의
지원을 받아 수행된 연구임 (KRF-2008-812-2-A00357)